职业教育设计丛书

职业教育实训设计

邓泽民　杜　俊　著

本丛书是国家社会科学基金课题和全国教育科学规划课题的研究成果，并获得研究经费资助

本丛书获“第二届中国职业技术教育科学研究成果一等奖”

科　学　出　版　社

北　京

内 容 简 介

本书通过对职业教育课程理论、职业教育学习理论、职业教育教学理论、职业教育传播理论和职业教育系统理论进行有针对性的研究，明确了职业教育的实训、实训分类、实训作用、实训系统等与职业教育实训设计相关的理论问题。在此基础上，提出了职业教育实训设计要以职业特质形成为主线；基于职业成长的指导思想，制订了职业教育实训设计的课程理论、学习理论、教学理论、传播理论、系统理论等五个领域的21项原则；并在上述原则的指导下，构建了职业教育实训设计的基本模式，设计了职业教育实训设计评价的指标体系，从而解决了职业教育实训设计的一些基本问题，如职业院校实训项目规划、各类实训项目设计、实训设备的配置方案制订、实训设计评价等，并以职业院校的数控技术应用专业为例，对其实训整体解决方案的形成进行了探讨。

本书可供职业院校广大教师、职业教育研究人员、教学设计人员参考，也可作为职业教育专业本科生、研究生的辅助教材。

图书在版编目(CIP)数据

职业教育实训设计 / 邓泽民，杜俊著. —北京：科学出版社，2018
ISBN 978-7-03-055673-8

Ⅰ. ①职… Ⅱ. ①邓…②杜… Ⅲ. ①职业教育-教学设计 Ⅳ. ①G712

中国版本图书馆CIP数据核字（2017）第292810号

责任编辑：孙露露 常晓敏 / 责任校对：陶丽荣
责任印制：吕春珉 / 封面设计：东方人华平面设计部

科学出版社 出版
北京东黄城根北街16号
邮政编码：100717
http://www.sciencep.com

北京中科印刷有限公司印刷
科学出版社发行 各地新华书店经销
*
2018年1月第 一 版 开本：B5（720×1000）
2018年1月第一次印刷 印张：19 1/2
字数：372 000

定价：108.00元

（如有印装质量问题，我社负责调换〈中科〉）
销售部电话 010-62136230 编辑部电话 010-62135927-2010

序 一

邓泽民教授在经过二十多年职业教育理论研究与实践探索的基础上，总结编写了一套职业教育设计丛书。这套丛书的出版，为研究解决我国职业教育教学实践中的模式构建、职业分析、专业建设、课程设计、教学设计、实训设计、教材设计、课件设计等基本问题，提供了有益的参考，对我国职业教育理论研究与教学实践有着指导意义。

丛书包括9个分册。第1分册《现代五大职教模式》，对当今世界上较为典型的职教模式，即北美的CBE、德国的双元制、澳大利亚的TAFE、英国的BTEC和瑞士的三元制，进行了系统地比较研究，使读者了解当今世界职业教育思想理论方法的总体情况及其共性和差异。第2分册《现代职业分析手册》，介绍了北美、德国和澳大利亚的职业分析方法，并介绍了不同国家职业分析的特点和运用条件。在此基础上，用《职业教育专业建设》《职业教育课程设计》《职业教育教学设计》《职业教育教材设计》《职业教育实训设计》《职业教育行动教学》和《职业教育课件设计》7个分册，对我国职业教育教学改革中观和微观层面上遇到的专业建设、课程设计、教学设计、实训设计、教材设计、行动教学和课件设计的思想理论方法等基本问题，进行了较为深入的研究，提出了专业建设、课程设计、教学设计、实训设计、教材设计、行动教学和课件设计的一系列基本原则和方法。丛书结构严谨、思路清晰、观点新颖、内容充实，反映了当前职业教育教学思想理论的发展趋势，展示了作者及其团队研究人员近年来在职业教育教学改革实践中取得的成果，符合我国职业技术院校教育教学的实际。

丛书选入的职业教育专业建设、课程设计、教学设计、实训设计、教材设计和课件设计的实例十分丰富。每个分册都根据读者的需要，尽可能全面系统地编入了实际例子。虽然这些设计实例还有改进的余地，但由于它们来自职业教育教学实践一线，具有很强的针对性。这些实例极大地丰富了丛书的内容，也为读者进行职业教育的专业建设、课程设计、教学设计、实训设计、教材设计、行动教学和课件设计，以及开展教学研究提供了必要的参考。

深化职业教育教学改革，不断推进教育教学思想、人才培养模式和办学机制的转变，是当前和今后一个时期职业教育工作的重要任务。我希望职教战线有更多的同志为此积极探索并付出努力，也希望有更多的研究成果问世。借助为邓泽民教授专著丛书作序之机，与职教战线同志们共勉。

国务院参事

教育部职业教育与成人教育司原司长

教育部职业技术教育中心研究所原所长

2016年10月

序　二

第二次世界大战后，随着工业化进程的加快，西方国家亟需一批具有初中或高中文化程度，又有一定技术应用能力的人才。这样，一种新的教育类型应运而生，并得到了高速发展，这就是职业教育。经过几十年的发展，职业教育在西方国家逐步形成了比较典型的五大模式，这就是北美的 CBE、德国的双元制、澳大利亚的 TAFE、英国的 BTEC 和瑞士的三元制。可以说，职业教育为西方国家社会经济发展做出了突出的贡献。德国人形象地称他们的职业教育模式——双元制是其经济腾飞的秘密武器。

改革开放以来，我国社会经济取得了极大发展，工业化水平不断提高。为了满足工业化对技术应用人才的需要，我国在 20 世纪 80 年代开始大力发展职业教育。30 多年来，我国的职业教育在规模上取得了空前发展，但在质量上可谓良莠不齐。许多院校牌子是职业院校，但从其教育理念到教育模式，从专业设置到培养方案，从课程大纲到课程的教材，再从课程的教材到教师的授课计划，从教师的授课计划到教师的教案及课件设计等来看，这些院校并不是职业院校。有的院校从其教育理念一直到教师的教案来看确实是职业院校，但其教育设计不符合职业教育的规律，教育效能较低。

出现这些问题的原因很多，一个主要原因就是在实施职业教育过程中，连接职业教育理论与职业教育实践的中间环节——教育设计层面上的问题没有得到较好的解决。诸如职业教育专业建设问题、课程设计问题、教学设计问题、实训设计问题、教材设计问题、行动教学问题、课件设计问题等。只有当一所职业院校的上述基本问题都解决了，这所职业院校才能成为真正的职业院校，其毕业生才能是具有全面素质和职业能力，生产、管理、服务一线的技术应用型人才，与此同时，其教学成本也才会降低，教学效能也才能提高。出版这套职业教育设计丛书的目的就是为了解决上述问题，提供一套职业教育设计的思想、理论和方法。

这套丛书包括 9 个分册：《现代五大职教模式》《现代职业分析手册》《职业教育专业建设》《职业教育课程设计》《职业教育教学设计》《职业教育行动教学》《职业教育实训设计》《职业教育教材设计》《职业教育课件设计》。

《现代五大职教模式》全面系统介绍了当今世界上比较典型的五大职教模式，每一种模式通过职业教育的平台、职业教育的实施和职业教育的创新三个板块来介绍其职业院校的运行环境、教育教学的实施模式和教育教学的创新之处。最后，对上述五种典型职教模式进行比较研究，提出可供我们借鉴的经验。

《现代职业分析手册》介绍了现代世界上比较典型的职业分析方法，包括北美的职业分析方法、德国的职业分析方法、澳大利亚的职业分析方法等。这些职业分析方法虽然都是为了确定职业岗位（群）的职业能力开发出来的，但由于各国情况不同，具体操作的方式也有所区别。为了帮助大家根据自己的条件选择合适的职业分析方法，在手册前面，特别提出了职业分析方法选择的建议，供大家参考。

《职业教育专业建设》《职业教育课程设计》《职业教育教学设计》《职业教育行动教学》《职业教育实训设计》《职业教育教材设计》《职业教育课件设计》全面系统深入地阐述了建设或设计的思想、理论和方法。每一册都设立了三篇。《职业教育专业建设》《职业教育课程设计》《职业教育教学设计》《职业教育行动教学》《职业教育实训设计》《职业教育教材设计》设立了理论基础篇、分析设计篇和设计评价篇。理论基础篇重点研究设计的思想、理论与方法；分析设计篇主要论述设计编写的基本概念、基本原则和基本模式；设计评价篇主要介绍设计评价的基本概念、基本原则与标准以及基本模式等。《职业教育课件设计》设立了 PPT 课件设计、网络课件设计和仿真课件设计三篇。

这套丛书是我 30 多年从事职业教育理论与实践研究的成果。这 9 个分册陆续完稿，前后用了 10 年多的时间。在我 30 多年的职业教育理论与实践研究工作中，得到了教育部职业教育与成人教育司、教育部职业技术教育中心研究所、中国职业技术教育学会各届领导、学术同仁的悉心指导，得到了北京师范大学、天津大学、同济大学同仁们的大力支持，得到了美国国家职业教育研究中心教授 Dr. Robert Norton、加拿大多伦多大学教授 Ruth Heyhoe、加拿大社区学院协会驻中国项目协调员 Dr. Ira Cohen、加拿大荷兰学院 Dr. Ken Pieers、加拿大汉堡学院 Dr.William Sinnet 的支持和帮助，更得到了 100 多所职业院校的积极参与，在此一并向他们表示衷心的感谢。

邓泽民

2016 年 12 月于北京

前　言

长期以来，我国职业院校十分重视职业教育的实训工作，并积极开展职业教育实训实践，取得了一定的成果。但纵观我国职业教育实训理论研究与实践工作，对于职业教育实训设计研究与运用的还不够，而我国职业院校与企业合作如何解决职业学校学生的实训问题显得越来越紧迫。

为了科学、全面、系统地解决职业教育实训设计问题，在职业教育实训过程中，落实以素质教育为基础、以能力为本位的职业教育实训指导思想，我们首先对职业教育课程理论、学习理论、教学理论、传播理论和系统理论进行了有针对性的研究。在研究过程中，我们主要遵循了这样几条原则：

1．以党的教育方针和“三个面向”为指导，以全面素质教育为基础，以能力为本位，从我国社会经济发展实际出发，以正确把握我国职业教育的培养目标和方向为前提，紧紧抓住提高实训质量和提高实训效能这两个职业教育实训改革的中心点开展研究。

2．以职业教育学习理论作为职业教育实训设计的理论基础，在深刻认识基于职业成长的职业教育基本内涵的基础上，树立起职业教育的课程观、学习观、教学观、传播观和系统观，展开对职业教育实训设计理论的探索。

3．结合多年来借鉴北美的 CBE、德国的双元制、澳大利亚的 TAFE、英国的 BTEC 和瑞士三元制开展职业教育实训改革的经验，针对当前职业教育实训设计在学生职业能力形成方面，还不能较好地贯彻落实“全面素质教育为基础、能力为本位”的实训指导思想的问题，开展实践研究。

4. 运用职业教育实训系统理论，在教育实训系统整体优化的思想指导下，构建基于职业成长的职业教育实训设计的基本模式。

通过对职业教育课程理论、学习理论、教学理论、传播理论和系统理论进行有针对性的研究，产生的职业教育实训观是职业教育课程观、学习观、教学观、传播观和系统观五观相统一的思想，初步建立起职业教育的实训观。职业教育实训观的确立，为我们解决职业教育实训设计的思想、理论、模式、方法四个层面的基本问题奠定了基础。

在职业教育实训设计观的指导下，我们首先提出了职业教育实训设计要以素质为基础、能力为本位的指导思想；其次，制订了职业教育实训设计的课程理论原则、学习动机原则、能力本位原则、教育传播原则和系统优化原则；再次，在上述原则的指导下，构建了职业教育实训设计的基本模式；最后，设计了职业教育实训设计评价的基本指标体系和基本模式。从而使职业教育实训设计的一些基本问题，如职业教育实训项目规划、项目设计、设施配备、设计评价等得到初步解决，特别是依据实训功能将实训分为技能训练、任务实训、项目实训和岗位实训（实习），找到了学校和企业在实训上的结合点。

希望本书能够帮助读者设计出较为满意的实训系统，提高职业教育实训质量和实训效能。但由于职业教育实训设计问题研究的时间还相对较短，本书对有些问题的解决还很不到位，希望广大读者提出更好的建议。

在本书相关课题研究过程中，吴学敏教授、李亚平教授、张扬群教授、陈庆合教授、侯金柱教授、王海明博士、王立职副教授、杨红波副教授、欧阳卫副教授、陈清副研究员、王泽荣副研究员、崔俊明高级讲师、苏宏伟高级讲师、田雅莉高级讲师、汪珊珊高级讲师、侯德成高级讲师、展丽蕊高级教师、杨松高级讲师、王调品高级讲师、刘凤芹高级讲师、肖敏讲师、于琳琳老师、宋艳老师、孙璐老师、梁香菊女士、陈文先生等都做了大量的工作，提出了许多好的建议。在此，向他们表示衷心感谢。同时，热诚欢迎广大职业教育同仁提出宝贵意见。

邓泽民

2017 年 7 月

目　录

上篇　职业教育实训理论基础

中篇 职业教育实训分析设计

下篇　职业教育实训设计评价

上篇

职业教育实训理论基础

实训设计的理论基础在指导实训设计者判断自己结论的合理性和设想的科学性方面是必不可少的。它不但能够帮助实训设计者提高自己对实训设计的历史洞察力，还能帮助设计者更全面、更深刻地理解相应的研究领域，有效地确定实训设计的正确方向。实训设计的理论基础当然也可以用于解释实训设计者对实训活动所做的假设、选择与决策。

实训设计的研究实践表明，有五个方面的理论体系对现代实训设计的形成产生了比较重大的影响，即课程理论、学习理论、教学理论、传播理论和系统理论。因此，在本书的上篇，首先对上述五个方面展开研究，试图围绕职业教育实训设计，以职业特质为主线、基于职业成长的指导思想，为职业教育实训设计理论与实践研究提供必要的理论基础。

第一章

职业教育课程理论

1895 年，英国教育家斯宾塞（H. Spencer）在其《什么知识最有价值》的论文中，首次提出“课程”（curriculum）一词；1918 年，美国学者博比特（F. Bobbitt）出版《课程》（*Curriculum*）一书，奠定课程理论的基础；1949 年，美国教育家泰勒（R. W. Tyler）出版《课程与教学的基本原理》，成为现代课程理论的奠基石；今天，课程理论的丛林出现了科学的课程理论、自然主义的课程理论、激进的课程理论、解释学的课程理论和审美的课程理论等，可谓流派繁多。而职业教育课程理论，如果从 1967 年加拿大区域经济发展部实验项目分部和纽约学习通用公司提出职业分析方法算起，才走过 50 年的历程。在分析职业或者分析哪些职业能力更有价值的基础上，形成了北美的能力本位课程、德国的“双元制”学校学习领域课程、澳大利亚的国家职业资格课程、英国的职业证书课程等模式。这些课程模式还很难说是不同流派，它们都是建立在职业分析基础上的课程开发方法。

一般情况下，课程开发的基本模式可归为两类：一是目标模式；二是过程模式。目标模式是以目标为课程开发的基础和核心，围绕课程目标的确定、实现及其评价而进行课程开发的模式。而过程开发模式重视的是过程，强调过程本身的教育价值，把课程开发建立在实际的教育环境基础上，尊重学生的个性特点，发展学生的主体性、创造性。显然，过程开发模式是符合时代潮流的一种取向，虽然还有待进一步发展和完善[①]。但是，职业教育与基础教育或者普通高等教育不同，它有其特殊的一面。职业教育要使学生经过一段时间的学习，素质能够达到一定的水平，获得某种职业资格，这就要求职业教育的教学要有一个以职业资格标准为核心的，具体、明确的课程目标。因此，职业教育课程开发更适合采用目标模

① 施良方. 课程论[M]. 北京：教育科学出版社，1996：186.

式。这样，职业教育教材就需要解决职业教育课程目标确定、内容筛选和内容组织三个基本问题。这些问题的解决，将为职业教育教材目标与内容的确定奠定可靠的基础。

第一节　职业教育课程目标的确定

一、课程目标确定的依据

课程的价值是学生、组织（用人单位）和社会对课程的满足程度。因此，一般认为职业教育课程目标确定的依据主要有三个方面：学生发展的需要、职业发展的需要和社会发展的需要。而对于上述三个方面的确定，要基于对学生、职业和社会的研究。

（一）对学生的研究

1. 学生具备的素质分析

我国职业学校的学生经历了小学和初中，甚至高中阶段的学习，身心都有了一定的发展。从我国普通高中的培养目标来看，高等职业学校的学生在入学时都已基本达到以下四个目标：

1）初步树立了正确的政治方向，形成了正确的人生观、价值观、世界观；热爱祖国，有理想，有事业心和社会责任感；具有求新创新、艰苦奋斗、团结协作的精神和公平竞争、遵纪守法的观念；形成了良好的道德情操和自我教育的能力。

2）掌握了较宽广的文化、科学、技术的基础知识和基本技能，具有自觉的学习态度和独立学习的能力；掌握了一些基本的科学方法，具备基本的观察、分析和解决问题的能力。

3）具有健康的体魄、身心保健的知识与能力、健康的审美观念和相应的审美能力，以及良好的意志品质和一定的应变能力，初步形成健康的个性。

4）具有正确的劳动观念、职业观念和初步的择业能力，掌握了一定的劳动技能和现代生活技能。

2. 学生智能多元的研究

20 世纪 80 年代，美国著名发展心理学家、哈佛大学教授霍华德·加德纳博士提出多元智能理论。他指出，人类的智能是多元的而非单一的，主要是由语言文字智能、数学逻辑智能、视觉空间智能、身体运动智能、音乐旋律智能、人际关系智能、自我认知智能、自然认知智能八项组成，而每个人都拥有不同的智能优势组合①。

1）语言文字智能是指有效地运用口头语言或文字表达自己的思想并理解他人，灵活掌握语音、语义、语法，能够把语言思维、语言表达和欣赏语言深层内涵的能力结合在一起并运用自如的能力。具有这种能力的人适合的职业主要有政治活动家、主持人、律师、演说家、编辑、作家、记者、教师等。

2）数学逻辑智能是指有效地计算、测量、推理、归纳、分类，并进行复杂数学运算的能力。这项智能包括对逻辑的方式和关系、陈述和主张、功能及其他相关的抽象概念的敏感性。具有这种能力的人适合的职业主要有科学家、会计师、统计学家、工程师、电脑软件研发人员等。

3）视觉空间智能是指准确感知视觉空间及周周一切事物，并且能把所感觉到的形象以图画的形式表现出来的能力。这项智能对色彩、线条、形状、形式和空间关系很敏感。具有这种能力的人适合的职业主要有室内设计师、建筑师、摄影师、画家、飞行员等。

4）身体运动智能是指善于运用整个身体来表达思想和情感、灵巧地运用双手制作或操作物体的能力。这项智能包括特殊的身体技巧，如平衡、协调、敏捷、力量、弹性和速度，以及由触觉所引起的能力。具有这种能力的人适合的职业主要有运动员、演员、舞蹈家、外科医生、宝石匠、机械师等。

5）音乐旋律智能是指人能够敏锐地感知音调、旋律、节奏、音色等的能力。这项智能对节奏、音调、旋律或音色的敏感性强，与生俱来就拥有音乐的天赋，具有较高的表演、创作及思考音乐的能力。具有这种能力的人适合的职业主要有歌唱家、作曲家、指挥家、音乐评论家、调琴师等。

6）人际关系智能是指能很好地理解别人和与人交往的能力。这项智能善于察觉他人的情绪、情感，体会他人的感觉感受，辨别不同人际关系的暗示，以及对这些暗示做出适当反应的能力。具有这种能力的人适合的职业主要有政治家、外交家、领导者、心理咨询师、公关人员、推销人员等。

7）自我认知智能是指能够自我认识和善于自知之明，并据此做出适当行为的能力。这项智能能够认识自己的长处和短处，意识到自己的内在爱好、情绪、意向、脾气和自尊，并喜欢独立思考。具有这种能力的人适合的职业主要有哲学家、

---

① （美）霍华德·加德纳. 多元智能[M]. 沈致隆译，北京：新华出版社，1999.

政治家、思想家、心理学家等。

8）自然认知智能是指善于观察自然界中的各种事物，对物体进行辨识和分类的能力。这项智能包括强烈的好奇心和求知欲、敏锐的观察能力，以及了解各种事物的细微差别的能力。具有这种能力的人适合的职业主要有天文学家、生物学家、地质学家、考古学家、环境设计师等。

为了更加详细、全面地分析学生的能力，还可以用更多的指标描述或评价学生，如智商（逻辑思考、反应速度等）、情商、财商、逆境商数、创业商数、创意商数、职业商数、领导影响力商数、机遇商数、成功商数、压力商数、健康商数、完美商数、人际/社会交往商数、学习商数、魅力商数、系统商数、判断商数、精神商数、发展商数、道德商数、胆气商数、心理商数、意志商数、灵感商数等。

多元智能理论为职业院校对学生进行全面的评价和学生选择自己职业发展方向，提供了理论依据，也为职业教育课程目标采用多元结构奠定了科学的理论基础。

3. 学生发展的需要分析

通过分析学生具备的素质，可以看出我国高等职业院校的学生经过基础教育之后，其身心发展达到了一定的水平，正处于成熟与定型阶段。他们在更加关注社会发展的同时，也开始关注个体发展和自己未来的职业。学生智能的多元研究说明学生具有多元发展的先天条件。因此，从学生自身身心的发展规律来看，职业教育课程需要解决下列问题：

1）要巩固和完善学生在进入职业学校以前初步形成的各种基本素质。

2）在初步确立的人生观、价值观、世界观的基础上，形成正确的职业观。

3）使学生充分发挥自己的智能优势，在不同的领域形成职业能力，取得职业生涯的发展。

因此，我们说职业教育是以全面素质教育为基础，以能力为本位的教育。以全面素质教育为基础，就是要在高中及其以前阶段初步形成的各种素质的基础上，通过巩固和完善，形成比较稳固的全面素质结构和正确的职业观；以能力为本位就是充分发挥自己的智能优势，选择职业发展方向和进行相关职业能力经验的学习。

（二）对职业的研究

1. 职业分类的研究

职业教育比较发达的国家普遍开展了职业分类研究，提出了各自的职业分类体系。21 世纪初，我国也开展了职业分类研究，出版了《中华人民共和国职业分类大典》，初步建立起我国职业分类体系。职业分类的研究，为研究各种职业所需能力并形成职业资格标准奠定了基础。

2. 职业生涯的研究

对于从事相同职业的人，尽管每个人的职业生涯发展不尽相同，但也存在着一般规律。这种规律可以指导职业人才的成长，同时也可以指导职业教育课程的实践。对职业生涯的研究，为职业课程目标中的职业能力目标的确定提供了科学的依据。

3. 职业特质的研究

由于不同类型的职业活动的逻辑不同，要求从事不同职业的人具有不同的职业素质。职业素质取决于人的思维模式、语言模式、行为模式、情感模式等。

职业活动的逻辑一般可分为三种情况。

1）职业活动的过程是固定的，一旦确定下来将不再随着职业情景的变化而发生任何改变。这类职业活动常常出现在技术类职业中，当人们面对各种机械设备时，职业活动的过程常常被固定下来。在这类职业人员的职业活动中，人们关注的是职业活动的规范和标准。

2）职业活动的过程是不固定的，随着职业情景的变化不断调整。这类职业活动多出现在服务类职业中，当人们面对客人时，随着客人或者情景的变化，职业活动就需要随时调整。在这类职业人员的职业活动中，人们关注的是服务对象接受服务的心理预期。

3）职业活动的过程不固定，且不受职业情景变化的影响。这类职业活动一般出现在艺术类职业中。在这类职业活动中，人们关注的是职业活动的效果，为了达到某种效果，不断尝试不同的职业活动过程甚至改变职业情景。

（三）对社会的研究

对社会的研究包括对当今社会的研究和未来社会的研究。现今社会的各种要素及其价值，以及人们期待的未来社会的价值取向都是职业教育课程目标确定的依据。例如，今天的世界正在进入一个以高新技术产业为支柱的知识经济时代，这个时代以创新为灵魂，以资产投入无形化、世界经济一体化、价值取向智力化、学习终身化、经济发展可持续化、市场竞争合作化为主要特征，对劳动者素质、就业方式和就业结构都提出了新的要求[①]。因此，我国职业教育课程目标的确定应重视创新能力[②]。又如，环境问题是现在课程目标确定的重要依据之一，在过去，环境问题就没有像今天这样得到重视。

职业教育课程目标确定的三个依据不是相互割裂开的，在确定职业教育课程目标时必须注意实现两个整合：一是社会本位与个人本位的整合；二是能力本位与人文本位的整合。

1. 社会本位与个人本位的整合

社会本位强调人是社会的产物，要把学生培养成促进经济发展和社会进步的人，主张个体社会化，公民品德、政治品质、社会规范是其所特别关心的。而个人本位强调关心受教育者的个人价值、身心健康和人格的健全等，主张实施自由教育、人文教育和人性化管理。长期以来，社会本位和个人本位是错位的。

社会本位观肯定教育的价值首先在于促进国家和社会的发展，这对密切教育与社会的联系起到了积极的推动作用，但也给教育带来问题，容易导致教育走向极端。不区分社会当前利益和长远利益，片面强调个人价值服从社会价值，否定人的主体地位，忽视人的个性发展，扼杀个体的主动性和创造性；或者要求教育简单、被动地适应社会需要，不论社会需要是积极还是消极的，一味强调适应。在这种价值取向的指导下培养的人才，只能是千人一面、万人一面，不但没有实现教育目的的个人本位，教育目的的社会本位也大打折扣。

个人本位观虽然张扬了人的个性，突出了人的创造力，促进了思想解放和人的发展，弥补了社会本位价值观的缺陷，但它没有揭示出真实存在的个人与社会的多种关系，忽视了社会需要对教育目的的制约作用，使教育走向了另一个极端。导致有的学生在选择和确立自己的人生价值目标时，离开社会与集体的需要，不顾整体利益，一味追求实现“自我价值”，走上一条所谓“自我发现—自我设计—自我表现—自我崇拜”的人生之路。社会本位主义被怀疑、否定，一切以“自我”为中心，不讲“我”应当为集体和社会做什么，只问集体和社会对“我”怎么样。由此可见，社会本位和个人本位是教育价值取向的不可分割的两个方面，单方面

---

① 邓泽民. 知识经济与创新[M]. 北京：煤炭工业出版社，2002：15.

② 邓泽民. 职业学校学生职业能力形成与教学模式研究[M]. 北京：高等教育出版社，2002：8.

强调社会本位或个人本位，只能把教育引入歧途，只有将两者整体化、综合化、全面化，才是正确的选择。

职业教育课程目标的确定要实现社会本位和个人本位的整合。

1）正确处理个人利益和社会利益的关系是实现这一整合的前提。社会本位和个人本位长期错位的根本原因是社会利益和个人利益的不协调，职业教育首先必须承担起社会责任，同时也要谋求自身的发展。由于职业院校单纯地追求经济效益和学生单纯为了就业，学校和学生往往会忽视社会的整体利益，或者是为了实现眼前利益而忽视社会、学校、学生个人长远的发展利益。实现职业教育的个体利益和社会利益的统一，就应该在社会责任和自身发展中寻找结合点。从根本上看，教育的主体——国家、教育机构和学生个体的长远利益是一致的，它们聚焦未来。

2）教育同生产劳动相结合是实现这一整合的最好途径。劳动是物质财富生产和人的自身发展的需要，个体对社会的责任是通过劳动来实现的，人在劳动中培养社会责任心和劳动热情，并积极为社会发展做贡献。教育和生产劳动相结合，有利于职业院校为社会培养学用结合的高素质技能型和应用型人才，有利于学生提高劳动技能，不断完善自我，充分发展自己的个性，激发创造力，惠泽社会，实现人生价值。

社会本位与个人本位的整合体现了职业教育的价值，而实现这样的价值就需要能力本位与人文本位的整合。

2. 能力本位与人文本位的整合

能力本位是职业教育的根本特点。与传统的高等教育相比，职业教育更强调“实践能力”的培养，主张知识、技能和态度一体的素质结构。能力本位的培养模式是经济和社会发展需要的产物。随着社会进步和经济发展，特别是我国全面实现工业化和现代化的过程中，对高等技术应用型人才的需要更趋多元化，社会不仅需要传统意义上的学术型、工程型人才，同样需要技术型、技能型人才。因此，将“技术应用型人才”作为职业院校的办学目标定位，并倡导以“技能本位”为核心的培养模式，不仅是一种理想思维的使然，也是职业教育对现代经济和社会发展的一种对接与回应。

人文素质是完整人格的基础。职业院校的学生首先应该是和谐发展、人格完整的人，其次才是所学专业领域内的行家里手。在人的和谐发展及完整人格的形成过程中，职业能力和人文精神的结合是非常重要的，这种结合主要体现在科技知识和人文知识的整合上。作为一个和谐发展的高级技术人才，其价值观念和道德情操是建立在较高的文化素养之上的，特别是文史哲素养。因为只有具备一定的文学修养，才能深刻理解人类的悲欢与痛苦；只有掌握了丰富的历史知识，才能反思和总结过去，展望未来；只有具备一定的哲学功底，才能拥有生活的智慧。因此，职业院校不仅要重视学生能力的培养，还要传授一定的人文知识。另外，人文素质是创新能力的基石。人的核心能力是创造力，职业教育不仅是为了学生“就业”，还要实现学生的职业理想。前者是机械地适应职业岗位，后者是主动地、创造性地适应职业生活。教育的本质不是如同物质生产那样把学生批量“复制”成为“劳动工具”，不是为了让年轻一代仅仅满足于“就业”而机械地适应生产岗位，而是激励他们在继承既有文明的基础上进一步超越前贤，创造人类史上新的文明成果。一些成功者的实例证明，人的创新精神和创造能力离不开其职业技能，更离不开其所具有的人文素质和人文精神。

因此，职业教育课程的目标不能离开能力本位而只谈人文本位，也不能离开人文本位而只谈能力本位，两者整合构成职业教育人才培养素质目标。能力本位突出应用性的特点，体现人才规格不同于其他层次教育的培养目标；人文本位突出人才的人文精神和人文素质，体现人才的品质和品位。实现能力本位和人文本位整合，既要提高学生的职业能力，又要纠正纯“工具意识”和“就业至上论”的偏颇，避免受教育者只在实用主义、功利主义的层面上去判断事物、思考问题。

二、课程目标确定的过程

职业教育课程目标的确定包括三方面的内容：职业面向分析、职业活动分析和职业特质分析。职业教育的课程目标对于职业教育的一个专业来说，就是这个专业的培养目标。确定职业教育专业培养目标时，应选择确定专业培养目标的人员，解决专业培养目标的表现方式、专业培养目标确定的过程，以及专业培养目标研讨主持人的主持技巧等关键问题。

（一）职业面向分析

职业面向是本专业毕业生的就业岗位群和职业生涯发展方向。毕业生的就业岗位群和职业生涯发展方向的确定，为专业培养目标的分析提供了必要的前提。职业面向分析一般采用调查法，对于就业岗位群和职业生涯发展方向两方面内容的调查，调查对象应有所区别。对于就业岗位群的调查，调查对象应是近五年以来的毕业生；对于职业生涯发展方向的调查，应选择已工作十年以上的毕业生。

（二）职业活动分析

职业活动分析，简称职业分析。从职业教育课程取向、依据和课程目标确定的原则来看，课程目标的确定工作应由课程设计专家主持；基本素质和通用能力（也称关键能力）的确定应由社会学专家、教育学专家、哲学专家和有关技术专家等参加；专业培养目标中，职业能力的确定需由有关职业岗位的优秀工作人员参加。具体分工是：课程设计专家为主持人；社会学专家、教育学专家、哲学专家、有关技术专家和有关职业岗位的优秀工作人员为基本素质与通用能力研讨委员会成员；有关职业岗位的优秀工作人员作职业能力研讨委员会成员。为了工作方便，还需要协调人、记录员和其他有关人员的参与。

下面以职业能力图表分析确定为例进行系统的介绍，通用能力图表可参考职业能力图表分析确定的形式和过程。

1. 职业分析的人员

职业分析的人员由职业分析协调人、主持人、研讨人员、记录员和列席人员组成。在职业分析准备、研讨和课程改革的过程中，他们分别承担着不同的职责，发挥着不同的作用。

（1）协调人

专业培养目标的确定通过研讨的形式完成，所以首先需要一位协调人，进行研讨会自准备至结束全过程所需人力、物力、财力的协调。为了保证研讨会的成功，做好组织协调工作，要求协调人必须熟悉研讨会的各项工作及要求，有较强的组织协调能力，并有权或已得到授权调动研讨会所需的人力、物力和财力。

（2）主持人

专业培养目标确定的研讨会议还需有主持人。这里需要特别指出，专业培养目标确定研讨会不同于一般的研讨会，主持人也不同于一般会议的主持人。在专业培养目标分析过程中，主持人应能够正确运用职业分析研讨的原则、程序和技巧，自始至终激励和引导研讨人员抓住关键问题进行讨论，并尽快得出一致结论，在有限的时间内完成专业培养目标确定的引导。一般对主持人有以下基本要求：

1）掌握职业教育专业培养目标分析理论方法，并具有一定的实践经验，熟悉众多不同职业岗位的职业能力分析和教学软硬环境开发。

2）应能在规定时间内，有效地向研讨人员介绍专业培养目标分析的过程和研讨必须遵守的原则。

3）应能激发职业分析研讨人员积极参加讨论，并使讨论始终在预定的主题之中进行。

4）应能保证在同一时间内，每个研讨人员都考虑和讨论同一个问题。

5）应具有耐心，并能进行必要而又及时的提示。

6）应善于帮助研讨人员定义单项技能，给出一些较为合适的动词。

7）应能使每一位研讨人员都拿出自己的意见，同时掌握好工作进程。

8）应善于解决研讨中出现的争议，取得一致意见。

（3）研讨人员

研讨委员会是职业分析研讨的主体。研讨委员会成员是从现场精心挑选来的优秀工作人员，由于他们是研讨的主体，专业培养目标将产生于他们的研讨，所以他们的水平将在很大程度上决定专业培养目标确定的质量。对研讨人员有以下要求：

1）业务能力。必须是该职业岗位的优秀工作人员，不仅要十分熟悉本职业务，还要了解其业务的发展趋势。

2）全日制职业。必须是全日制一线从业人员，这有助于保证其通晓全部工作内容。可以包括一名或两名一线的小组长，由于他们是一线的直接管理者，对该职业岗位的工作内容、要求和范围较为清楚。

3）代表性。为了使学生能胜任本职业不同岗位的工作，要求研讨人员具有代表性，包括地区、行业和企业规模等方面。

4）交流能力。必须能准确、严谨、简练和清晰地表达自己的观点。

5）群体合作能力。由于研讨过程中，必须充分地发挥头脑风暴的作用，因此要求研讨人员必须具备群体合作能力，遵守相关原则。

6）没有偏见。研讨人员对于培训内容和方法，必须是开放和无偏见的。

7）全过程的投入。研讨人员必须自始至终全身心地投入研讨的全过程。

（4）记录员

为了使研讨人员能始终沿着一条可见的主线进行研讨，研讨时可将所有达成的一致意见写在卡片上，并贴到墙上，因此需要一名记录员专门负责记录。记录员要严格按主持人的要求积极工作，专心倾听并注意记录研讨人员的思维路线，特别是转折点，为主持人提供支持，但不能参加讨论。对记录员的要求不像主持人那样严格，但也必须了解方法，熟悉记录员职责，字迹清楚。记录员必须做到以下几点：

1）准时参加职业分析的所有活动。

2）积极听取研讨人员的讨论和意见。

3）在研讨过程中，做一些参考性的记录。

4）保持对主持人间接提供支持的角色。

5）只有主持人让其写卡时，才写卡或记录。

6）卡片的书写要清楚、工整。

7）保管研讨过程中使用的卡片、笔及塑胶泥等材料。

8）提供主持人要求的其他帮助。

记录员应避免以下几点：

1）参加研讨。

2）在会上向主持人提建议（私下除外）。

3）全部记录每个研讨人员的提议。

4）按自己的意志记录。

（5）列席人员

专业培养目标分析确定的过程中，有关领导和教学环境开发和实施人员等的列席是十分必要的。从研讨准备到研讨结束所涉及的人员最好都能列席，一般包括管理人员、教师、教辅人员和专业顾问。

1）管理人员。尽管不同院校参加的管理人员不同，但一般来说，专业主任、教研组长，负责教师业务培训的负责人，教学研究部门、教务部门、专业开发部门等有关人员都应参加。他们都应了解组织者的计划，而且还需要他们中的一些人批准时间表和预算等。

2）教师。教师的参与主要是为了让他们更多地了解和理解职业分析过程，支持教学改革。同时由于教师与已毕业的学生有较紧密的联系，所以他们了解社区内哪些单位有研讨所需的人才。有时教师可能不愿参与，主要是因为他们不了解，或者即使有所了解，但担心自己教授的内容被大量删减或更新而不愿参与。对此，应向他们做好宣传、解释工作。

3）教辅人员。通过教辅人员的参与，使他们了解职业分析过程并获得其支持，使其在以后的教改过程中做好教辅工作。此外，他们也可为研讨提供帮助，如布置会场、提供会议服务等。

4）专业顾问。专业顾问的参与作用有两个：一是决定需要进行改造的专业（一般专业每 2～3 年进行一次教改，有的专业每 4～5 年进行一次教改，主要根据技术与管理发展的速度确定）；二是由于他们来自社会，可以为研讨提供合适的人选。安排有关人员列席能使教学环境的开发设计及教学实施等工作顺利进行，但列席人员不能作为研讨委员会成员参加会议的研讨。他们的意见可以在研讨会休息时，提交给主持人。

2. 职业分析的工具

对事物进行表达和描述的方式有很多，如文字、表格、图表等。方式不同，效果也不一样。其中，图表具有一目了然的表达效果，因此，为了准确、具体、清晰地表达专业培养目标，可采用图表的形式。根据对职业教育课程理论的研究，职业教育是能力本位的教育，因此专业培养目标可采用能力图表的形式来表现。能力图表是人们分析确定专业能力目标常用的一种表格形式。它是由某一专业所覆盖的职业岗位所要求的各能力领域和相应单项技能构成的一张二维图表。

（1）能力图表的构成

能力图表，一般包括名称、能力领域、单项技能和技能操作评定等级四项内容，如图 1-1 所示。

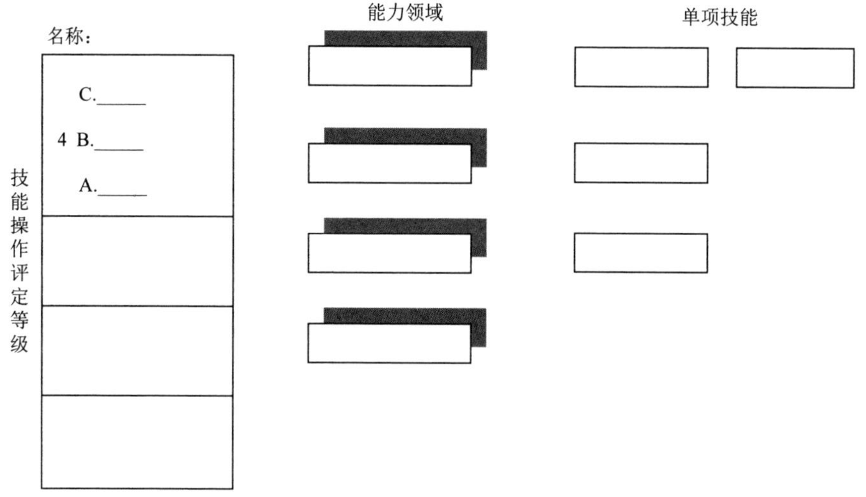

图 1-1　能力图表结构示意图

名称是指本图表所定义的专业。能力领域和单项技能是为了进行能力分析而提出的两个概念。能力领域是指一组在某种意义上相关的技能。为了研讨的方便，一般设置 8～12 项能力领域。在描述能力领域时，要用动词开头，前面应能冠以“应能够……”，且尽可能简练。单项技能是指完成某项任务所必须掌握的技能，每项技能必须是在短时间内完成并可独立进行，且产生产品、服务或决策，一般一项能力领域中的单项技能在 6～30 项左右，若太多，就要增加能力领域数目。技能的描述也要用动词开头，前面也能冠以“应能够……”，并尽可能简练。例如，如果你是人力资源管理专业的学生，那么毕业时应能够“管理人力资源”。如果要具备这项能力，你就必须能够“制订人力资源发展战略”“建立培训体系”“分析培训需求”“审定培训计划”“保证培训体系正常运转”“建立和维护 M.D.系统”“分析确定潜能人员”“确定关键岗位”“制订潜能人员职业发展计划”等。其中，“管理人力资源”就是人力资源经理应具备的一项能力领域，而“制订人力资源发展战略”“建立培训体系”等则是单项技能。技能操作评定等级是定义实际工作中单项技能操作水平的，分为四级六个水平，如表1-1所示。

表1-1　技能操作评定等级及其描述

级别	描述
4	C. 能高质、高效地完成此项技能的全部内容，并能指导他人完成
	B. 能高质、高效地完成此项技能的全部内容，并能解决遇到的特殊问题
	A. 能高质、高效地完成此项技能的全部内容
3	能圆满完成此项技能的全部内容，并不需任何指导
2	能圆满完成此项技能的全部内容，但偶尔需要帮助和指导
1	能圆满完成此项技能的部分内容，但在现场的指导下，能完成此项技能的全部内容

（2）能力图表的作用

能力分析的形式比较简单。首先，确定研讨委员会成员的标准，并根据标准精心挑选8～12名研讨委员会成员；然后，帮助研讨委员会成员了解能力分析的目的和方法。最后，择机邀请研讨委员会成员集中2天左右的时间，在主持人的主持下，运用头脑风暴法，以能力图表的形式确定出课程目标。因此，能力图表不但在专业培养目标的表现形式上，而且作为专业培养目标研讨过程中的工具发挥着十分关键的作用。

3. 职业分析的过程

专业培养目标的确定采用专家研讨的形式，具体过程如下：

1）确定专业培养目标研讨委员会成员的标准，针对所分析专业覆盖的职业岗位，精心挑选8～12名优秀工作人员，作为研讨委员会的成员；

2）通过分发职业分析手册，使研讨委员会成员了解职业分析的目的；

3）择机邀请研讨委员会成员集中2天左右的时间，在主持人的主持下，运用头脑风暴法，以能力图表的形式，对该专业所需的能力领域和单项技能进行分析定义，提出相应的专业所需的能力图表。

虽然职业分析方法的形式不复杂，但它的每一步都是十分严谨和科学的，从而保证了研讨结果的客观。确定专业培养目标一般应由研讨的准备、研讨的实施和研讨后整理三个阶段组成。

（1）第一阶段：研讨准备

为了充分地做好准备工作，需要注意三点：一是要保证准备工作的时间；二是要选好一名合格的协调人；三是取得有关方面的支持。为此，要做好以下工作。

1）制定研讨会准备工作时间表。为了做好研讨的准备工作，首先应由协调人制订出周密、细致的研讨会准备工作时间表，如表 1-2 所示。

表 1-2　研讨会准备工作时间表

时间	具体准备工作
研讨前 60～90 天	确定研讨会举行的日期、确定主持人
	准备将进行分析的专业的描述报告
研讨前 30～60 天	确定愿意并能够派其优秀工作人员或小组长来参加研讨会的单位
	确定研讨人员，并与研讨人员联系，解答他们提出的问题
研讨前 10～30 天	通知研讨人员会议的时间、地点及其他有关事项
	安排好研讨人员的食宿、交通和准备好会议用品
	安排研讨会场
	确定记录员
研讨前 5～10 天	通过电话与研讨人员联系，再次确定是否能参加研讨
	集中会议所需物品
	如果会场允许，可向有关人员发出列席的邀请
	通知主管领导，准备在研讨会开始前致辞
	确定研讨会的日程
研讨前一天	对研讨会会场和所需物品等进行最后一次检查
	组织协调人与主持人会面，并召集有关人员开会，做最后一次全部准备工作的检查

2）起草专业描述报告。专业描述报告是界定职业工作内容范围的文件，必须明确本专业毕业生就业的职业岗位（群）、职责范围和工作内容。由于它是确定研讨人员和进行职业分析的重要依据，所以起草时必须给予足够的重视，做到认真、细致、全面。为了使专业描述报告科学、可靠，一般起草时应参考国家、部门或本公司的职业分类等有关文件资料。1999 年，我国编辑出版了中国第一部职业分类大典，可做参考。

3）确定研讨委员会成员。完成了专业描述报告的起草之后，就可以依据报告确定研讨委员会的规模与组成。为了使研讨人员具有一定的代表性，我们总希望研讨委员会规模越大越好，但是规模过大、人员过多会使研讨效率降低。所以，研讨委员会规模的大小应根据本专业毕业生就业范围的宽窄，包括职业岗位的多少来确定。经验证明，一般研讨委员会的规模以 6～12 人为宜，其中 6～10 名为一线的优秀工作人员，另外 2 名为小组长。为了选定合格的研讨委员会成员，需要根据专业描述报告和研讨委员会成员的一般标准确定研讨委员会成员的具体标准。

根据研讨委员会成员的具体标准，选择合格的研讨委员会成员是一项极为关键的工作。为了做好此项工作，需要制订一个周密、细致的方案。研讨委员会成员的合格与否，并不完全意味着研讨委员会的合格与否。作为研讨委员会，必须考虑其在方方面面的代表性，特别是其整体能力。职业院校确定专业培养目标研讨委员会成员时，要照顾到毕业生就业的行业、地区、企业规模和岗位等。另外，以下两点也应考虑：第一，研讨委员会成员中最好包括 2～3 名本校本专业的毕业生，因为他们不但了解其职业岗位的能力需求，而且还了解本校及本专业的教学内容，这样对比起来，更能说明问题；第二，在研讨委员会成员中，要有 1～2 名从事一线工作的班长、组长的参加，以便较好地界定工作人员的工作范围，并更为客观、具体地确定某一岗位工作人员的能力水平。

4）确定主持人与记录员。主持人的确定与邀请在准备工作中是十分重要的。首先要保证邀请经过专门培训、具有丰富经验的主持人。一般情况下，主持人都带自己的记录员。如果主持人没有带自己的记录员，一定要按照记录员的标准严格选定，并征求主持人的意见。

5）编制研讨会日程。研讨会的时间一般在 1～3 天之间，日程内容一般包括：领导致辞；介绍主持人；主持人向与会人员简单介绍职业分析方法，并特别说明与会人员的作用和研讨中的注意事项；向与会人员介绍研讨委员会成员、记录员和部分列席人员及研讨会日程；修订专业描述报告；实施研讨；研讨会总结等。

（2）第二阶段：研讨的实施

1）建立良好的合作关系。主持人能否与研讨人员建立良好的合作关系，是研讨能否成功的关键环节。主持人首先应提前半个小时到达会场，热情迎接每一位研讨委员会成员。主持人要准备好名片，与研讨委员会成员交换，以促进主持人与研讨人员间的关系，使气氛更加融洽，同时可以借此进一步了解情况，有利于主持研讨。另外，通过互换名片可以收集到研讨委员会成员的信息，为将来进一步合作建立了联络途径。将研讨会的日程安排、纸、笔等分发给与会人员。

2）明确研讨会的目的、目标与任务。要营造良好的研讨氛围，仅仅建立主持人与研讨人员之间的合作关系还远远不够，还要使参加研讨会的每一个人都要明确研讨会的目的、目标和任务。根据研讨会日程表的安排，这项工作是由领导的致辞来完成的。一般情况下，研讨会开始由协调人主持，在介绍了与会的领导、主持人、研讨委员会成员和部分列席人员之后，邀请领导致辞。通过致辞将此次研讨会的目的、目标和任务传达给与会人员，所以领导人致辞非常重要，应特别给予重视。

3）讲解专业培养目标分析过程。领导致辞后，协调人介绍主持人及其工作成就，在建立起主持人威信的同时，邀请主持人主持研讨。主持人要在领导致辞的基础上，重申此次研讨的目的和任务，并由此引出并讲解专业培养目标确定的方法，具体内容一般包括：分析研讨的原则与步骤、研讨会的日程安排、与会人员的作用、研讨过程中应注意的问题等。

4）指导专业培养目标分析。接下来，主持人就可以依据头脑风暴法讨论问题的原则和分析研讨的步骤主持研讨。研讨过程分为以下七个步骤。

第一步：在职业分析过程开始的 1.5～2 个小时中，主持人应简明扼要地讲解职业分析方法，其中要特别向研讨委员会成员阐明其基本工作任务和职业分析过程的基本要求和操作方法。

第二步：对所研讨的职业描述报告进行讨论，首先分析确定职业岗位的名称，填入能力图表上，然后讨论本职业岗位职责范围和工作内容。

第三步：分析确定能力领域。运用头脑风暴法，使研讨人员充分发表意见，提出能力领域。提完后，对提出的能力领域进行修改、删除、添加或合并。

这里应注意的是，虽然主持人在第一步中已经明确了能力领域的定义，但此时主持人做以下提醒是十分必要的：第一，能力领域是为了便于职业分析而提出的一个概念，就像一本书一样，为了编写方便，我们首先根据其内容的相互关系划分出篇章，然后把内容按其逻辑关系放入相应的章节。这里的能力领域就相当于书中的篇章，是一组在某种意义上相关的单项技能的组合。第二，根据经验，一般为了便于研讨，可设 8～12 项能力领域。第三，为了较为准确地定义能力，在描述能力领域时必须用动词开头，并冠以“应能够”的前缀。

第四步：确定各项能力领域中的单项技能。对单项技能高质量的定义将为其使用打下良好的基础。

为了保证对单项技能定义的准确和全面，主持人必须做到：

① 全面、透彻地理解单项技能的概念。单项技能是指一个人利用其所具有的知识有效地从事某一具体工作的能力，是一种在实际职业活动中可被观察到的行为，这种行为必须能够独立进行，且在短时间内能够完成，并产生产品、服务或决策。

② 在定义单项技能时，开头必须能冠以“必须能够”的前缀。具体操作时，为了节省时间，这种前缀可以不写在每一张单项技能卡片上。

③ 应以行为动词开头定义单项技能。通过对已开发的能力图表的分析，单项技能一般可分为六种类型，而每种类型的单项技能又都有各自常用的行为动词。主持人应熟练运用下面的行为动词：

- 手工操作型行为动词。手工操作型单项技能对研讨人员来说是相对较易定义的。在机械类或手工操作类职业的能力图表中，此类单项技能尤为多见。通常使用锉、焊、锯、剪、操作等动词。
- 顺序操作型行为动词。顺序操作型单项技能包括根据预定的工作顺序进行操作，同时也需要少量的手工操作技能。这类单项技能常常是指对要求有一定的操作顺序和进行监控的设备进行操作，常用动词有顺序、调整、准备、装配等。
- 分析型行为动词。分析型单项技能可以表示相关的理论知识如何得到应用，绝大多数情况下，这类单项技能由那些担心理论知识将不被重视的研讨成员提出。多数情况下，具有这类单项技能的学员会根据其所具备的理论知识去完成其他类型的单项技能所不能履行的特定任务，而且这种任务可以被评估或衡量。常用来描述此类单项技能的动词有识别、分析、区分、比较、对照、分类、评估等。
- 阐述型行为动词。阐述型单项技能属于预备性技能，它需要获取信息以便在后续各个单项技能中能做出决策和解决问题。常用的动词有解释、阐述、阅读、引用、获得等。
- 解决问题型行为动词。解决问题型单项技能是职业的核心部分，通常是解决复杂问题或决策性的技能。履行这类技能，需要许多其他类型技能的综合运用。定义此类单项技能的常用动词有计划、设计、检修、计算、选择等。
- 组织管理型行为动词。组织管理型单项技能是指某些从业者在该职业领域中，组织或指导相关工作的能力。常用的动词有组织、管理、指导、协调、监督等。

另外，下列行为动词也是定义单项技能时常用的，按其使用的范围可分为六类：

知识类：解释、重述、记录、列举、说出、叙述、强调等；

理解类：说明、重述、讨论、描述、认识、解释、表达、定义、报告、回顾等；

应用类：运用、使用、应用、证明、操作、安排、选购、概述、说明、实践、改编、阐述等；

分析类：分析、识别、区分、评估、计算、试验、测试、比较、对照、评论、图示、检查、辩论、编制、提问、陈述、解决、细查、分类等；

综合类：计划、组成、建议、设计、安置、制定、评估、收集、构成、建立、创造、组织、管理、准备等；

评估类：判定、评价、衡量、评定、比较、修改、获得、估计、确定、估价等。

④ 对单项技能的定义应简单、明确，以免出现多意性，造成使用时的困难。

⑤ 要尽量使用被分析职业领域所接受和使用的名词和术语。

⑥ 应能反映出该职业的近期和将来对某些单项技能的要求。

⑦ 单项技能的定义必须不是对下述所列静态行为的描述。

- 和知识基础有关的行为。主持人不应接受知道、知道怎样、理解和具有……知识一类的动词或词组，以及相关定义用语。
- 和职业技能特点有关的行为。主持人不应接受以“是”为开头的对单项技能的定义，如“是熟练的”或“是创造性的”等。
- 个人态度或情感。主持人应拒绝使用喜欢、期望、愿望等表达个人态度的动词。

第五步：再次检查和定义能力领域和单项技能。通过增、删、修、合并技能和能力领域，进一步完善能力图表。

第六步：能力领域和单项技能的排序。在进行能力领域和单项技能的排序时，研讨人员应假定他们面临的是某些根本不具有能力图表中任何一项单项技能的人。基于这种假定，逐个对能力领域和单项技能按照一个刚进入培训学习的人应首先掌握的能力进行排序。

第七步：上岗要求的能力与能力评定标准的确定。

5）图表的整理制作。在研讨结束之前，主持人应确认所有研讨委员会成员对于图表的准确性和完整性是认同的。确认之后整理并制作图表。

① 能力领域与单项技能的编码。为了便于图表的使用，应对图表的能力领域和单项技能进行编码。编码可以运用数字、字母或两者混合的方式，一般多使用数字与字母混合编码的方式。

使用数字与字母混合编码的具体方法是，按图表上能力领域的排列顺序，对能力领域自上而下编码为A、B、C……；对单项技能自左向右编码为1、2、3……。

使用数字编码的具体办法是，按图表上能力领域的排列顺序，对能力领域自上向下编码为01、02、03……；对单项技能自左向右编码为01、02、03……。

② 确定图表的格式和内容。图表的格式很多，应根据图表的用途来确定具体的种类。图表的文字说明也很重要，一般包括院校名称，专业名称，开发日期，委员会成员的姓名、职称/职务/工作岗位、单位名称，协调人，主持人，记录员，列席人员名单，院校的标志，技能操作评定标准，以及评价鉴定栏目

等内容。

（3）第三阶段：研讨后整理

图表经过验证即可进入研讨后阶段，即制作阶段。为了保证图表的印制质量，要指定专人负责对图表制作进行监督，这项工作一般由协调人完成。监督的主要项目是图表的格式和内容。格式要规范、清晰，内容要完整、不能有任何改动，要保证校对工作的质量，校对时应以原始卡片的记录为准。图表一般应分发给下列人员：教学管理人员、有关教师、教辅人员、教研组长、专业主任、专业顾问委员会成员、研讨委员会成员及其单位主管、院校领导和院校董事会成员、招生和就业咨询部门、学生、课程设计与教学环境开发人员等。

4. 研讨的基本原则

职业分析研讨必须坚持头脑风暴法讨论问题的原则。头脑风暴法是专家决策法的一种，在讨论问题进行决策时，一般遵守以下原则：

1）在研讨时，研讨成员是平等的。

2）提出提议的自由性。

3）要提出建设性的提议，而不能是非建设性的提议。

4）不能使用任何与本次研讨的职业有关的任何参考资料。

5）列席人员不能参加研讨。

6）全部提议都要被认真地研讨。

7）研讨者要互相尊重相互间的提议。

（三）职业特质分析

职业特质是指从事不同职业的人所特有的职业素质，是能将工作中成就卓越与成就一般的人区别开来的深层特征[①]。人才的职业特质取决于所从事行业的发展水平和职业活动的逻辑关系。

1. 行业发展水平对人才职业特质要求分析

一般地，行业发展水平越高，对从事该行业工作的人员所要求的人才职业特质越高。例如，饭店服务行业，规范化、标准化一度是其经营与服务的理念，现在，个性化服务、给客人惊喜的消费经历成为饭店行业的经营与服务理念。这一变化对从事饭店经营与服务的人员的职业特质提出了不同要求。制造业技

---

① 邓泽民．职业教育教学论[M]．北京：中国铁道出版社，2011．

术由低端制造发展到高端制造，对从事该行业工作的技术人才也提出了更高、更苛刻的要求。文化艺术产业也是如此，随着人们欣赏水平的不断提高，对文化艺术产品的要求越来越高，从而对从事文化艺术产业人才职业特质也提出了更高的要求。

对于行业发展水平对人才职业特质要求的分析，可采用行业发展水平系统比较方法或产品形成要素比较方法，从中发现当前我国存在的人才职业特质的不足和提高的方向。

2. 职业活动的逻辑关系对人才职业特质要求分析

人才职业特质分析可以从两个方向开展研究，一是在同一职业发现成就卓越者，通过调查分析方法，研究他们与一般成就者不同的深层特征；二是通过分析职业活动，研究取得职业活动卓越效果的人具备的职业素质。这里主要介绍采用职业活动逻辑关系分析人才职业特质的方法。

研究发现，人类的职业活动有过程导向、情景导向和效果导向等三种逻辑关系。

过程导向逻辑关系中，采取什么职业活动取决于职业活动所处阶段，而且要求职业活动必须标准、规范，以求职业活动结果达到设计标准，如图 1-2 所示。

	过程阶段1	过程阶段2	过程阶段3	……
任务A	活动A1	活动A2	活动A3	……
任务B	活动B1	活动B2	活动B3	……
任务C	活动C1	活动C2	活动C3	……
……				

图 1-2 职业活动过程导向示意图

从图 1-2 中可以看出，采取什么行动取决于任务的不同和所处的过程阶段的变化。任务一旦确定，操作过程和规范标准就确定了。这类职业活动的特点是由过程顺序所支配的，受技术规范、工作规范、安全操作规程和各种设计标准的约束，即从事这类职业活动的人的思维和行为具有典型的过程导向特点。这类人的职业特质定义为，依据任务，严格把握并执行工作程序、工作规范、工艺文件和安全操作规程，做到用严格的工作程序、工作规范和操作标准，保证操作结果质量要求的意识与素质。

情景导向逻辑关系中，采取什么职业活动取决于职业活动所处情景，要求职业活动必须依据职业情景采取恰当的方式，以求得职业活动对象满意，如图 1-3 所示。

	情景1	情景2	情景3	……
人A	活动A1	活动A2	活动A3	……
人B	活动B1	活动B2	活动B3	……
人C	活动C1	活动C2	活动C3	……
……				

图 1-3　职业情景导向示意图

从图 1-3 中可以看出，采取什么活动取决于人的不同和情景的变化。人可能因文化、年龄、身份、性别、信仰、情感等而不同；情景因所处环境、所办事项、时机等因素而变化。如果把人也考虑到情景当中，这类职业活动特点是受情景所支配的，即这类职业活动的人的思维和行为模式具有典型的情景导向特点。因此，这类人的职业特质定义为：依据情景，及时把握对象需求心理预期，做到提供恰当职业活动，使人满意的意识与素质。

效果导向逻辑关系中，采取什么职业活动取决于对欣赏人群的心理把握，要求职业活动必须依据对欣赏人群的心理把握，选择甚至创造恰当的方式，以求得产生某种效果，如图 1-4 所示。

	效果1	效果2	效果3	……
人群A	活动A1	活动A2	活动A3	……
人群B	活动B1	活动B2	活动B3	……
人群C	活动C1	活动C2	活动C3	……
……				

图 1-4　职业活动效果导向示意图

从图 1-4 中可以看出，采取什么活动取决于人群和希望达到的效果。这类职业活动的特点是受效果所支配的，即这类职业活动的人的思维和行为模式具有典型的效果导向特点。因此，这类人的职业特质定义为：能够把握人群的心理，做到提供恰当的职业活动，产生某种效果的意识与素质。

第二节　职业教育课程内容的筛选

一、课程内容筛选的原则

1895 年，英国教育家斯宾塞（H. Spencer）撰写了第一篇关于课程理论的论文《什么知识最有价值》，根据其题目就可以看出课程内容的选择在课程理论研究中的地位。可以说，课程理论源于对课程内容的探索。一百多年来，人们就此问题的研究从没停止过，出现了许多说法。职业教育源于作坊，而非庙堂。因此，人们用职业分析的方法去寻找职业教育课程的内容。

（一）两经验原则

职业教育课程的内容有三种不同的取向。

1）认为课程内容是学生要学习的知识，其代表人物是夸美纽斯。优点是考虑到了各门学科知识的逻辑性、系统性；缺点是不能很好地结合社会生产实际。这种取向在我国各类教育实践中一直十分盛行。

2）把课程内容看作是学习活动，主要代表人物是杜威。通过研究成人的活动，识别各种社会需要，把它们转化成课程目标，再进一步把这些目标转化成学生的学习活动。优点是通过学习者参与活动习得知识，课程与社会活动密切联系，并能激发学生的兴趣；缺点是对学科知识的鄙视，造成学习者发展后劲不足。

3）认为课程内容即学习经验，代表人物是泰勒。

实际上，一个人的成长离不开直接经验和间接经验。直接经验是人们通过自身的生活、学习和工作获得的经验；间接经验简单地说就是他人的经验，对于学习者来讲，间接经验也是人类经过长期实践逐步积累形成的经验。职业教育课程内容的筛选既要注重直接经验，也要注重间接经验。

（二）三体系原则

对于学生在学校的学习过程来说，虽然直接经验十分重要，但间接经验显得更加重要。这些间接经验是人类长期实践的结晶，主要以学科知识体系、技术方法体系和活动经验体系的形式被保存下来，形成了三个十分珍贵的经验宝库。因此，职业教育课程内容的筛选应遵循从学科知识体系、技术方法体系、活动经验体系中选择课程内容的原则。

1. 学科知识的选择原则

依据课程目标选择学科知识时，追求的是学生对知识整体框架的把握，不追求学生只掌握某些局部内容，而求其深度和难度；强调这门学科及其各部分理论知识的用途，不强调这门学科及其各部分理论的学术研究。

2. 技术方法的选择原则

依据课程目标选择技术方法时，注重让学生了解这种技术的产生与演变过程，培养学生的技术创新意识；注重让学生把握这种技术的整体框架，培养学生对新技术的学习能力；注重让学生在技术应用过程中掌握这种技术的操作，培养学生的技术应用能力；注重让学生区别同种用途的其他技术的特点，培养学生职业活动过程中的技术比较与选择能力。

3. 职业活动的选择原则

依据课程目标选择职业活动时，要注重所选择的职业活动具有典型性和趣味性，并要难易适度。典型性是指所选择的职业活动是学生毕业后从事职业活动时，经常遇到的、具有代表性的活动；趣味性是指符合学生的心理特点、足以引起学生的学习兴趣，使学生不仅好学而且乐学；难易适度是指所选择的职业活动与学生的能力相适应。

二、课程内容筛选的方法

根据职业教育课程内容筛选的原则，可以分别对学科知识、技术方法和职业活动进行筛选。

（一）学科知识的筛选

如图 1-5 所示，如果课程目标能力 1 到能力 N，对学科课程 XA 的知识框架要求很高，那么，在课程方案中应设置此学科课程；反之，课程目标能力 1 到能力 N，对学科课程 XA 的知识框架要求不高，那么，在课程方案中可以不设此学科课程。所需学科知识可以在职业活动课程中学习。

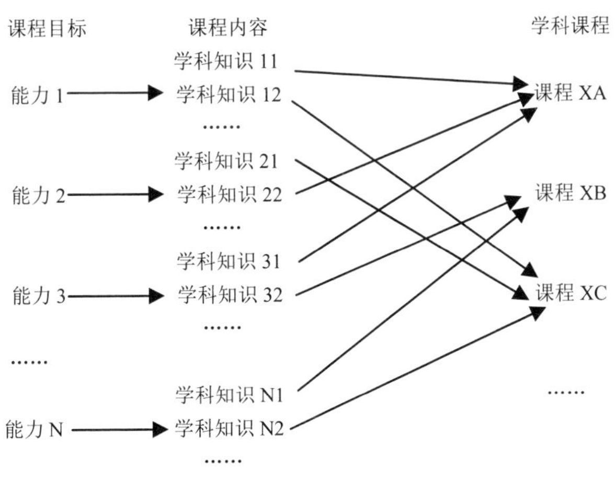

图 1-5 学科课程内容筛选示意图

（二）技术方法的筛选

如图 1-6 所示，如果课程目标能力 1 到能力 N，对技术方法课程 JA 的技术方法体系框架的要求很高，那么，在课程方案中应设置此技术方法课程；反之，课程目标能力 1 到能力 N，对技术方法课程 JA 的技术方法体系框架的要求不高，那么，在课程方案中，可以不设此技术方法课程。所需技术方法可以在职业活动课程中学习。

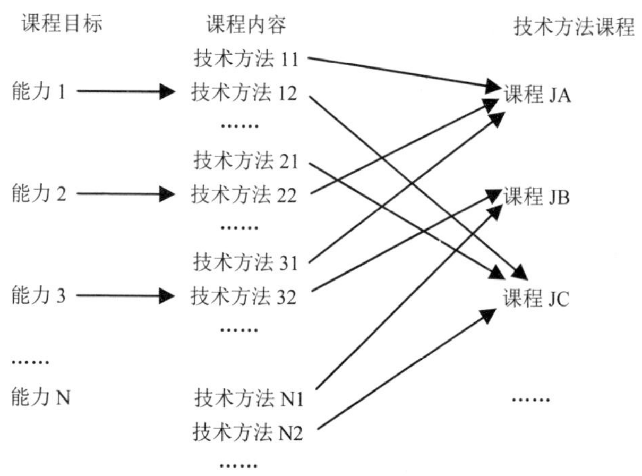

图 1-6　技术方法课程内容筛选示意图

（三）职业活动的筛选

典型任务法是依据课程目标，在职业活动体系中筛选出一些典型的职业任务，以典型任务作为课程内容的方法，如图 1-7 所示。

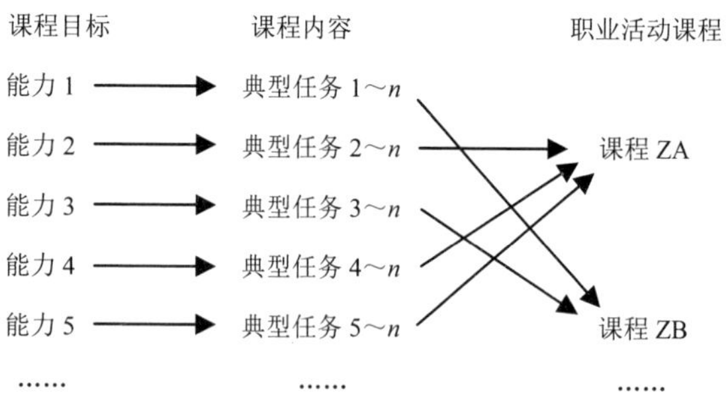

图 1-7　典型任务法筛选课程内容示意图

第三节　职业教育课程内容的组织

一、课程内容组织的原则

职业教育课程内容确定后，课程组织的科学性将是课程目标实现的关键。最早论述课程组织问题的是博比特和查特斯，他们在 1924 年和 1923 年出版的《怎样编制课程》和《课程编制》中，都涉及或论述了课程组织问题。著名教育家拉格（H. Rugg）在 1926 年出版的《课程编制：过去与现在》中总结了课程编制的经验和教训。1949 年，拉尔夫•泰勒总结了博比特等的观点，提出了怎样组织学习经验的问题。其中，课程内容组织的连续性（continuity）、顺序性（sequence）和整合性（integration）三个基本准则，为课程内容的纵向与横向组织提出了一个总的思想。这些基本准则的提出虽然基于基础教育，但对职业教育课程的组织也有较为普遍的指导意义。

鉴于学科知识、技术方法课程内容组织的研究较多，本书不再赘述，下面主要讨论职业活动课程内容的组织原则。

（一）垂直组织原则

一般课程的垂直组织有连续性和顺序性两个标准。连续性是指直线式地陈述主要的课程要素；顺序性是强调每一后继内容以前面的内容为基础，同时又对有关内容加以深入、广泛地展开。这两个标准体现在以下几个方面。

1. 学生个性发展序列

职业教育应遵循学生全面发展与个性发展相统一的原则。在课程组织上，要采取先公共课程和专业必修课，后职业方向课程的课程组织结构，使学生能够在全面发展的基础上，充分开发自己的优质潜能，为自己在不同职业生涯发展方向上取得成功奠定基础。

2. 职业活动难易序列

职业教育课程目标明确了一个专业的学生必须能够完成的职业活动，这些职业活动难易程度不同，职业教育课程一般应由易到难进行垂直组织。

3. 职业活动逻辑序列

任何一个职业活动的完成都需要经过一个完整的职业活动过程，而这个职业活动过程从开始到结束都具有程序逻辑序列。职业教育课程应按照职业活动的逻辑序列进行垂直组织。

4. 职业能力形成逻辑序列

根据心理学研究成果，职业能力的形成需要一个由多个环节构成，而每个环节又具有不同特点的较为复杂的过程[①]，如图 1-8 所示。

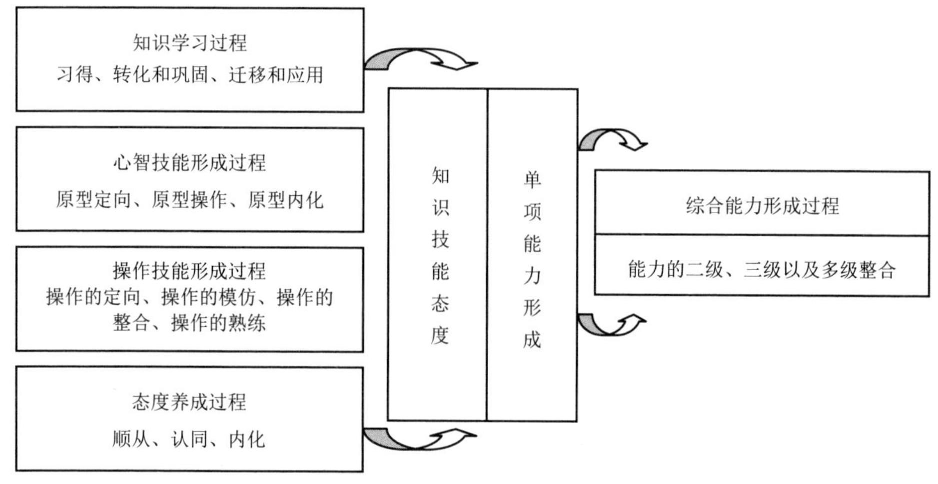

图 1-8　职业能力形成逻辑示意

在课程垂直组织时，应注意遵循能力形成的一般过程，保证课程心理逻辑顺序得到贯彻，要避免因出现违背能力形成逻辑而影响学生能力形成的情况发生。

（二）水平组织原则

整合是课程水平组织的标准，也是职业教育课程水平组织的标准。整合是针对所选出的各种课程要素，在尊重差异的前提下，找出彼此之间的内在联系，然后整合为有机的整体。整合包括：①职业活动的整合，即多个职业活动整合成为较大的职业活动，或者叫作多个任务构成项目；②心理特征的整合，即由知识、技能和态度整合形成单项职业能力，多个单项职业能力整合形成综合职业能力；

① 邓泽民. 职业学校学生职业能力形成与教学模式研究[M]. 北京：高等教育出版社，2002：18-30.

③学科知识的整合，即不同学科知识为完成某项工作任务或项目整合到一起。职业教育课程水平组织如图 1-9 所示。

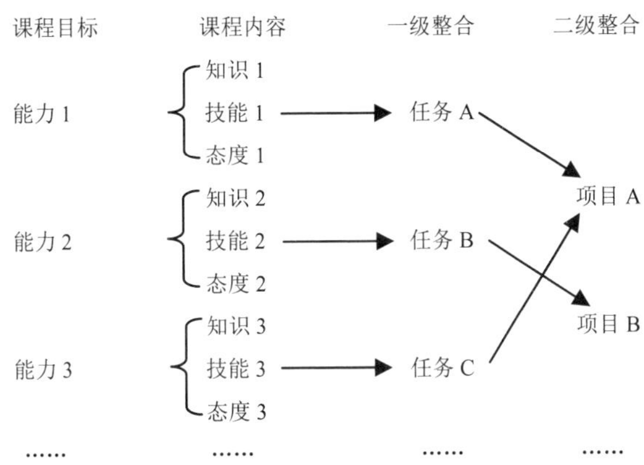

图 1-9　职业教育课程水平组织示意图

职业教育课程内容的组织一般经过课程结构的设计和课程体系的形成两个步骤完成。

二、课程体系结构的设计

依据学生全面发展和个性发展相统一的原则，职业教育的课程结构可以设计成基础平台加职业生涯发展方向的课程结构，如图 1-10 所示。其中，公共课程按照国家职业教育课程政策的统一要求安排；专业必修课是各职业生涯发展方向都需要的课程；专业选修课程模块是不同职业生涯发展方向所要求的课程。

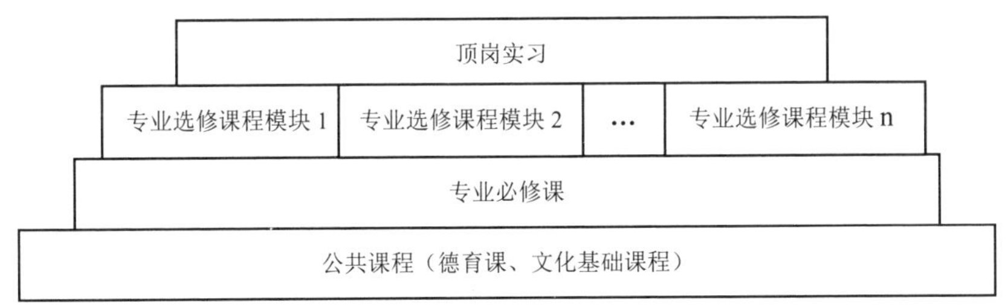

图 1-10　职业教育课程结构示意图

三、课程体系确定的方法

依据由企业提出的职业活动和国家颁布的相关职业资格标准，采用表 1-3 的形式形成学科知识课程、技术方法课程和职业活动课程。

表 1-3 课程体系

任务		学科知识课程	技术方法课程	职业活动课程
职责1	职业任务11	知识课程 1	技术课程 1	职业活动课程 1
	职业任务12	知识课程 2	技术课程 2	
	职业任务13	知识课程 3	技术课程 3	
	……	……	……	
职责2	职业任务21	知识课程 1	技术课程 1	职业活动课程 2
	职业任务22	知识课程 2	技术课程 2	
	职业任务23	知识课程 3	技术课程 3	
	……	……	……	
职责3	职业任务31	知识课程 1	技术课程 1	职业活动课程 3
	职业任务32	知识课程 2	技术课程 2	
	职业任务33	知识课程 3	技术课程 3	
	……	……	……	
职责n	职业任务n1	知识课程 1	技术课程 1	职业活动课程 n
	职业任务n2	知识课程 2	技术课程 2	
	职业任务n3	知识课程 3	技术课程 3	
	……	……	……	

在此基础上，根据职业面向分析确定的学生职业生涯发展的不同方向，确定选修课程和必修课程。

第二章
职业教育学习理论

在教学设计研究和实践中，人们越来越重视学习理论的发展，正如美国教育心理学家加涅所说："教学设计扎根于人类学习的条件的知识土壤之中的思想，看来是适合的"①。学习理论在一定程度上描述、解释和预言了学习活动的规律性。学习理论是心理学的一个分支，也可以说是心理学最发达的领域之一。但到目前为止，还没有凝聚成一种统一的、综合的、大家普遍认同的学习理论。施良方所著《学习论》对学习理论进行了系统研究，列出15种学习理论。虽然学习理论流派繁多，但研究的基本问题是相同的，都包括学习的本质、学习的动机、学习的过程和学习的迁移等。职业教育的学习观是针对职业教育的本质特点，建立在一般学习理论基础之上的。因此，它研究的基本问题也是学习的本质、学习的动机、学习的过程和学习的迁移等方面。

第一节　学习的本质

长期以来，心理学界对学习的定义众说纷纭，对学习的分类更有不同主张。为了建立职业教育的学习观，有必要首先对学习的定义和学习的分类这两个问题展开研究。

一、学习的定义

学习作为学习心理学的一个术语，可以说，几乎每个学习理论家都对学习下了特定的定义。例如，学习是通过试误而形成刺激与反应之间的联结（桑代克）；

① R M 加涅. 教学设计原理[M]. 上海：华东师范大学出版社，1999.

学习是条件作用。经典条件作用（巴甫洛夫），操作条件作用（斯金纳）；学习是指通过观察模仿示范者的行为而习得新的行为（班杜拉）；学习是对情景中各种关系的顿悟而形成完形（苛勒）；学习即信息加工过程（加涅）；学习是对符号意义的认识而形成认知地图（托尔曼）；学习是学习者主动形成认知的过程（布鲁纳）；学习是人的自我实现（成为一个完美的人）（人本主义心理学）。这些定义从不同角度揭示了学习的实质，归纳起来大致可分为三类：①学习是指刺激—反应之间联结的加强（行为主义）；②学习是指认知结构的改变（认知学派）；③学习是指自我概念的变化（人本主义）[①]。

二、学习的分类

学习的现象是非常复杂的。因此，为了便于理论研究和实践运用，人们从不同的角度出发划分学习的类型。

（一）按照学习目标分类

布卢姆（B.S.Bloom）依据教育目标将学习分为认知领域的学习、情感领域的学习和技能领域的学习三大类。

1. 认知领域的学习

认知领域的教育目标分为六级。

1）知道，指对学习过的知识材料的回忆，包括事实、理论、方法等的回忆。它所要求的心理过程主要是记忆，是最低水平的认知学习结果。

2）领会，指把握知识材料意义的能力。可用三种形式来表明对知识材料的领会：一是转换，即用与原先的表达方式不同的方式来表达所学的内容；二是解释，即对一项信息（如图表、数据等）加以说明或概述；三是推断，即预测发展的趋势。领会超越了单纯的记忆，代表最低水平的理解。

3）运用，指把学到的知识应用于新的情境。运用的能力以知道和领会为基础，是较高水平的理解。

4）分析，指把复杂的知识整体材料分解为组成部分并对各部分之间的联系加以理解的能力。它包括部分的鉴别、分析部分之间的关系和认知其中的组织原理。例如，能区分因果关系，识别作者的观点或倾向等。分析代表了比运用更高的能力水平，因为它既要理解知识材料的内容，又要理解其结构。

---

① 施良方. 学习论[M]. 北京：人民教育出版社，1992.

5）综合，指将所学知识的各部分重新组合，形成一个新的知识整体。它包括发表一篇内容独特的演说或文章，拟订一项造作计划或概括一套抽象关系。它所强调的是创造能力，形成新的模式或结构的能力。

6）评价，指对材料（如论文、小说、诗歌、研究报告等）做价值判断的能力。它包括按材料内在的标准（如组织）或外在的标准（如与目的的联系）进行价值判断。例如，判断实验结论是否有充分的数据支持。评价是最高水平的认知学习结果，因为它要求超越原先的学习内容，并需要基于明确标准的价值判断。

2. 情感领域的学习

情感领域的学习由低到高共分五级。

1）接受（注意），指学生愿意注意特殊的现象或刺激。学习结果包括从意识事物存在的简单注意到学生的选择性注意。它是低级的价值内化水平。

2）反应，指学生主动参与。处在这一水平的学生，不仅注意某种现象，而且以某种方式对它做出反应，并且得到反应的满足感。这与“兴趣”类似，强调对特殊活动的选择与满足。

3）价值化，指学生将特殊的对象、现象或行为与一定的价值标准相联系，包括接受某种价值标准，偏爱某种价值标准和为某种价值标准做奉献。这一阶段的学习结果所涉及的行为的一致性和稳定性使得这种价值标准清晰可辨。价值化与教师通常所说的“态度”和“欣赏”类似。

4）组织，指将许多不同的价值标准组合在一起，克服它们之间的矛盾、冲突，并开始建立内在一致的价值体系。重点是将许多价值标准进行比较、关联和系统化。学习的结果可能涉及某一价值系统的组织。与人生哲学有关的教学目标属于这一级水平。

5）价值与价值体系的性格化，指个人具有长时期控制自己的行为以致发展了性格化“生活方式”的价值体系，其行为是普遍的、一致的和可以预期的。这一水平的学习结果包括范围广泛的活动，但强调学生行为的典型性和性格化。这一阶段的教学目标着重学生的一般适应模式（包括个人的、社会的和情绪的）。

3. 技能领域的学习

技能领域的学习由低到高共分七级。

1）感知，指运用感官获得信息以指导动作，主要了解某动作技能的有关知识、性质、功用等。

2）准备，指对固定动作的准备，包括心理定向、生理定向和情绪准备（愿意活动）。感知是其先决条件，在我国，将感知和准备阶段统称为动作技能学习的认知阶段。

3）有指导的反应，指复杂动作技能学习的早期阶段，包括模仿和尝试错误。通过教师评价或一套适当的标准可判断操作的适当性。

4）机械动作，指学习者的反应已成习惯，能以某种熟练和自信水平完成动作。这一阶段的学习结果涉及各种形式的操作技能，但动作模式并不复杂。

5）复杂的外显反应，指包含复杂动作模式的熟练操作。操作的熟练性以精确、迅速、连贯协调和轻松稳定为指标。

6）适应，指技能的高度发展水平，学习者能修正自己的动作模式以适应特殊的设施或满足具体情境的需要。

7）创新，指创造新的动作模式以适合具体情境。要有高度发展的技能为基础才能进行创新。

（二）按照学习内容分类

依据学习的内容不同，学习分为知识的学习、技能的学习和社会规范的学习三类。

1. 知识的学习

知识的学习即知识的掌握，是通过一系列的心智活动来接受和占有知识，在头脑中构建起相应的认知结构。具体来讲，知识的学习是通过领会、巩固和应用三个环节完成的，每一环节又有其特殊的心智动作。知识的学习要解决的是认识问题，即知与不知、知之深浅的问题。

2. 技能的学习

技能的学习即通过学习或练习，建立合乎法则的活动方式的过程，包括心智技能学习和操作技能学习两种。技能的学习比知识的学习更为复杂，不仅包括对活动的认识问题，还包括活动或动作的实际执行问题。不仅要知道做什么、怎么做，同时还要能够实际做出动作。技能的学习最终要解决的是会不会做的问题。

3. 社会规范的学习

社会规范的学习又称行为规范的学习或接受，是把外在于主体的行为要求转化为主体内在的行为需要的内化过程。社会规范的学习既包含规范的认识问题，又包含执行及情感体验问题，因此比知识、技能的学习更为复杂。

（三）按照学习水平分类

1965年，加涅根据学习本身的繁简程度，将学习分为八类。

1）信号学习，指对某种信号做出某种反应。经典性条件反射是一种信号学习。这是一种最简单的学习，其先决条件主要取决于有机体先天的神经组织。

2）刺激—反应学习，主要指操作性条件作用或工具性条件作用。其中，强化在该类学习中起非常关键的作用。

3）连锁学习，是一系列刺激—反应的联合。个体首先要习得每个刺激—反应联结，并按照特定的顺序反复练习，同时还应接受必要的及时强化。

4）言语联想学习，其实质是连锁学习，只不过它是语言单位的连接，如将单词组合为合乎语法规则的句子。

5）辨别学习，指能识别各种刺激特征的异同并做出相应的不同的反应。它既包括一些简单的辨别，如对不同形状、颜色的物体分别做出不同的反应，也包括复杂的多重辨别，如对相似的、易混淆的单词分别做出正确的反应。

6）概念学习，指对刺激进行分类，并对同类刺激做出相同的反应。这种反应是基于事物的某些特征而做出的，如圆的概念和质量的概念的学习。

7）规则的学习，又称原理学习，指了解概念之间的关系，学习概念间的联合。自然科学中的各种定律、定理的学习是规则学习。

8）解决问题的学习，又称高级规则的学习，指在各种条件下应用规则或规则的组合去解决问题。

加涅的八类学习是分层排列的，由简单到复杂，由低级到高级，同时又具有累积性。每类学习都以前一层次的低级学习为前提，较高级、较复杂的学习是建立在较低级、较简单的学习基础之上的。后来，他又对这八类学习进行了修正，将前四类学习合并为一类，将概念学习分为具体概念和定义概念的学习，原来的八类学习变成了六类学习：连锁学习、辨别学习、具体概念学习、定义概念学习、规则的学习和解决问题的学习。

（四）按照学习意识分类

内隐学习是认知心理学的一个重要概念，指在不知不觉中获得某种知识，学习了某种规则。内隐学习这种神奇的效果引起无数心理学家研究的热情，内隐学习似乎不需要意志努力的学习却能够达到甚至超过外显学习的效果，是一种全新的革命性的学习方式。

内隐学习具有以下三个特点：

1）内隐知识能自动地产生，无需有意识地去发现任务操作的外显规则。

2）内隐学习具有概括性，很容易概括到不同的符号集合。

3）内隐学习具有无意识性，内隐获得的知识不能用语言表达出来。

（五）按照学习方式分类

奥苏伯尔作为主要关注于学校学习理论研究的学习理论家，对接受学习、发现学习、机械学习、意义学习等四种基本的学习类型进行了分析研究[①]，并用图 2-1 说明了四种学习类型的关系。

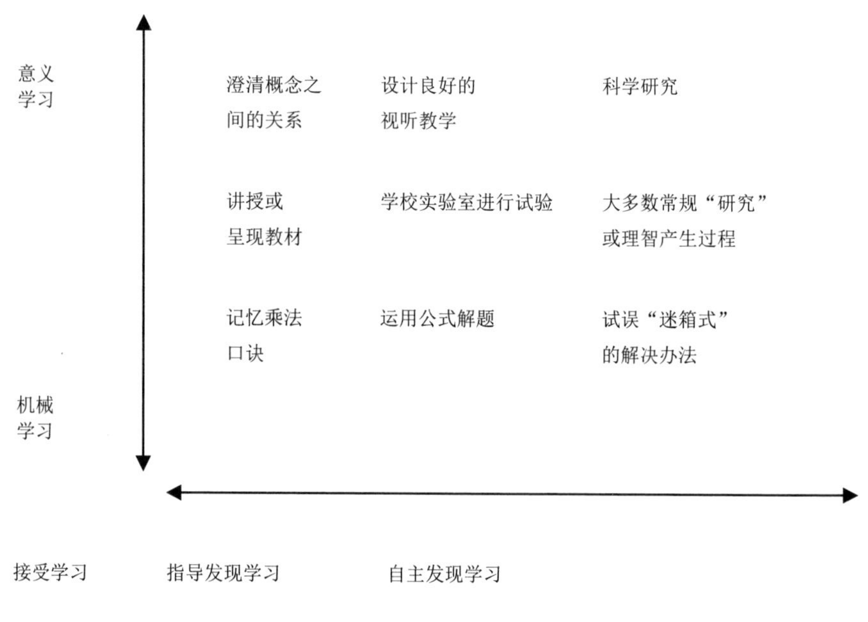

图 2-1　不同学习类型的关系

1. 发现学习

发现学习是指人类个体经验的获得是来源于学习活动中主体对经验的直接发现或创造，并非由他人的传授而得。因发现学习中的经验来自学习主体自身的创造，故这种学习又叫创造学习。发现学习的根本特点在于其所得经验是学习主体发现或创造的结果，并非来自别人的传授。

---

① Ausubel D P. Educational psychology: A cognitive view[M]. New York: Holt，Rinehart & Winston，1968.

2. 接受学习

接受学习又叫掌握学习，是指人类个体经验的获得是来源于学习活动中主体对他人经验的接受，把别人发现的经验经过其掌握、占有或吸收，转化为自己的经验。接受学习区别于发现学习之处在于主体所得经验来自经验传递系统中他人对此经验的传授，并非来自主体的发现与创造。

3. 机械学习

机械学习是指符号所代表的新知识与学习者认知结构中已有的知识建立非实质性的和人为的联系，即对任意的（或人为的）和字面的联系获得的过程。机械学习是一种单纯依靠记忆学习材料，而避免去理解其复杂内部和主题推论的学习方法，平时多称为死记、死背或死记硬背。

4. 意义学习

意义学习是指符号所代表的新知识与学习者认知结构中已有的适当概念建立非人为的、实质性联系的过程。

在奥苏伯尔看来，学生的学习应该尽可能地有意义，而且为了考察有意义的学习材料是如何被同化到学生的认知结构中去的，他研究了最底层次——表征学习，到最高层次——创造能力的形成，并提出了表征学习、概念学习、命题学习和发现学习四种意义学习的类型。

第二节　学习的动机

人们对学习动机的研究较为深入，但一般都是针对儿童学习的。关于职业教育学生的学习动机研究则不多见。加之对学习动机的研究内容十分广泛，本节将只就与教材建设有关的内容开展研究。

一、学习动机的定义及其作用

学习动机是发动、维持个体的学习活动，并朝着一定目标努力的内部动力机制[①]。这种内部机制可表现为多种多样，但比较常见的有三种：推力、拉力与压力。

① 姚梅林. 学习规律[M]. 北京：教育科学出版社，1997.

推力是发自个体内心的学习愿望和需求，它可以通过学生对学习的必要性的认识、对学习的求知欲、对未来的理想等产生。拉力指外界因素对学习者的吸引力，使学生从事学习活动。压力指客观现实对学习者的要求，迫使其从事学习活动。这三种机制都可以促使个体进行学习，但压力往往难以独立、持久地起作用，必须真正地转化为推力和拉力才能发挥其动力作用。一般而言，推力与拉力也是相互联系、共同起作用的。一般来说，学习动机具有下列几个方面的作用：

1）使个体的学习行为朝向具体的目标。动机促使个体为达到某一目标而努力，影响其做出何种选择。

2）使个体为达到某一目标而努力。动机决定了个体在某一活动中所投入的努力和热情的多少。动机越强，努力越大，热情越高。

3）激发和维持某种活动。研究表明，动机决定了学生在多大程度上能主动地从事某种活动并坚持下去。学生更愿意做他们喜欢或想做的事情，并愿意克服某些困难。

4）提高信息加工水平。动机影响着加工何种信息以及怎样加工信息。具有学习动机的学生注意力更集中，而注意力在获取信息以及进入工作记忆和长时记忆中起关键作用。另外，具有学习动机的学生在必要时更易于通过其他的多种途径来促进对某一任务的完成，如去主动地查阅资料等。研究还表明，具有学习动机的学生更倾向于进行有意义的学习，力求理解所学内容，而不是在机械地学习。

5）决定了何种结果可以得到强化。具有学习动机的学生因某种结果得到强化而趋向它，因某种结果受到惩罚而避开它。

6）导致学习行为的改善。这是上述各种作用的最终体现。良好的、适当的学习动机最终将促进学习行为的改善，提高学习能力。

二、学习动机的发展规律

尽管学习动机和其他行为动机一样，以隐蔽性为主要特征，无法直接观察到，但通过观察各种学习活动表现和变化的规律，还是能够发现学习动机形成发展的一些规律性特征。研究这些规律，有助于我们更好地激发、培养学生的学习动机，以有效地改善学习行为，提高学习效果。

1. 学习动机的形成来自个体内在需要和外部诱因的相互作用

任何动机都是在内在需要和外在诱因的共同作用下形成的[1]，学习动机亦然。

---

① 陈琦，等. 当代教育心理学[M]. 北京：北京师范大学出版社，1997：121.

马斯洛的需要层次理论对我们考察学习动机无疑具有一定的启发意义，但它并不能科学解释所有的学习行为，尤其要指出的是，它忽略了人们的好奇和认知需要对学习的作用。一般认为，能够激发、转化为学习动机的内在需要和外部诱因大致包括以下几方面：

1）求知欲、好奇心或者理解、认知、情趣需要，也就是心理学家所说的认知内驱力，主要以学习内容的知识性、趣味性、生动性为外部诱因。由此形成的学习动机，行为目标指向学习本身，个体的需要由学习本身满足，因而可称为内在的学习动机。在有意义的学习中，这种动机可能是最重要、最稳定的推动力量。

2）自尊、自信、成就感、好胜心等的需要，也就是心理学家所说的希望凭借自己的能力赢得相应地位的需要，即自我提高内驱力，主要以学习内容的挑战性、学习成绩的客观评价为外部诱因。由此形成的学习动机，近于心理学家所说的成就动机。

3）使命感、价值感、责任心、理想信念等需要，即希望自己的生命获得确切的方向感和价值感的需要，主要以学习的社会价值性为外部诱因。这种需要无疑是人的高层次需要，但由于满足它的是学习的社会价值，而不是学习内容本身，而且它很容易在一些献身性的社会工作上获得满足，由此形成的学习动机也应属于外在的学习动机。

4）归属或者融入团体的需要，主要以外部学习氛围、他人的学习行为为外部诱因。

5）名誉、荣誉、他人尊重等需要，主要以学习带来的外部评价，如教师表扬、家长奖励为外部诱因。

6）生存、安全等需要，主要以学习所直接带来的外部效果，如获得文凭、帮助就业、逃避惩罚等为诱因。

其中，后五种需要都以学习本身之外的因素为诱因，其满足对象不是学习本身，或者说个体的需要由学习之外的某种因素满足，一旦这种因素消失，个体对学习的兴趣就会减弱乃至消失，因此这五种动机都可称为外在的学习动机。应当说明，由于个性和年龄的差异，不同个体的需要种类和需要层次的现实表现并不一样，各自的环境也有极大差别，由此形成的每个个体的学习动机也必然是千差万别的。

2. 学习动机与学习活动相互作用、激发与加强

学习动机对学习活动的确起着非同寻常的作用，但它不是天生的，也不是脱离学习活动而存在的。学习动机的产生和发展是一个复杂的动态过程，它与社会

生活环境和教育的影响，特别是与学习过程本身有着非常密切的关系。心理学家奥苏伯尔说：“动机与学习之间的关系是典型的相辅相成的关系，绝非一种单向性的关系。”学习动机推动学习活动，而学习活动中对学习价值的认知、学习兴趣、学习成绩、对自身学习能力的评价等反过来又增强学习动机。就一个个体的学习行为而言，学习活动刚开始时，动机可能完全是外在的，或者强烈或者薄弱，甚至可能没有明确的动机。例如，开始可能只是为了得到家长、老师的奖励或者为了谋生需要而学习，但随着学习过程的展开，对学习内容却产生了真正的兴趣，从而形成内在的学习动机，使学习活动获得强烈、持久的动力。

3. 同一个体的不同动机相互依存、相互转化、相互迁移

学习动机包括内在学习动机和外在学习动机、主导性学习动机和从属性学习动机，它们相互依存、相互转化、相互迁移。

（1）同一个体的不同动机是相互依存的

在学习活动中，人的需要是多方面的，并且处于不断的变化中。某种需要获得满足，这种需要所引起的学习动机水平就会降低，而其他需要引起的学习动机却可以强烈起来。因此，在同一个体身上存在着出于不同需要的学习动机。当然，不同种类的学习动机在具体个体的学习活动中的作用地位并不一样，居支配地位、起主导作用的是主导性学习动机，居从属地位、起辅助作用的是从属性学习动机。学习不是一朝一夕的事情，单一的学习动机难以维持长期艰辛的学习活动，只有使学习活动能够满足个体的多种需要，才能使个体长期不懈地投入学习活动中。也就是说，出自不同需要的学习动机相互依存于学习活动这样一个统一体中，单一的学习动机难以独自长存。事实告诉我们，单凭兴趣、好奇或者单凭使命感、责任心，一个人难以一生不辞辛劳地献身于一门学科的学习。如果这门学科不仅能较好地满足学习者的求知欲、好奇心，学科的社会价值还能充分满足他的使命感、责任心，学习研究的成绩能让他充满自尊自信，体会到成就感，并能给他带来生存必需的物质资料，那么他会很容易将这门学科当作长久乃至终生的事业，乐此不疲。

（2）不同的学习动机又可以相互转化、相互迁移

开始时为了奖励或谋生而投入学习，但渐渐却发现了学习本身的兴趣，于是外在的学习动机转化为内在的学习动机，反之亦然。主导性学习动机和从属性学习动机也会在一定条件下发生转化。小学阶段，得到奖励常常是主导性动机，而高中、大学阶段，求知或者责任、成就则往往成为主导性动机。面对有趣的学习内容，内在的求知动机为主导就足够了，但一门学科中，总有大量的内容是单调

的、枯燥的，这时的学习动机可能就要靠成就动机或者责任、价值动机为主导了。同时，基于一定的条件，例如，如果发现了需要和诱因之间的共同性，其他活动的动机（如游戏动机、劳动动机）就能转移到学习上来，学习语文的动机能转移到英语学习上来。也就是说，不同的学习动机又是可以迁移的。在多种动机的作用下，学习会更加轻松、自然，更加积极、主动，以至能长久、稳固地进行下去。

4. 学习动机强度与学习绩效在一定范围内呈正相关

根据耶克斯-多德森律[①]，同一个体的学习动机的强度（即个体的激奋水平），与学习效率之间是一种曲线关系，激奋水平太高或太低，都不能引起最佳的大脑皮质工作状态，从而不能获得最好的学习绩效。动机强度太低，不能唤起工作积极性，在一定范围内，动机增强，激奋水平上升，学习绩效会随之提高，直到一个最高点。超过这个最高点，动机强度提高又会使学习绩效降低。同时心理学研究还表明，动机的最佳强度水平会随课题难度的增加而降低。而按照马斯洛的需要层次理论，需要层次越低，力量越强大，动机强度也越高。这也就是为什么那些为了奖励、逃避惩罚或者为了谋生而学习的人，总是热衷于较容易的题目，见了难题总是选择逃避，他们的学习动机来自较低的需要。由此可见，动机强度太高，不适合解决难题。学习活动需要学习动机，但困难的课题、宏大的学习任务，需要的是来自人的高级需要的学习动机，这样的动机尽管强度不高，但却持久、深刻。有了这样的学习动机，学习者才能够内心沉静、神思专注，忍受甚至忘记学习的艰难困苦。

三、学习动机的影响因素

学习动机受多种因素的影响，研究表明，学习者的认知定势、学习活动和学习任务的特点、目标结构和课堂环境等因素对学生的学习动机具有直接作用[②]。

（一）学习者的认知定势

学习者的认知定势主要指：①学习者的认知倾向性，如有关自己能力的看法、评价；②对有可能形成影响最终学习结果的一些因素的看法、习惯性的归因方式；③分析任务或估计任务难度时惯用的思维方式等。这些认知定势与个体的期望相互影响，进而决定了个体的学习动机。

---

① 李伯黍，等. 教育心理学[M]. 上海：华东师范大学出版社，2001：228.

② 姚梅林. 学习规律[M]. 北京：教育科学出版社，1997：51-65.

1. 个体的能力观

德维克等研究者认为个体如何看待能力是其学习动机的决定因素之一。一般而言，较典型的能力观有两种：一种认为个体的能力或聪明程度是随着不断地学习而发展、变化的，认为通过刻苦地学习与努力可以改善能力；另一种认为个体的能力或智力是一种稳定不变的特质。前者即能力或智力的增长观，后者即实体观。

不同的能力观往往决定了个体选择不同的目标。认为能力是可以提高和改善的个体，易选择那些能提高其能力的任务。而认为能力是固定不变的个体，则选择那种能保护对其能力的积极评判或避免消极评判的任务。本研究认为，较成熟的观点应该是对两种观念的整合，既要认识到当前能力的相对差异，也要注重能力的发展。

在学习情境中，我们发现有些学生对能力产生一种误解，他们认为高能就是有充分的知识和技能来快速解决困难的能力，认为努力是不必要的。也就是说，若通过付出很大的努力而克服困难，学生就会怀疑自己的能力。大量研究表明，易受挫的学生更易将成功归因于努力或运气，而不是能力。

2. 学习或解决问题的思维方式

研究表明，个体在分析和解决目前的问题时或遇到困难时，具有何种思维方式经常影响着能否产生高而稳定的学习期望，因为期望的产生与个体对问题及条件等因素的分析、归因有一定的关系。归因是期望与学习行为改变的中介，如果个体总是倾向于将失败归因于能力的缺乏，这将会导致期望水平的降低，学习活动坚持性的降低，遇到困难时行为易受阻等。相反，如果个体倾向于将失败归因于努力不够、使用错误策略或运气等因素，这将有助于维持较高的期望水平。

基于这一理论，在学习情境中，应注意以下几方面：

1）应该关注于教授学生形成系统的问题解决策略。教材中问题的设计应本着“生疑—思疑—释疑”的教学需要，为学生提供系统的问题解答策略。

2）鼓励学生掌握策略，在困难情境中思考、应用策略，从而提高解决问题的效率和自信心。教材中的问题设计既要对学生构成挑战，又要难易适当，鼓励学生在困难情境中思考解决问题的方法。

3）改变学生不良的认知定式。即从学生的能力观、思维方式、归因习惯等入手，强调学习动机中的基本认知过程。通过关注这些认知变量，可为培养学生的学习能力、提高其自信提供条件。

（二）学习活动与学习任务的特点

学习动机的变化与个体所要完成的学习任务，以及相应学习活动的特点有着密切的联系。

1. 学习任务的难易程度

研究表明，过难或过易的学习任务都无助于学习动机的产生。对个体而言，中等难度的任务是一个良好的问题情境，它具有一定的挑战性，学生通过努力可完成任务，并证明自己的能力，进而提高自我效能感。如果任务难度是逐渐提高的，而学生又能逐步加以解决，这对于增强学生的自我效能感尤为重要。例如，教材内容的深与浅，教材内容的编排是否按一定的难度逐步提高，这些对学生学习动机的形成有较大影响。

2. 学习任务的有趣性、新颖性。

研究表明，个体对有兴趣的内容会给予更多的关注。而许多学习较差的学生往往觉得学习的内容是非常枯燥的。因此改进学习内容和学习材料的编排形式来提高学生学习兴趣，应是教材改革重点关注的问题。美国学者安德森（R.Anderson）及其同事研究发现，学习者对有趣的句子的记忆优于无趣的句子，且兴趣的效应比句子的可读性的效应更明显。对兴趣效应起作用的机制进行分析研究表明，越有兴趣的材料越容易引起兴趣，学生愿意花更多的时间阅读有趣的教材内容，被内容吸引而不关注外在的信息或刺激。简而言之，兴趣影响着个体的注意，进而直接影响着学习过程和学习效果。为此，安德森等于 1987 年提出了怎样使学习材料更有趣的建议：含有一些使读者易于识别和接受的人物，如在性别、年龄、种族、信仰、职业等方面与读者相似的人物；在可能的情况下设置一些新奇的关系；学习内容与学生的生活事件有关等。

提高学习材料的趣味性、新颖性、不确定性可以激发学生的学习动机，因此，通过变换教材的格式、体例，采用图文并茂的版式设计，叙述中增加设问，以及通过设趣、激趣、诱趣和扩趣等写作手段可以激发学生对教材的学习动机并提高学习兴趣。

3. 学习任务的呈现方式

相同的内容以不同的方式呈现，会使学生产生不同的学习动机。布洛菲认为，泛泛的或平铺直叙的论述不能使学生产生学习兴趣；相反，如果教材能从学生的切身体验或经历出发引入学习内容，并采用通俗易懂的语言进行描述，则可使学生主动地参与学习。皮亚杰等认为认知冲突在认知发展中起非常重要的作用，认知冲突可有效地促使个体从事智力活动。在科学教育（含职业教育）中，应用认知冲突来激发学生进行学业参与具有明显效果。日常的非科学概念与正规的科学概念相矛盾、冲突，通过对比、讨论等手段，可促使学生产生求知欲，进而达到对所学知识的深层次理解。

（三）学习目标结构

学生的学习动机与课程教材所设定的目标结构有一定关系。美国心理学家耐特（Knight）和瑞莫斯（Remmers）通过实验发现，如果被试者认清学习目标，那么就会产生强烈的学习动机；若搞不清楚他们要做什么，即学习目标盲目，则学习动机和兴趣都处于较低水平。明确的目标是指目标要具体，而且学习者能理解它的意义。学习者明确了学习目标的价值和意义，学习目标的诱因性大大增加。研究还表明，让学生及时了解自己的学习结果（即反馈），可以加强其进一步学习的动机。在传统的知识本位体系中，课程教材的目标结构强调的是学科体系的完整性、系统性，教材结构基本是学术专著式的，学习目标显得笼统而抽象，学习内容较为晦涩枯燥，学习反馈不及时，因此很难激发学生的学习动机。能力本位体系中，由于目标结构的变化，课程结构和教材结构均发生了巨大变化，而这种变化可较好地激发学生学习动机。例如，从培养学生的职业能力和全面素质出发，教材从学术结构转变为模块式的能力、素质结构，并且在每一模块（章节）的开始部分，都对学习内容提出能力、素质目标要求，在叙述过程中增加案例，以使学习内容紧密结合实际，每个技能学习结束均给出评价标准，学生可以随时对自己的学习进行评价，使反馈更及时，这样将大大提高学生学习的兴趣和动机。

第三节　学习的过程

学生的学习过程是其素质形成的过程。依据素质的定义和性质，素质可以说是在先天素质的基础上，通过知识学习、品性修养、技能训练及其迁移、整合与类化过程形成的。本节从知识、技能、品性三个基本要素的学习过程来探讨学习的一般过程。

一、知识的学习过程

（一）知识及其分类

知识是“个体通过与其环境相互作用后获得的信息及其组织”①。个体完成某些工作任务，必须具有相应的知识，而且人一旦掌握了某种知识，知识就会参与有关活动的调节，指导人的实践活动。所以说，知识是活动的自我调节机制中不可缺少的构成要素之一。而能力作为个体心理特征，对活动的进程及方式起稳定、调节与控制作用，是系统化、概括化的个体经验。因此，知识也是能力基本结构中不可缺少的组成部分。能力的形成、发展与知识的获得和积累是分不开的。

根据知识的不同表述形式，通常将知识分为陈述性知识和程序性知识。前者用于说明事物是什么、怎么样、为什么等问题，如描述某种事实，陈述某种观点、信仰等；后者主要回答做什么、怎么做的问题，是一种实践性知识，该类知识也称为操作性知识。

（二）知识学习阶段

知识的学习主要是指知识的掌握。知识的掌握是知识传递系统中，个体通过领会、巩固与应用三个环节来接受和占有知识，在头脑中形成相应的认识结构的过程。以此为依据，结合教学实践，一般人们把学习划分为习得、巩固和转化、迁移和应用三个阶段。

1. 习得阶段

由于对学习目标的期望，学习者处于一定的激起状态，随时准备吸收新知识。在学习目标的指引下，学习者有选择地接受新的信息，并与原有知识相互作用、形成联系，被储存下来。在学习的第一阶段，所有的知识都是陈述性的，对于程序性知识来说，习得的是它的前身，即程序性知识的陈述形式。

2. 转化和巩固阶段

在此阶段，新知识有两种发展方向：一部分知识储存下来，通过适当的复习，这部分知识将形成知识结构的新的有机组成部分，有的甚至能改变原有的知识结构，而得到巩固；另一部分知识经过各种变式练习，转化为程序性知识。复习是知识得以巩固和知识由第一阶段的陈述性形式向第二阶段的程序性形式转化的重

① 皮连生. 学与教的心理学[M]. 华东师范大学出版社，1998.

要条件。知识如果不经过转化和巩固，则会被剥离出去，造成遗忘。

3. 迁移和应用阶段

在知识的迁移和应用阶段，不同类型的知识被用来解决不同的问题。陈述性知识被提取出来，用来解决“是什么”一类的问题。程序性知识被提取出来，用来解决“怎么办”的问题。陈述性知识的提取是一个有意识的依据线索的提取过程，程序性知识的提取往往是一个快速、自动化的激活过程。

上述知识学习的三个阶段是学习者的内心活动过程，它需要外在教学手段的诱发。在学习的第一阶段，两类知识尚未分化，是新材料习得意义阶段，教学设计的关键是吸引学生的注意，激活学生的原有知识。在知识学习的第二阶段，陈述性知识要达到的目的是进一步巩固新的意义并使之与原有知识进一步分化。这时教师应指导学生复习，教给学生有效复习和记忆策略。而对程序性知识来说，这一阶段要完成由陈述性知识向办事技能转变的任务。因此，教师应精心设计多种变式练习，促使学生练习，并及时对练习结果提供反馈和纠正。在知识学习的第三阶段，对学习者而言，是知识的迁移和运用，对教学过程而言，是进行学习结果的测量和评价。由于陈述性知识解决“是什么”的问题，程序性知识解决“怎么办”的问题，教师应当针对不同类型的知识，采取不同的行为指标，设计不同的问题情境，才能获得真实可靠的评价结果。

（三）影响知识学习的因素

知识学习过程受许多因素的影响，知识学习的不同阶段起关键作用的条件也是有所不同的。就知识学习整体而言，会受到一些基本条件的制约。

1. 学习的主动性和积极性

学习的主动性和积极性直接影响着知识的学习，制约着知识学习的方向与水平。积极、主动地参与学习过程，有利于学习者设置恰当的学习目标，进行有意义地学习，而不是机械地学习；也有利于学习者自己主动探索掌握知识的最佳方法，寻找解决问题的最佳途径，即使遇到困难也能正确对待，并坚持下去。主动积极性影响着学习的始终，对个体所能达到的最终水平有潜在的影响。如果缺乏必要的学习主动性、积极性，个体仅是被动地、机械地应付外界的要求，不可能真正地投入到知识学习中去。即使完成了学习任务，也无乐趣可言，对将来的学习的促进作用极小。在教学中，应采取措施培养和激发学生的主动积极性，通过设置恰当的学习目标，创设问题情境，提高学习材料的新颖性、有趣性，适当地更新教学方式与方法等手段，来提高学习者的学习兴趣，激发其求知欲。通过积极、及时的反馈，适当的奖励与表扬等，使学生体验到学习的乐趣。通过正确的引导，培养学生学习的自觉性，逐渐地由兴趣、乐趣转为志趣。

2. 原有的知识准备积累

大部分的新知识的学习都是在原有的知识结构的基础上进行的，原有的知识结构为新的知识的学习提供了背景与起点，并参与到新的学习中，影响着新的知识结构的构建。原有知识结构的特征影响着获得新知识的水平，它可以提高知识的检索效率，加强上下知识节点之间的联系，以免知识的僵化，还可以节省工作记忆的空间，有助于提高迁移的意识性。

3. 形成的学习心智技能

心智技能是通过学习而形成的合法则的心智活动方式。目前研究较多的学习策略、认识策略，以及元认知策略都可以视为心智技能，它是影响知识学习的一个非常重要的因素。知识的学习是通过一系列的心智动作完成的，心智动作是获得知识的最直接的基础。心智技能又是由合法则的心智动作组成的，它调节着心智动作，直接影响着知识掌握的整个过程。有关这方面的内容，我们将在下面的“操作技能的学习”和“心智技能的学习”中做进一步分析。

4. 使用教材的结构设计

学习者的知识体系主要是由教材结构转化来的，科学的教材结构可以促进学习者的知识结构的构建。因此，教材作为一种外部因素，制约着知识结构的形成水平。

二、技能的形成过程

（一）技能及其分类

技能是通过学习而形成的合法则的活动方式[①]，它是在一定生理条件的基础上，在心理活动的支配下，按某种要求，通过反复练习形成，并通过人外在的比较固定的活动方式表现出来的，可视可辨，人们能通过效仿和学习掌握技能，如计算机操作技能、阅读技能、语言表达技能、驾驶机动车等。

技能的学习要以程序性知识的掌握为前提，一般通过感性认识（看或听）、模

① 姚梅林．学习规律[M]．湖北教育出版社，1999.

仿（学习）、练习反馈等过程由不会到会，再到熟练，从而达到自动化式的定型。一般情况下，熟练的自动化了的定型技能具有流畅性、迅速性、经济性、同时性和适应性等特点。

技能一般可分为操作技能和心智技能两类。操作技能又叫运动技能或动作技能，日常工作和生活中的许多技能都是操作技能。如音乐方面的吹、拉、弹、唱，生产劳动方面的车、铣、焊、磨，办公方面的打字、复印、传真，医护方面的打针、量血压，体育方面的球类、体操、田径等。心智技能也称智力技能、认知技能，是通过学习而形成的合法则的心智活动方式，阅读技能、运算技能、记忆技能等都是常见的心智技能。

（二）操作技能的学习

1. 操作技能的学习过程

操作技能的学习可分为操作的定向、操作的模仿、操作的整合和操作的熟练等四个阶段。

（1）操作的定向阶段

操作的定向即了解操作活动的结构，在头脑中建立起操作活动的定向映象的过程。虽然操作技能表现为一系列的操作活动，但学习者最初必须了解做什么、怎么做，即首先要掌握程序性知识。程序性知识不同于操作技能，前者形成的是操作活动的定向映象，后者是实际的操作活动方式。所形成的操作活动的定向映象应包括两个方面：一是操作活动的结构要素及其关系，即有哪些要素构成某一操作活动，各动作要素间的关系和顺序如何；二是活动的方式，即操作的轨迹、方向、幅度、力量、速度、频率、动作衔接等。学习者了解这些信息，可以在头脑中建立相应的心理表征，即起到定向作用的心理映象。有了这种定向映象，学习者在实际操作时就可以受到该映象的调节，知道做什么、怎么做。操作定向是操作技能形成过程中的一个重要环节，准确的定向映象可以有效地调节实际的操作活动，缺乏定向映象的操作活动经常是盲目尝试，效率低下。因此，不应忽视该环节在操作技能形成过程中的作用。

（2）操作的模仿阶段

操作的模仿即实际再现出特定的动作方式或行为模式，实质是将头脑中形成的定向映象以外显的实际动作表现出来。因此，模仿是在定向的基础上进行的，缺乏定向映象的模仿是机械的模仿。操作技能最终表现为一系列的合法则的操作活动方式，仅在头脑中了解这种活动结构及其执行方式是不够的，如果没有实际的操作，那始终是纸上谈兵，不可能形成动觉体验，也不可能形成操作技能。通过模仿，个体可以检验已形成的动作定向映象，使之更完善、更巩固，有助于定向映象在形成过程中发挥更有效的作用。此外，通过模仿还可加强个体的动觉感受，动觉是一种反映身体各部分运动和姿势的内部感觉，它在操作技能的形成过程中可以调节、控制动作的进行，是非常重要的一种控制机制。通过模仿，个体可以获得初步的动觉体验，有利于准确的动觉体验的产生。

在模仿阶段，动作的主要特点如下：

1）动作品质方面，动作的稳定性、准确性和灵活性较差，这主要是由于学习者尚未建立起稳定的、清晰的内部调节系统，该内部系统主要以动作映象与动觉体验为主。

2）动作结构方面，动作结构主要表现在各动作要素之间的协调性，在模仿阶段，动作要素间不协调，互相干扰，相互衔接不连贯，经常出现顾此失彼的现象，并且有多余动作产生。

3）动作控制方面，主要靠视觉控制，动觉控制水平较低，不能主动发现错误与纠正错误，表现为顾此失彼。

4）动作效能方面，完成某一操作的效能较低，表现在用较长的时间、花费较大的体力与精力来从事某项活动。在该阶段，完成一个动作往往比标准速度要慢，个体经常感到疲劳和紧张。

（3）操作的整合阶段

操作整合即把模仿阶段习得的动作固定下来，并使各动作成分相互结合，成为定型的、一体化的动作。由于学习者在模仿阶段只是初步再现，做出定向阶段所提供的动作方式或模式，故动作整体水平较低。通过整合，一方面动作水平得以提高，动作结构趋于合理、协调，动作的初步概括化得以实现；另一方面，个体对动作的有效控制逐步增强。因此，整合是操作技能形成过程中的关键环节，它是从模仿到熟练的一个过渡阶段，也为熟练的活动方式的形成打下基础。

（4）操作的熟练阶段

操作的熟练是操作技能最后形成的阶段，是由于操作活动方式的概括化、系统化而实现的。操作的熟练既是技能形成中的一个重要阶段，也是由操作技能转化为能力的关键环节。在操作熟练阶段，动作的特点实际上体现了操作技能的关键特征：

1）动作的灵活性、稳定性和准确性。

2）动作的连贯性、流畅性和协调性。

3）动作的控制性增强，能准确地觉察到外界环境的变化并调整动作方式。

4）紧张感、疲劳感降至最低，可以有效地同时从事两种或多种活动。

操作技能学习的四阶段理论根据操作技能形成过程中的动作的质的差异划分学习阶段，弥补了传统的学习阶段跨度大的不足，有助于加速操作技能的形成。

2. 影响操作技能形成的因素

从严格意义上讲，不同的操作技能的学习阶段所需要的最佳条件是不同的，应分别探讨。但在技能形成过程中也存在着一些共同的影响因素，如示范与讲解、练习、反馈、操作性向等。下面就对这些一般的影响因素进行分析。

（1）示范与讲解

示范与讲解在操作技能形成过程中是不可缺少的，准确的示范与讲解有利于形成准确的定向映象，进而在实际操作活动中可以调节动作的执行。示范的有效性取决于许多因素，如示范者自身的某些特征、示范的准确性、何时给予示范等。

示范者的身份对学生学习的效果有一定影响。研究发现，当观察熟练的教师的示范操作时，学生的学习效果最好；而观察不熟练的同伴的示范或观察不熟练的教师的示范操作时，学生的学习效果比前者差。另外，无论是何种身份的示范者，对技能学习的影响都要视示范者的技能水平而定。在某些情况下，示范者的身份可能影响着学习者的技能掌握，其主要原因有两方面：一是身份较高的示范者可能引起学习者对其示范操作的更多的关注，进而有可能影响从示范中所获取的信息；二是高身份者可能促进学习者产生较高的动机，使学习者渴望达到示范者所演示的那种水平。

无论是何种身份的示范者，其关键在于能否准确地示范要学习的技能，示范的准确性是影响操作技能学习的直接决定因素。因为学习者通过观察示范动作而加以模仿，错误的示范直接导致错误的模仿，这在技能学习的初级阶段是非常重要的。

在实际进行技能操作之前，让学生观察示范动作，这是一种较好的技能学习方式，这也表明操作技能学习过程中的定向环节是非常必要的。值得注意的是，除在技能学习的最初阶段提供示范外，在技能学习的其他阶段也应根据需要来给予必要的示范，以进一步充实、矫正学者的定向映象。

言语讲解在技能形成过程中也起到重要的作用，对于某种技能学习而言，给予言语讲解比给予视觉示范更能产生较好的学习效果。事实上，言语讲解与视觉示范在技能形成过程中的作用是不能相互替代的，两者作用的大小也很难以高低来区分。讲解与示范能否起作用，其关键在于它们是否提供了促进技能形成的重要信息。因此，如何讲解与示范才能有效提供重要的关键信息是必须注意的问题。

1）示范与讲解要结合。两者的结合可以加强两种信号系统的协调，有利于准确、稳定的定向映象的形成。当然，如何结合要视具体学习内容而定。如果强调操作的结构及其活动方式则应以示范为主，讲解为辅，讲解时提示观察要点。如果强调学习操作的法则与原理，则应以讲解为主，示范为辅，以示范印证讲解。

2）根据操作活动的特点，采取多种示范方式相结合，以有效地提供关键信息。通过整体示范，可以使学习者了解操作活动的全貌；通过分解示范，可以突出重点，有助于学习者有效地观察。无论何种形式的示范与讲解，最关键的是要保证所提供、传递的信息是准确的。为了达到这种目的，可以借助图片、录像、幻灯、影片、计算机模拟等现代化的技术手段，使信息的呈现更准确、更方便、更易于接受。

（2）练习

大量的实验都证明，练习是各种操作技能形成所不可缺少的关键环节，通过大量的不同形式的练习，可以使个体掌握某种技能。在练习过程中，练习的量与练习的方式不同，所形成的操作技能的水平也有所不同。

1）从练习量来看，过度学习是十分必要的。过度学习在操作技能的形成中也指过度练习或过度训练，即实际练习时间超过达到某一操作标准所需的练习时间。过度学习对于操作技能的保持尤为关键。但值得注意的是，并非过度学习的量越大越好，学习量过大有时会导致相反的结果，使个体产生疲劳，没有兴趣，使错误动作定型化等。应用过度学习这种方法时，应注意下面几个问题：第一，要了解达到某一操作水平时所需的基本练习次数，在此基础上才能确立过度学习的次数；第二，过度学习的次数并非越多越好，究竟过度学习达到何种程度最佳，不同的研究所得到的结论并不一致，有人主张最保险的次数为100%；第三，对于那些只能在一个特定的时期进行练习，而此后又不马上操作的一些技能学习来讲，过度学习更为有效。这对于职业技术培训有重要意义。过度学习虽然重要，但其作用的发挥要取决于其他许多因素，单纯的过度学习对技能形成的作用是不明显的。

2）采取何种练习方式也直接影响着操作技能的学习。练习方式有多种，根据练习时间分配的不同有集中练习与分散练习；根据练习内容的完整性的不同有整体练习与部分练习；根据练习途径的不同有模拟练习、实际练习与心理练习等。研究表明，对于一个连续性的操作任务而言，分散练习的效果优于集中练习；对于不连贯的操作任务而言，集中练习的效果优于分散练习。当操作任务不太复杂且各动作成分的内在组织性较强时，使用整体练习可以产生较好的学习效果；当操作任务比较复杂且内在组织性较弱时，采用部分练习容易产生良好的学习效果。

将实际练习与心理练习、模拟练习相结合，可以有效地促进技能的形成、保持与迁移。

（3）反馈

一般来讲，反馈来自两个方面：一是个体自身的感觉系统的感觉反馈；二是个体自身以外的人和事给予的结果知识的反馈。前者是个体通过自身的视觉、听觉、触觉、动觉等获取的反馈信息，尤其是动觉反馈信息最有代表性。后者是教师、教练、示范者、录像、计算机等外部信息源对学习者的操作结果及操作过程的反馈。毫无疑问，反馈在操作技能学习过程中的作用是非常关键的，其中结果知识反馈的作用尤为突出，还可以鼓励学习者努力改善其操作。

给予何种内容的反馈信息，关键要考虑该信息能否使学习者改善其错误动作，强化其正确的动作，还可以鼓励学习者在下一次操作中将注意力集中于要改善的某一个动作或某些动作上面。过多或过少的信息都不能有效地使学习者抓住关键问题进行解决。就反馈的方式而言，在学习的初期阶段，外部反馈作用较大，因为个体尚未建立准确的动态感受；在学习的中期和后期，应强调内部反馈的作用，以提高自我调节、控制的能力。

（4）操作性向

操作性向即个体操作某种活动所具备的生理与心理的素质，这些素质影响着个体操作技能形成的速度与质量。对于许多操作活动来说，都需要个体的肢体与心理参与，而个体的生理与心理特性必然影响着技能的学习过程。

（三）心智技能的学习

1. 心智技能的学习过程

（1）原型定向阶段

原型即事物的原样，由于心智活动具有观念性、内潜性和高度简缩性的特点，不易为人直接感知和把握，但心智活动也有其外化的物质原型，即实际的操作活动程序、实践模式。原型定向即了解这种实践模式，了解动作结构、各动作成分及其顺序等。该阶段的个体主要在头脑中形成程序性知识。

通过原型定向，个体在头脑中形成了有关活动方式的定向映象，而这种定向映象一旦建立，它就可以调节以后的实际心智活动，同时也是心智活动产生的基础。

（2）原型操作阶段

原型操作即把头脑中建立起来的动作程序以外显的方式付诸实施。在该阶段，活动方式是物质化的，即以外部语言、外显的动作，按照活动模式一步步执行。

在操作的开始阶段，需要逐步展开，并不断变更活动对象，也就是说，练习者将心智活动的实践模式程序应用于多个问题的解决，以便为将来的内化提供基础。

个体在该阶段的活动是展开的、外显的，并经常借助于外部语言的引导和外部辅助手段，个体尚不能摆脱实践模式，而是依赖实践模式进行活动。

（3）原型内化阶段

原型内化即心智活动的实践模式向头脑内部转化，借助于内部语言，个体可以在头脑内部以非常简缩、快速的形式进行程序化的心智活动。

当面临某一问题时，个体不必以语言表述出活动程序的每一步骤，而是在头脑中运作这些步骤，动作不必一一展开，有些步骤可以交叉或同时进行。有时个体自身都难以意识到操作的每一步，但实际上确实是按照该活动程序进行的。在该阶段，个体摆脱了实践模式，但已经将实践模式内化为一种熟练的思维活动方式，突出表现是外显的语言活动明显减少。个体面临一个新任务，始终复述任务规则，但随着练习的不断进行，规则复述消失，这是内化的一个标志。

原则上讲，新的心智技能应经过上述三个阶段才能形成，但若构成心智技能的某些成分已为学习者所掌握，则可以利用迁移规律而不必机械重复上述三个阶段。

心智技能形成的三阶段理论对于揭示心智技能的实质及其形成规律是非常有益的，对于教学内容的选择、编排、教学活动的实施及其有效地培养心智技能具有重要的指导意义和启发意义。

2. 影响心智技能形成的因素

心智技能的形成是一个非常复杂的过程，受到许多因素的影响，此处仅列举几个重要的因素进行论述。

（1）实践模式的确立与选择

心智技能的形成是由外部活动逐步内化的过程，心智活动是实践活动的反映，外部实践模式即心智活动的实际操作程序，它的确立直接决定着心智技能形成的难易和最终形成的水平。由于心智技能是内潜、简缩、自动进行的，所以通过外部观察难以把握和推断其整个过程，加之个体自身也难以准确意识心智活动的进行，这为心智技能的实践模式的确立增加了难度。根据有关研究的实践经验，确立实践模式可以从以下两种方法入手：

1）分析专家或有效的学习者的口语报告、问卷调查等。许多专家在某一领域表现出非常熟练的心智技能活动，通过分析他们心智活动时的口语报告，可以获取各种信息，这种方法被广泛应用。

2）应用心理模拟和活动分析的方法。心理模拟即用与人的心理功能具有相似的关键特征的物质系统来模拟人的心理活动，例如，计算机就是经常用于模拟人类心理活动的一个物质系统。无论应用何种物质系统作为人类心理的模拟物，都必须通过活动分析才能使其发挥作用。活动分析即根据系统要完成的具体的功能来确定活动的结构、各动作成分的关系及执行方式。

通过上述两种方法所确立的心智活动模式应符合两个标准，一是实践标准，即该模式是否有效；二是理论标准，即有效性的原因分析。要达到这些标准，除了综合应用上面两种方法确立实践模式外，还应根据实际情况考虑模式的不同种类、不同层次的要求。

确立的实践模式不仅要有效、合理，还应该考虑可接受性，即学习者能否通过该模式形成心智技能。这就要求实践模式能够提供一套具体的可操作的实践程序，以外显的方式为学习者操作，这是保证心智技能习得的前提条件。

（2）学习者所获得的知识

技能的形成依赖于学习者所获得的知识。丰富的、组织良好的知识可以促进对新信息的加工，保证了技能的形成、发展与应用，同时也促进各种技能的整合，为解决复杂的问题提供了前提。

脱离知识的学习而形成技能的捷径是不存在的。能否有效地应用心智技能去解决问题，这与个体所形成的知识结构有关。应用心智技能解决问题的能力受到知识发展程度的限制，脱离知识而教授技能是徒劳的。当然，强调知识在技能形成中的作用并不否定技能对知识的影响，两者互相影响。

（3）学习心智技能的教学

在过去相当长的一段时间里，对心智技能的教学是欠缺的，这直接导致教学效率的低下，一种突出的表现就是学生不会学习。这也表明心智技能的形成不是自发的，更多的是在教学条件下习得的，教学对于心智技能的形成具有直接的作用，有效的教学可以使学习者形成有效的心智技能，使学生学会学习，促使学生成为自主而有能力的学习者。各种学习策略的教学在一定程度上有助于这一目的的实现。

长期以来，研究者们提出了多种学习技能、学习策略的教学方法，如直接教学、交互教学。有的研究者强调直接教授学习策略，即教师直接讲解学习策略中的所有的成分，包括构成策略本身的各组成要素、元认知、有关的知识、动机等，并使策略模式化、程序化，学生练习这些策略并接受反馈。有的则强调交互式策略教学，教师在教学初期将学习策略模式化，然后由学生自己应用策略，学生同时扮演教师的角色去教授同伴学习策略，即进行责任转换，教师仅在必要的时候给予帮助。

此外，对于是专门教授技能和策略，还是结合某一学科的学习教授技能和策略也存在着不同的看法。有人认为专门、单独地教授某种技能和策略可以缩短教学时间，且有助于提高个体的一般思维能力，因此具有广泛的迁移性；但也有人认为，脱离具体的学科进行技能和策略教学，学习者在具体的学习过程中不易应用、迁移这些技能和策略，对实际的学习没有明显的改善，因此，应结合具体的学科来教授。这是一种两难的问题，许多技能和策略教学是脱离具体情境的，学生不能应用，但在某一课程内进行教学又难以广泛迁移。当然，导致不能迁移的原因有许多，如将技能和策略的学习与知识的学习割裂；技能和策略的学习过程不是一蹴而就的，短期内不易产生明显的效果，需要进行长期的训练；再者，只训练几种技能和策略，要产生整体的明显改善也并非易事，需要有综合性的整体训练计划。

有效的教学应该注意以下几点：

1）在某一时期内，只教授几种技能或策略，并保证成功。很少有证据表明短时间内教授大量的技能与策略可以迅速改善学习者的学习能力。

2）在教授技能和策略的同时，也要教授元认知的有关内容，即告知学习者何时、何处、为何应用该技能和策略，同时要求对技能和策略的应用进行检查、监控。

3）维持学习动机，通过给予反馈、列举技能和策略的作用等实现。

4）提倡结合具体的学习课程进行教学。

5）注重技能和策略与知识间的交互作用，脱离知识的技能教学是不可能成功的。

6）无论是直接教学还是交互教学抑或其他的教学形式，都需要教师将技能和策略模式化、程序化。教师可以通过“大声思维”将使用技能和策略的过程外显出来。给学生提供必要的辅助线索、辅助手段，如记录策略的步骤和执行方式等内容的卡片，要求学生整合多种策略，以解决更复杂的任务。

7）技能和策略的教学是长期、细致的，应始终成为教学的重要内容之一，尽可能地在课堂中创造应用技能和策略的情境，使学生能够掌握、概括并迁移所学的技能和策略。让学生在熟悉的环境中熟练应用习得的技能和策略，在不熟悉的环境中通过元认知迁移习得的技能和策略。

三、品性的养成过程

态度的一贯性是品性的表现。因此，品性的养成应该基于态度的形成和改变过程。态度的外显性使品性培养与评价成为可能，为学校进行品性教育找到了有效的途径。

（一）态度的定义及其内涵

心理学研究认为，态度是通过学习形成的影响个体行为选择的内部准备状态或反应的倾向性，由认知成分、情感成分和行为成分构成。认知成分是个体对态度指向对象带有评价意义的观念和信念。不同个体的态度中所含认知成分不同，例如，有的人基于理性的思考，有的人则基于情感冲动；有的可能基于正确的信息，有的则可能基于错误的信息。态度的情感成分指伴随态度的认知成分而产生的情绪或情感。态度的行为倾向成分是指个体所表现出来的行为意图，即准备对特定对象做出的某种反应。

职业教育中，态度的含义更为宽泛一些，除一般意义的态度外，还包括职业精神（敬业精神、创业精神）、职业信念、职业道德等。因此，职业教育要特别注意学生职业态度方面的培养，以利于职业能力的形成。

（二）态度的形成与改变阶段

态度不是先天就有的，而是社会性学习的结果。在家庭、社会和学校等不同情境的作用下，通过他人的社会示范、指示或忠告，将社会的要求内化为学生自己的态度，并会在一定条件下产生迁移和改变。

20 世纪 60 年代，美国学者班杜拉提出了著名的社会学习理论，认为个体的态度形成是通过观察和模仿进行的。观察是指个体以旁观者的身份观察他人的行为表现，以形成个人的态度和行为方式；模仿则是仿照别人的态度和行为举止，使自己的态度和行为方式与被模仿者相同，以被模仿者为榜样。态度的形成和改变一般认为要经过顺从、认同和内化三个阶段。

1. 顺从

顺从是表面接受他人的意见或观点，在外显行为方面与他人一致，而在认识与情感上与他人不一致。在这种情况下，个人的态度受外部奖励与惩罚的影响。这种态度是由外在压力形成的，如果外在情景发生变化，态度也会随之变化。

2. 认同

认同是在思想、情感和态度上主动接受他人的影响，比顺从深入一层。因此，认同不受外在压力的影响，而是主动接受他人或集体的影响。

3. 内化

内化是指在思想观念上与他人的思想观念一致，将自己所认同的思想和自己原有的观点、信念融为一体，构成一个完整的价值体系。由于在内化过程中解决了各种价值的矛盾和冲突，当个人按自己内化的价值行动时，会感到愉快和满意；而当出现了与自己的价值标准相反的行动时，会感到内疚、不愉快。这时，稳定的态度（品德）便形成了。

（三）影响品性修养的因素

1. 外部条件

外部条件是指学生自身以外的一切条件，包括家庭、社会、学校、班集体和同伴小集体等。

2. 内部条件

影响态度形成的内部条件是指学生自身的各种因素，如智力、年龄、性别、教育程度和其他各种心理因素。在各种内部条件中，心理因素是最重要的。心理因素一般包括认知失调、认知不平衡、智力水平、教育程度和道德认知水平等。

四、素质的形成过程

素质的形成过程即知识、技能、品性的迁移、整合与类化。

学校对学生职业能力的培养要与品性培养联系起来，进行职业分析和确定培养目标时，都应考虑品性因素。例如，学校在开发图表时，要根据能力分析结果，按照不同的能力需要给出所需的品性。品性涵盖职业能力的多种成分，如敬业精神、职业信念、职业道德、创业精神、安全意识、环保意识、合作精神、积极的工作态度等。在对学生的品性培养方面，学校应注意以下问题：

1）教师以身作则，起到榜样的作用。

2）建立良好的育人环境，形成良好的氛围，以培养学生的良好态度。

3）开展丰富多彩的社会实践活动，使学生在实践中得到熏陶。

4）加强实习、实训教学环节，让学生感受正确的职业态度。

知识、技能、品性等的习得或应用并不等于已具备了职业能力。学生职业能力的形成和发展，有待于参与特定的职业活动或模拟的职业情境，通过对已有的知识、技能、品性等迁移，并进行整合与类化，从而形成素质，具备能力。

（一）迁移与整合的基本过程

学习迁移与训练迁移，是指一种学习对另一种学习的影响，或者习得的经验对完成其他活动的影响。迁移广泛存在于各种知识、技能和行为规范的学习之中。

迁移现象不仅存在于知识间、技能间、行为间，而且知识、技能、行为三者之间彼此也存在着迁移[①]。例如，学生掌握了某一领域的专业知识后，这也将促进他掌握这一领域的某种技能；有效的技能学习也促进个体获得更多的知识。对一些行为规范的理解将影响着个体与行为形成。所以，迁移表明了经验间的相互影响。通过迁移，各种经验得以沟通，经验结构得以整合，便于形成综合的能力。

1. 迁移的分类

迁移的类型不同，实现迁移的过程与条件也有所不同，因此，对迁移进行划分有助于探明产生迁移的最佳途径。迁移可分为以下几种类型。

（1）正迁移、负迁移与零迁移

正迁移是指一种学习对另一种学习起到积极的促进作用，如阅读技能的掌握有助于写作技能的形成。正迁移表现在个体对于新学习或解决某一问题具有积极的心理准备状态，从事某一活动所需的时间或练习次数减少，学习效率提高。

负迁移指两种学习之间相互干扰、阻碍，如汉语拼音的学习干扰英语音标的学习。负迁移表现在产生僵化的思维方式，缺乏灵活性、变通性，使某种学习难以顺利进行，学习效率低下。

零迁移也称中性迁移，指两种学习间不存在直接与间接影响。事实上，许多经验之间存在着多种直接或间接的关系，但由于多种原因，个体未能感觉到经验间的内在联系，不能进行迁移，使某些经验处于惰性状态，表现为零迁移。这一现象应引起中等职业教育的高度重视，即教师在教学活动中如何激活这一障碍点，是值得深入研究的问题。

（2）水平迁移与垂直迁移

水平迁移也称横向迁移，是指处于同一抽象和概括水平的经验之间的相互影响，例如，直角、钝角、锐角等概念之间为逻辑关系并列的，学习时相互之间影响，即为水平迁移。

先行学习与后续学习是不同水平的学习，是某种下位能力的先行学习，进而对更高一级的后续学习发生迁移，叫垂直迁移。例如，作为先行学习的加、减、

---

① Cormier S M，Hagaman J D，et al. Transfer of Learning. Academic Press Inc.，1987.

乘法能力的学习，对以后更高级的除法能力学习具有促进作用，也就是说为了学习除法，必须充分掌握作为前提条件的加、减、乘法的运算。必须具备熟练的下位能力作为纵向迁移的条件，才能进行迁移。

（3）顺向迁移与逆向迁移

顺向迁移是指前面的学习影响后面的学习。逆向迁移是指后面的学习影响前面学习所形成的经验结构，使原有的经验结构发生一定的变化，如得到充实、修正、重组或重构等。

（4）一般迁移与具体迁移

一般迁移也称普通迁移，是将一种学习中习得的一般原理、方法、策略和态度再迁移到另一种学习中去。

具体迁移是将一种学习中习得的、具体的、特殊的经验直接迁移到另一种学习中去，或经过某种要素的重新组合迁移到新情境中去。具体迁移对于系统掌握某一领域的知识是非常重要的。

（5）自迁移、近迁移与远迁移

个体将所学的知识、技能、经验、态度等迁移到结构特征与表面特征都基本相同的其他情境中时，属于自迁移。如果能迁移到表面特征、结构特征都相似的其他学习情境中，则属于近迁移；如果能迁移到表面特征不相似但结构特征相似的其他学习情境中，则为远迁移。

2. 迁移的作用

迁移对于提高解决问题的能力具有直接的促进作用。要有效地解决某种问题，除需要一些基本的分析、综合、抽象、概括等思维活动外，还需要应用头脑中已有的经验。在学校情境中，大部分问题的解决是通过迁移来实现的，迁移是学生进行问题解决的一种具体体现。能否将原有的经验迁移到目前的问题情境中，这直接决定了能否解决问题。要培养学生解决问题的能力，就必须从迁移能力的培养入手。

迁移是习得的经验得以概括化、系统化的有效途径，是能力与品德形成的关键环节。学习的最终目的并不是将知识经验储存于头脑中，而是要应用于各种不同的实际情境中，形成职业能力，来解决现实工作中的各种问题。只有通过广泛的迁移，原有的经验才能得以改造，才能够概括化、系统化，使原有的经验结构更为完善、充实，不断整合为稳定的心理调节机制，从而广泛、有效地调节个体的活动，解决实际问题。稳定的心理调节机制的建立也就是能力与品德的心理结构的建立，迁移是习得的知识、技能与行为规范向能力与品德转化的关键。

应用有效的迁移原则，学习者可以在有限的时间内学得更快、更好，并在适当的情境中，主动、准确地应用原有经验，防止原有经验的惰性化。教育者可以应用迁移规律进行教学设计，在教材的选择和编排、教学方法的确定、教学活动的安排，以及教学成效的考核等方面加快教学进程，提高教学效果。

3. 整合的作用

整合是经验的一体化现象，即通过概括使新旧经验相互作用，从而形成结构上的一体化、系统化，在功能上能稳定调节活动的一个完整的心理系统。整合可通过三种方式实现，即同化、顺应与重组。

同化是指不改变原有的认知结构，直接将原有的经验应用到本质特征相同的一类事物中去，以提示新事物的意义与作用。

顺应指将原有经验应用于新情境中时所发生的一种适应性变化，当已有经验结构不能将新事物纳入时，需调整原有的经验或对新旧经验加以概括，形成一种能包含新旧经验的更高一级的经验结构，以适应外界的变化。

重组指重新组合原有经验系统中某些构成要素或成分，调整各成分间的关系或建立新的联系，从而应用于新的情境。在重组过程中，基本经验成分不变，只是各成分间的结合关系进行了调整或重新组合。

通过同化和顺应这两种整合方式，可促进新旧经验的概括化；通过重组，可促进经验的系统化。通过不断迁移，经验得到整合，经验系统得以逐步地概括化、系统化，发展成为类化的经验，即基本能力。整合与能力的关系如图 2-2 所示。

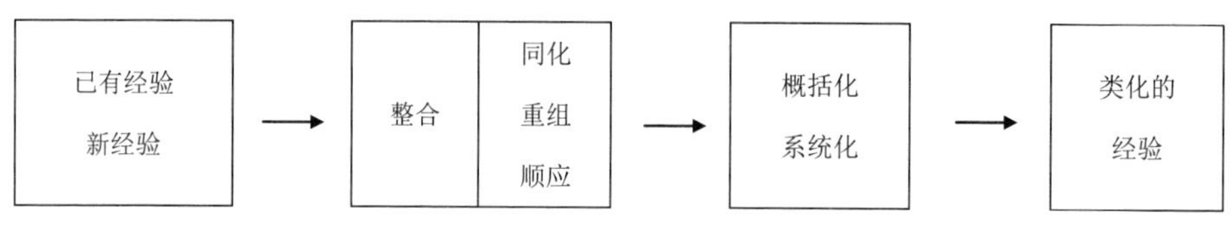

图 2-2　整合与能力的关系

（二）影响迁移与整合的因素

研究表明，迁移的产生不是自动的，受制于各种条件。对不同类型的迁移而言，起决定作用的影响因素是不同的，包括学习材料相似性，学习目标与学习过程的相似性、原有心理结构，以及学习的心向与定式。

除上述因素以外，年龄、智力、学习者的态度、教学指导、外界的提示与帮助等都在不同程度上影响着迁移的产生。

第四节 学习的风格

学习风格是由美国学者哈伯特塞伦于1954年首次提出的。学习风格一经提出，便引起教学心理学、学习理论和教学论工作者的广泛关注，并成为一个重要的课题，被誉为“现代教学的真正基础”。

一、学习风格的定义

学习风格是学习者持续一贯的带有个性特征的学习方式，是学习策略和学习倾向的总和。学习策略是指学习者为完成学习任务或实现学习目标而采用的一系列步骤，其中某一特定步骤称为学习方法。每一个个体在学习过程中会表现出不同的学习倾向，包括学习情绪、态度、动机、坚持性以及对学习环境、学习内容等方面的偏爱。有些学习策略和学习倾向可随学习环境、学习内容的变化而变化，而有些则表现出持续一贯性。那些持续一贯表现出的学习策略和学习倾向，构成了学习者通常采用的学习方式，即学习风格。虽然学习领域包括认知、情感和动作技能多方面，但其中主要是认知方面的学习，所以学习风格又被称为认知风格。实际上，认知风格是学习风格的一个重要组成部分，是指感知、记忆、思维方式的个体表现，或接受、存储、转化、利用信息的不同方式。

学习风格源于沉重的个性特点，是学生个性在学习活动中的定型化、习惯化。教学只能是学生学习风格形成和完善的催化剂，却难以改变它的本质特性。而且各种学习风格都有自身的优缺点，并无绝对的优劣之分，所以在分析教学对象的时候对学习风格做出诊断和验明，其目的绝不是试图去改变学生在学习风格方面的差异，而是在承认、尊重学生学习风格存在差异的前提下，为设计出有利于因材施教的教学方案提供依据。因此，从某种意义上说，因材施教就是“因风格而教”，它对于促进学生个性全面发展、和谐发展具有重要的意义[①]。

学习风格的特征主要表现在三个方面：

1）独特性。学习风格是在学习者个体神经组织及其机能的基础上，受特定的家庭、教育和社会文化的影响，通过个体自身长期的学习活动而形成，具有鲜明的个性特征，因人而异。

2）稳定性。学习风格是个体在长期的学习活动中逐渐形成的，一经形成，即

---

① 谭顶良. 学习风格论[M]. 南京：江苏教育出版社，1995.

具有持久稳定性，很少因学习内容、学习环境的变化而变化。

3）兼有活动和个性两种功能。具有鲜明个性特征的学习风格与个性特征本身的不同之处在于它对学习活动的直接参与。平时所说的气质、性格等个性因素对学习的影响都是间接的，它们都必须通过学习风格作用于学习过程。

二、学习风格的要素

关于学习风格的构成，不同研究者提出了不同的标准。这里分别从生理、心理和社会三个层面对学习风格进行了划分。

（一）学习风格的生理要素

生理要素主要指个体对外界环境中的生理刺激（如声、光、温度等），对一天内的时间节律以及在接受外界信息时对不同感觉的偏爱。例如，在生理刺激方面，有的学习者学习时需绝对安静，有的则喜欢在背景音乐中进行学习；在时间节律方面，有些人喜欢清晨学习，有些人则喜欢在晚上或深夜学习。

（二）学习风格的心理要素

学习风格的心理要素包括学习风格的认知要素、学习风格的情感和学习风格的意动三个方面。

1. 学习风格的认知要素

学习风格的认知要素实质上是一个人的认知风格在学习中的体现。所谓认知风格，也称认知方式，指个体偏爱的加工信息方式，表现在个体对外界信息的感知、注意、思维、记忆和解决问题的方式上。认知要素具体表现在认知过程中归类的宽窄、信息的继时加工与同时加工、场依存性与场独立性、分析与综合、沉思与冲动等方面。目前，研究较多的是场独立认知方式与场依存认知方式、沉思型认知方式与冲动型认知方式，以及整体策略认知方式和序列策略认知方式。

（1）场独立认知方式与场依存认知方式

场独立性与场依存性这两个概念来源于威特金（H.Witkin）对知觉的研究。第二次世界大战期间，威特金为了研究飞行员怎样利用来自身体内部的线索和见到的外部仪表的线索调整身体的位置，专门设计了一种可以摇摆的座舱，内置一坐椅。当座舱倾斜时，被试者可调整坐椅，使身体保持垂直。研究发现，有些被试者主要利用来自仪表的视觉线索，不能使自己的身体恢复垂直。另一些人则主要利用来自身体内部的线索，尽管座舱倾斜，仍能使身体保持垂直。威特金将前一种人的知觉方式称为场依存方式，后一种称为场独立方式。后来的研究发现，场独立性与场依存性是两种普遍存在的认知方式。场独立性者对客观事物做判断时，倾向于利用自己内部的参照，不易受外来因素影响和干扰，在认知方面独立于周围的背景，倾向于在更抽象和分析的水平上加工，独立对事物做出判断。场依存性者对物体的知觉倾向于以外部参照作为信息加工的依据，难以摆脱环境因素的影响。他们的态度和自我知觉更易受周围的人，特别是权威人士的影响和干扰。这类人往往善于察言观色，注意并记忆言语信息中的社会内容。

场独立性、场依存性与学生的学习有着密切的关系。研究表明，场独立性学习者一般偏爱自然科学、数学，且成绩较好，两者呈显著正相关，他们的学习动机往往以内在动机为主。场依存性学习者一般较偏爱社会科学，其学习更多地依赖外在反馈，他们对人比对物更感兴趣。场独立性者善于运用分析的知觉方式，而场依存性者则偏爱非分析的、笼统的或整体的知觉方式，他们难以从复杂的情境中区分事物的若干要素或组成部分。

此外，场独立性学习者与场依存性学习者对教学方法也有不同偏好。场独立性学习者易于给无结构的材料提供结构，比较易于适应结构不严密的教学方法。反之，场依存性学习者喜欢有严密结构的教学，因为他们需要教师提供外来结构，需要教师的明确指导与讲解。

（2）沉思型认知方式与冲动型认知方式

沉思型与冲动型认知方式反映了个体信息加工、形成假设和解决问题过程的速度和准确性。沉思型学习者在碰到问题时倾向于深思熟虑，用充足的时间考虑、审视问题，权衡各种问题解决的方法，然后从中选择一个满足多种条件的最佳方案，因此错误较少。而冲动型学习者则倾向于很快地检验假设，根据问题的部分信息或未对问题做透彻的分析就仓促做出决定，反应速度较快，但容易发生错误。总之，沉思与冲动涉及在不确定的情境中，个人对自己解答问题的有效性的思考程度，对其判别标准的反应时间与精确性。研究表明：约 30%的学前儿童和小学儿童属于冲动型。这里应当指出的是，并非所有反应快的学生都属于冲动型，有的可能是由于对任务很熟悉，或者是思维很敏捷的缘故。

研究发现，沉思型学习者表现出具有更成熟的解决问题策略，更多地提出不同假设。而且沉思型学习者能够较好地约束自己的动作行为，忍受延迟性满足，比起冲动型学生，更能抗拒诱惑。此外，沉思型学习者往往更易自发地或在外界要求下对自己的解答做出解释；而冲动型学习者则很难做到，即使在外界要求下必须做出解释时，他们的回答也往往是不周全、不合逻辑的。

在学习方面，沉思与冲动两种方式存在明显差异。一般来说，沉思型学习者阅读成绩好，再认测验及推理测验成绩也好于冲动型学习者，而且在创造性设计中成绩优秀。相比之下，冲动型学习者往往阅读困难，较多表现出学习能力缺失，学习成绩常不及格。不过，在某些涉及多角度的任务中，冲动型学习者则表现较好。

由于像阅读、推理之类的任务需仔细分辨概念，粗心大意的学习者处于不利地位，尤其是当一个问题的答案不能直接得到，需要从一开始就仔细阅读材料、注意分析各种可能的条件时，更是如此。为了帮助冲动型学习者克服他们的缺点，心理学家着手创造一些训练方法，对他们的不良认知方式进行纠正。研究表明，单纯提醒学习者，要求他们慢一些做出反应，对他们并无帮助。但通过教他们具体分析、比较材料的构成成分，注意并分析视觉刺激，对克服他们的冲动型认知行为较为有效。也有人让冲动型学习者大声说出自己解决问题的过程，进行自我指导，当获得连续成功以后，由大声自我指导变成轻声低语，而后变成默默自语。目的是训练冲动而又粗心的学生有条不紊地、细心地进行学习和解决问题。这种具体训练收到了较好效果。

（3）整体策略认识方式与序列策略认知方式

有些学习者把精力集中在一步一步的策略上，他们提出的假设一般说来比较简单，每个假设只涉及一个属性，从一个假设到下一个假设是呈直线的方式展开的，这种策略称为序列性策略。另一些学生则倾向于使用比较复杂的假设，每个假设同时涉及若干个属性，即从全盘上考虑如何解决问题，这种策略称为整体性策略。采取整体性策略的学习者在从事学习任务时，往往倾向于对整个问题将涉及的各个子问题的层次结构，以及自己将采取的方式进行预测，能把一系列子问题组合起来，注重全面看问题，视野比较宽，并依据对主题综合的、广泛的浏览，在大范围中寻找与其他材料的联系。采取序列性策略的学习者，则一般把重点放在解决一系列子问题上。他们在把这些子问题联系在一起时，十分注意其逻辑顺序，通常都按顺序一步一步地前进，所以，只有到学习过程快结束时，才对所学的内容形成一种比较完整的看法。他们往往把注意力集中于小范围，擅长用逻辑严谨、紧抓要点的方法，把学习材料分成许多段落来学习。

2. 学习风格的情感、意动要素

学习风格的情感、意动要素涉及很多方面，这里仅就与学习动机有关的内控性与外控性、正常焦虑与过敏性焦虑，以及学习坚持性展开讨论。

（1）内控性与外控性

内控性与外控性涉及控制源的概念。所谓控制源，指人们对影响自己生活与命运的那些力量的看法。根据学习者在控制源上的差异，一般分为两种类型：内部控制与外部控制。具有内部控制特征的学习者相信自己所从事的活动（包括学习活动）及其结果是由自身的内部因素决定的，自己的能力和所做的努力能控制事态发展，他们相信奖励依个人的行为而定。具有外部控制特征的学习者则认为自己受命运、运气、机遇和他人的摆布，这些外部复杂且难以预料的力量主宰自己的行为，他们相信奖励不依自己的活动而出现。当然，在全体人群中，具有极端的外部控制特征的人和内部控制特征的人只是少数，大多数人介于两个极端之间。

学习者持有的不同控制源主要是通过影响学生的成就动机、学生投入掌握任务的精力、学生对待任务的态度和行为方式、学生对奖励的敏感性、惩罚或分数对他们的意义、学生的责任心，以及对待教师的态度等一系列变量，从而影响学生的学习的。

（2）正常焦虑与过敏性焦虑

焦虑指某种实际的类似担忧的反应，或者是对当前或预计对自尊心有潜在威胁的任何情境具有一种担忧的反应倾向。按焦虑的性质，可分为正常焦虑和过敏性焦虑。正常焦虑是客观情境对个体自尊心可能构成威胁而引起的，例如，学生面临重要考试而又把握不大时产生的焦虑，个人做了错事感到有可能损害自己形象时产生的焦虑等。这里需要指出，正常焦虑并不是指适当水平的焦虑，它同样可能出现过高或过低的不同水平，这取决于自尊心受到威胁的程度。过敏性焦虑不是因客观情境对自尊心构成威胁而引起，而是由遭到严重伤害的自尊心本身引起的。自尊心受伤害程度越高，过敏性焦虑水平就越高。对于某些儿童或学生，由于他们在成长过程中没有得到外界，主要是父母的内在认可和评价，从而导致缺乏内在的自尊心和价值感，当他们遭受失败和挫折时，就极易引发神经过敏性焦虑。

无论是正常焦虑还是过敏性焦虑，与学习之间的关系是十分复杂的，其对学习是起促进作用还是抑制作用，取决于多方面因素，包括原有焦虑水平的差异、学习材料的难易程度以及学习者本身的能力水平。许多研究发现，对于机械的学习或不太困难的有意义的接受学习和发现学习，焦虑有促进作用。但是，当个体遇到了一种新的学习情境，尤其是遇到了一些已有的认识结构中尚无现成答案的问题时，不同的焦虑水平则会对学习产生不同的影响。从学习难度上说，难度大的学习，焦虑水平低较好；难度小的学习，焦虑水平高较好。由此可以看出，对于过敏性焦虑者，当他面临解答新问题时，往往会产生过分恐慌或焦虑的反应。如果他不能从现有的解决问题的“仓库”中找到一个现成的、合适的答案，那么就会抑制学习，并丧失学习信心。

此外，就学习情境压力与焦虑的关系来看，一般是低焦虑者在压力大的学习情境下学习效果较好，而高焦虑者则适合压力较低的学习情境。

（3）学习坚持性

学习坚持性作为学习风格的意动要素，是指个体为完成学习任务而持续地克服困难的能力，通常以学习者每次学习活动所持续的时间的长短为标志。在学习过程中，学习者的坚持性的高低表现出较大的个体差异。具有高坚持性的学习者在完成一项较困难的任务时，能够坚持不懈，克服困难，面对挫折不气馁，直至最终完成任务；而学习坚持性较差的学习者则松松垮垮，一遇到挫折就灰心退缩，以致不能完成规定的任务。在需要学习者克服困难、战胜挫折、运用意志努力的任务中，两种学习者的成绩具有显著的差异，高坚持性者明显优于低坚持性者。对于后者来说，增强的学习坚持性是提高学业成绩的一个重要途径。另外，学习者坚持性的高低受到学习情境、学习任务的吸引程度、学习者的态度、动机水平，以及成人榜样等多种因素的影响。此外，教师或家长可以通过提供积极的反馈来改善学习者的学习坚持性，尤其是根据学习者的个人目标进行反馈，效果更佳。

（三）学习风格的社会性要素

社会性要素包括个体在独立学习与结伴学习、竞争与合作等方面所表现出的特征。例如，有些人喜欢独立学习，与其他人一起时则难以集中注意力；有些人则相反，喜欢和他人一起学习。

三、学习风格的分类

学习风格的分类方法有许多种，很多学者都从不同的角度对学习风格进行了考察。

考伯（Kolb）根据学习风格的知觉和加工动力特征，将学习风格划分为善于想象的、善于吸收的、善于逻辑推理的，以及善于调和的。善于想象的学习者吸收具体的信息进行思维加工，并把他们所看到的进行概括。善于吸收的学习者则从抽象的观念出发进行思维加工，他们边思考边看。善于逻辑推理的学习者从经验中抽象出信息并进行积极加工，他们从一个观念出发然后通过试验验证它。善于调和的学习者感知具体的信息并积极地加工，他们是感觉者、试探者和操作者。

劳特斯（Lotas）根据心理的类型，将学习风格划分为四种类型：情感 I、认知 II、认知 I、情感 II。具有情感 I 学习风格的学习者喜好在群体中学习，对他人非常敏感，而且根据他人的情感进行决策；具有认知 II 学习风格的学习者则喜欢用事实建构和理解理论；具有认知 I 学习风格的学习者所关心的是生活的实践方面，并根据精确的信息进行决策；具有情感II学习风格的学习者关心的是生活的意义和目的，他们根据道德和美学进行决策。

费舍（Fischer）等则把学习风格划分为情感的（两种类型）、增量的、感觉通才的、感觉专才的和直觉的。情感风格的学习者需要具有情感氛围的学习环境。增量风格的学习者需要观点和活动的动力重叠，要求有一种逻辑、序列的结构。感觉通才的学习者往往是一个多感知的学习者，而感觉专才的学习者则喜欢某一种感知方式（听或看）。直觉的学习者能根据不系统的信息和经验，洞察所产生的意义并精确地加以概括。

麦卡锡（McCarthy）则综合了前面研究者的理论，形成了一种新的学习风格划分方式。他把学习风格划分为创新的、分析的、常识的和动力的等四种类型。创新的学习者通过个人的参与和学习者之间的讨论寻求意义，感知具体的信息并随意地进行加工，这种类型的学习者具有善于想象的风格；分析的学习者评价权威的事实和观点，抽象地感知信息，并进行思维加工，这种学习者在传统的课堂教学中非常成功；常识的学习者想要知道事物到底是如何运作的，并寻找事物的关系；动力的学习者是冒险者，他们往往对隐藏的可能性有兴趣，所以他们是很好的问题解决者和创造者。

格莱高克（Cregorc）为了测定学习者的学习风格，设计了一种自我报告的工具。在这个测定工具中，他把学习风格划分为具体序列、抽象序列、抽象随意和具体随意。具有具体序列学习风格的学习者客观、执着、注意细节；具有抽象序列学习风格的学习者是对研究带有评价性、分析性和逻辑性的；具有抽象随意学习风格的学习者是敏感的、审美的、明智的和自发的；具有具体随意学习风格的学习者是直觉的、试验性的、创造性的和喜欢冒险的。

在托兰斯（Torrance）对学习风格的测定中，根据左右半脑思考知识的方式不同对学习者的学习风格进行了分类。研究表明，左半脑主要专长在语言、分析、抽象、时间、数字操作等方面；而右半脑的优势则突出非语言、整体、具体、空间、比喻、创造、直觉和美学的功能。托兰斯等的学习风格模式把学习者的学习风格描述为左风格、右风格和综合风格。左风格和右风格的学习者分别反映了左右半脑优势的特点，综合风格的学习者具有同等程序的左右半脑优势[①]。

另外，还有一个与教学策略和媒体选用最相关的分类方式，即 Bandler 和 Grinder 于 20 世纪 70 年代末期所提出的视觉、听觉和动觉的分类。

视觉类的学习者通常是经由“看”来学习，他们喜欢通过看照片、图表、示

① 陈晓慧. 教学设计[M]. 北京：电子工业出版社，2005.

范、阅读及观看影片来学习事物，在设计数字教材时就可多应用学习者观看的教学策略，及选用可视化的媒体来呈现内容。

听觉类的学习者通常是经由“听”来学习，他们喜欢通过听录音带、演讲、提问、辩论、讨论及口语化的教学来学习事物，在设计数字教材时就可多应用刺激学习者听觉的教学策略，及选用有声多媒体来呈现内容。

动觉类的学习者通常是经由身体活动及实际参与来学习。他们喜欢通过自己动手做、角色扮演、移动、接触及体验来学习事物。在设计数字教材时就可多应用做中学的教学策略，及选用能达到互动效果的多媒体来呈现内容。学习风格本身并没有好坏之分，事实上，每一种学习风格都具有自己的优势和局限。对于一种学习风格，我们不能断言它是好的还是坏的，而只能说它是否适合当时的情境。

第五节　应用的偏差

在教育情境中，学习的基本心理规律主要体现在五个方面：学习的动机规律、知识学习的心理规律、技能（包括心智与操作两种）学习的心理规律、社会规范学习的心理规律，以及学习的迁移规律。这里无意逐一论述各种基本的学习心理规律，而是基于目前我国职业教育的现状，择取学习动机、技能学习以及学习迁移这三种典型的学习现象，剖析当前职业教育中学习心理规律的应用偏差，以期为科学、有效地将学习心理规律应用于职业教育提供参照。

一、学习动机规律的应用偏差

培养、激发和维持学生的学习动机，这是保证有效教学得以实现的必要条件。毫无疑问，大部分教师对此都予以认同。但在实际教学中，学习动机的调动效果并不尽如人意。究其原因，在职业教育情境中，学习动机规律的应用出现了偏差，陷入了某种误区，这突出表现在两个方面：一是过分依赖于某种单一动机的调动，致使其他多种可利用的动机源处于闲置状态；二是学习动机的调动表现出急功近利的倾向，缺乏可持续性的发展后劲。

（一）单一动机源的挖掘与丰富动机源的闲置

采取多种方式、利用多种资源来调动学生的学习动机，大部分教师或许对这条教学原则并不陌生。但在实际教学情形中，由于不合理的教学观念的误导，以及复杂的教学情境的制约，该教学原则并未得到切实的贯彻执行。

毋庸讳言，由于基础教育阶段的消极学习体验、社会上对职业教育持有的偏见、课程内容枯燥或实用性不强、教学方式单一等各种原因，许多职业学校的学生普遍存在着厌学倾向，内部学习动机明显欠缺。但是，相对于普通学校的学生而言，职业学校学生的外部动机略为丰富些。我们曾对北京市 9 所职业学校的近 2500 名学生的学习动机进行调查，发现大部分学生具有多种学习动机，其中最为典型的有六种：一是完善生活的动机，即为求得安稳的工作、富裕的生活而学习；二是社会交往的动机，希望通过学习，增进人际交往，得到他人的认同与尊重；三是职业提高的动机，如为获得职业资格认证而学习；四是求知的动机，为满足求知欲、增长才干而学习；五是服务社会的动机，学习是为了更好地助人和服务于社会；六是寻求社会刺激的动机，通过学习，以摆脱单调乏味的生活或令人不悦的环境。在这六种学习动机中，除了求知动机是直接指向学习活动的内部动机之外，其他动机多表现为外部动机。调查表明，职业学校学生的外部学习动机的丰富程度显著超过内部学习动机，外部学习动机的强度也高于内部学习动机。可以说，外部学习动机是职业学校学生进行学习的主导性动机。

有关学习动机的研究证明，从长远和总体的角度来看，受内部动机驱使的学习要优于受外部动机驱使的学习。具有内部动机的学习者，往往具有较强的求知欲、好奇心或者完善自身能力的内在驱动力，在学习过程中主动地进行自我调控，主动地选择有效的学习策略和问题解决策略，即使遇到困难与挑战也能够坚持。相比而言，受外部动机驱使的学习者，无论从学习态度、学习方法的选择以及学习成效来看，其状况远不如受内部动机驱使的学习者。为此，许多研究者和教育者极为重视内部动机，将内部动机的有无、强弱视为学业成败的决定性因素。

内部动机的作用是毋庸置疑的，但是，没有内部学习动机并不意味着没有学习动机。内部动机仅仅是学习动机的源泉之一，丰富多样的外部动机也可以促进学生参与学习活动，成为学习的动机源泉。教育者若无视目前职业学校学生的学习动机现状，一味地强求学生具有内部动机，这不仅是徒劳的，而且也很容易让学生产生无助感或者抵触情绪，无法从根本上转变学生的学习态度。苛求学生具有学习的内部动机，这有可能使教师产生两种极端的做法：要么将此类学生视为不求上进、朽木不可雕的另类，慨叹、抱怨学生的被动、懒惰，进而放弃教育的职责；要么采取强制手段，迫使学生从事学习活动。事实上，这些现象或做法在目前许多职业学校中都是非常普遍的。

从课程内容的改革入手，加强所学知识技能的实用性、有趣性、科学性等，以激发学生的内在求知需要，这无疑是调动学习动机的最为直接，也极为有效的一种方式。但是，教育者也应该正视目前职业学校学生的动机状况，采取迂回或间接的方式，充分利用他们多元化的外部学习动机，因势利导，一定程度上促使学生参与学习活动，进而达到殊途同归的效果。外部学习动机的合理使用也有可能使学生在参与学习活动的过程中体验学习的乐趣，产生学习的兴趣。由此，外部动机有望转化为内部动机。总之，外部学习动机和内部学习动机都是促进学习的有效动机源泉，应根据职业学校学生的具体情况，广泛利用多种动机源。

（二）短近动机的依赖与长远动机的放弃

有效、合理的动机系统应该既包括短近、直接的动机成分，也包括长远、间接的动机成分。短近动机在学习进程的启动方面具有独到作用，长远动机则有助于明确学习方向，为学习活动的维持提供潜在动力。若只有短近动机，学习者虽然可以启动某种学习活动，但该活动通常会因为困难的出现、情境的变化等诸多原因而终止，学习者容易放弃、退缩。此外，学习中也经常表现出急功近利的倾向，缺乏远虑和系统规划，致使发展后劲不足，学习目标不明。若只有长远动机，学习者的学习活动虽然有一定的指向性，但容易好高骛远，无法将学习活动落实到具体行动中。长远目标的遥遥无期或高不可攀，也使得学习者因无法得到及时强化、回馈而逐渐放弃，或者自我否定、产生自卑感。因此，从学习活动的启动与维持来看，短近学习动机和长远学习动机都是不可缺少的，两者相互促进才能真正发挥动机的合力作用。

如前所述，目前职业学校学生普遍缺乏稳定的内部学习动机，所具有的外部学习动机大多是比较短近的，如谋取一份稳定的工作、摆脱令人厌恶的环境、结识新的朋友、获取资格证书、通过考试等。直接、短近的外部动机是促使职业学校学生参与学习活动的主要动机源，在学习活动启动之初发挥重要作用。与普通学校学生相比，职业学校学生的学习动机较为多元，其就业取向较为明显，这在一定程度上体现了学习动机的长远特性。尽管如此，从总体来看，这类学习动机的目标层次相对较低，作用时效较短且不稳定。此外，由于学习动机大部分源自外部诱因，很少涉及学习者自身的职业生涯发展，因此，此类动机也很容易受多种因素的影响而动摇、放弃。长远动机的缺乏不仅使得学习目标不明、学习后劲不足，而且也在一定程度上削弱了短近动机的作用，致使动机系统无法发挥其正常的作用。无论是从改善当前的学习成效来看，还是从促进终身学习和职业生涯发展来看，短近动机可被利用，但不可完全依赖，应该着力培养学生的长远、稳定的学习动机。然而，就目前职业教育的现状来看，长远动机的培养有所弱化，其中职业生涯发展辅导的缺失无疑是主要原因。

学习的长远动机是与职业生涯发展密切联系的，学生在职业学校中的学习实际上是其职业生涯发展过程中的一个重要阶段。学习者如果能够有意识地了解自己的学习方式、职业性向、价值观、个性特点等，如果能够准确、客观地了解所学专业的特点与工作要求、该专业领域的发展现状与前景等，如果能够在自我觉察与专业觉察的基础上，合理、积极地进行职业生涯规划，那么，当前的学习与职业生涯发展就能够有机融合，短近的学习动机与长远的学习动机也能够相互呼应与促进。然而，无论是职业教育还是普通教育，职业生涯规划的辅导尚未列入教育日程。由此，学生当前的学习与职业生涯发展被无形地割裂，可利用的长远动机源也被阻断。

诚然，职业生涯辅导或生涯教育不是一时一事即可完成的，也并非只是由职业教育阶段来承担，而应从义务教育阶段开始，并延伸至后续的高中教育、高等教育乃至继续教育阶段。但是，鉴于当前我国职业教育的特殊定位，对学生进行职业生涯规划方面的辅导也就显得更为必要与迫切。一味地谴责或抱怨基础教育的遗留问题，这是无济于事的，直面现实并尽力改变现状才是解决之道。职业生涯辅导的方式可以多样化，既可以开设专门课程，也可以举办相关讲座。就目前来看，将职业生涯辅导与学科专业课程的教学相融合，在学科专业学习中渗透职业生涯教育，不失为一种可行、有效的方式，尤其在长远动机与短近动机的相互促进方面，将会产生独到作用。在职业教育阶段，职业生涯辅导的主要目的就是帮助学生了解自身和社会脉动，选择适合自己的职业生涯道路，发展职业生涯中所需的各种素质，拓展职业生涯成长的空间。当眼前的学习与自我的人生发展密切相关时，学习的价值易于被认可，学习的主动性也易于调动和生发出来。更为重要的是，通过职业生涯辅导，学生的自我认知、自我规划、自我抉择、自我引导等各种自我调控能力与自我负责态度也将有所改善。

二、技能学习规律的应用偏差

与基础教育以及其他普通教育相比，职业教育的一个明显特征就是面向工作实际，培养具有一技之长乃至一专多能的专业技术人才。专业技能培训是职业教育所关注的核心问题，围绕该问题所展开的有关探讨，如实践能力与理论知识的关系、技能培训的方式、专业课程内容的选编等，都为技能培训的优化提供了有益的参考。长期以来，由于历史遗留问题及其教育资源匮乏，职业教育一度是重知识，轻技能。现在这种状况虽有所改观，但鉴于对技能的内涵以及技能学习规律的认识存在偏差，又相伴而生了另类问题，突出表现在两个方面：重外显操作技能训练和轻内隐心智技能培养，将具有密切联系的技能学习的不同内容成分割裂开来甚至对立起来，在操作技能培训的方式上，重视操作动作的实际操练，忽视心理调控方法在其中的重要而独到的作用。这无疑在很大程度上制约了技能学习的速度与水平，也制约了学生的综合素质的发展。

（一）外显操作的强化与内隐心智的弱化

熟练掌握专业技能，这是职业学校学生就业的基本保障。因此，专业技能的学习对职业学校的学生具有举足轻重的作用。就专业技能的基本成分而言，主要包括两大方面：操作技能和心智技能。前者是外显的、一系列的合法则的操作活动方式，可以通过肢体动作的速度、幅度、力量、准确性、连贯性、协调性、灵活性等行为指标反映出来；后者是在头脑内部进行的一系列的认知加工活动，是内隐的心智活动方式，其最基本的形式通常表现为信息的编码、储存与组织、表象的建构、经验的类比与推理等，以及在此基础上建立起来的各种综合性的认知加工策略和问题解决策略。高水平的专业技能的掌握依赖于操作技能和心智技能两者的协同发展。

操作技能的形成需要反复的操练，但绝不是简单的机械操练，其中蕴涵着心智技能的调控。从操作技能形成的过程来看，无论是对操作动作的认知，还是模仿、整合等，都涉及多种复杂程度不同的心智技能活动，例如，如何编码动作信息、如何建构动作表象、如何建构动觉感受、如何采用有效策略来记忆一系列连贯的操作动作、如何分配练习时间、如何监督和调节自己的操作过程、如何根据工作情境将不同操作动作加以创造性组合等。正是借助于这些心智技能，学习者的操作活动才能有序、准确、灵活，才有可能根据具体情形做出创造性的重组、变革。缺乏心智技能调控的操作活动是刻板的、形式化的，即使具有“一技之长”，也只能发挥操作技能的工具性价值，学习者也只是成为了某种工具，而不是利用工具进行创造、进行变革的、具有高度适应性的主体。重视操作技能的培训是极为必要的，但若因此而偏废心智技能的培养，既直接制约了高水平的操作技能的形成，也使得学生缺乏发展后劲和职业竞争力。

但大部分职业学校在专业技能培训中，或多或少、或显或隐地持有“专业技能＝操作技能”“心智技能＝理论知识”等不合理的观念。因此，无论是在校内的各种实训、实践类课程中，还是在企业中的见习、顶岗实习活动中，都将操作技能或“动手”能力作为培训的重中之重，乃至唯一内容，而对“动脑”的要求则有所降低。导致这种偏差的原因主要有以下几种：

1）从技能的特性来看，操作技能具有外显性，从无到有、从不熟练到熟练的一系列变化过程易于被感知，其成效也易于被认可；相对而言，心智技能比较内隐、简缩，其变化、发展及其作用机制都不易被察觉，其成效也不易被外化出来。

2）从技能的学习来看，其进程是负加速的，即学习初期的进步速度比较快，中后期的进步速度有所减缓。对于职业学校的大部分学生而言，都是进入职业院校后才开始接触具体专业的，因此，其操作技能的学习进程处于初期，相应的进步程度比较明显，从不会到会的转变也让学生主观感觉有质的飞跃。而心智技能的学习至少从小学阶段就开始了，即使现在有所改善或提升，但相比于操作技能，其进步幅度略小些。

3）就学生的心理感受而言，操作技能的直观性、新异性、实用性等，都有助于提升学生的学习兴趣和学习效能感，进而促进学习的成效。与之相对，心智技能是不少职业学校学生的弱项，基础教育阶段的消极体验使得他们厌恶、回避、应付那些心智成分含量较高的科目或课程，当然也就不可能主动地锻炼自己的心智技能，而由此导致的潜在弊端短期内也不会显露出来。鉴于这些原因，操作技能很容易被视为专业技能的标志性成分，自然成为专业技能培训及其评估的核心内容，甚至是唯一内容。

若从培养可持续发展的人力资源的职业教育目标出发，心智技能的培养无疑是职业教育的重要内容。虽然心智技能是内隐、简缩的心理活动，但就其形成的基本过程而言，是一个由外到内、由展开到简缩的逐步内化、逐步精简的过程。在学生的心智技能形成之初，教师可以选择具有代表性的样例和原型等来示范、讲解，引导学生感知、体验、练习心智技能中的每一步。之后，不断变换样例和原型，使学生的心智技能在练习中不断地概括、精熟、完善。至于职业教育中应该培养学生的何种心智技能，这要视具体的学习内容、学习阶段而定。但就教师而言，其专业水平必在学生之上，其头脑中有许多优于学生，且能够为学生仿效、学习的心智技能或各种思路、策略等。因此，若教师能够有意识地梳理、外化自己在解决专业问题时的心智技能或思路，为学生提供可参照、可仿效的模板，并不失时机、恰如其分地将心智技能的培养与专业知识的传授有机融通，那么，对于那些缺乏必要的心智技能的学习者而言是极有助益的。这也是被大量的研究与实践所证明了的有效的教学模式。需要澄清的是，心智技能的培养不是由某个专职教师、某些理论课程来承担的，相反，每个教师、每门课程都应承担起此项任务，将心智技能或学法的培养作为重要的教学内容之一。这样做并非是增加教师的负担，而是帮助教师优化教学，提升教学水平。

此处强调心智技能在学生专业技能形成中的作用，但绝无淡化或弱化操作技能之意。过去曾因重理论、轻技能而制约了学生的专业成长，同样，重操作、轻心智的教育方式也必将埋下隐患，其代价或许比前一种偏差更大，因为后者导致的弊端更为隐蔽，更为持久，也更为严重。当然，在培训的不同阶段，侧重于不同的技能，这是合理的，但绝不能将两者割裂或对立，也不能偏废任何一种技能，及早地意识到可能出现的问题并加以防患，这才是上策。

（二）动作操练的重视与心理训练的忽视

操作技能的形成需要实际的动手操练或练习，唯有通过反复的练习与实践，才有可能达到熟练化。操练是保证技能形成的决定性因素，这是毋庸置疑的。但要提高操练的效率与水平，借助于各种有针对性的心理训练是非常有必要的。广义的心理训练泛指采用一定的方法和手段对大脑进行专门化的训练。此处拟从技能学习的角度取其狭义，将心理训练视为学习者在头脑中积极复演操作技能程序或结构的认知过程。除上面所强调的心智技能外，心理训练亦是直接改善动作操练的心理调控方式。但心理训练在目前的技能培训中并未得到有效的利用，其原因主要有两个：一是对心理训练的独到作用缺乏充分的认识，致使心理训练的意识淡薄；二是对心理训练方法不甚了解而产生高不可攀的畏惧心理。

操作技能形成的关键是练习，练习的方式是多样的。大量研究表明，就操作技能的形成而言，心理训练具有其他训练方式所不可替代的独到作用，这至少体现在以下三个方面：

1）促进动作技能的储存与习得。在技能形成的初期，需要多种心理认知成分参与其中，如对操作情境的感知与注意、建构并储存动作表象、转换及组合表象等。与单纯的身体动作练习相比，心理训练更强化了多种高级认知资源的利用，更有助于形成准确的动作表象，并利用这种表象来调控动作的执行，纠正错误的动作。

2）促进动作技能的提取与应用。虽然在操作技能学习的后期，其动作已达到熟练化，对认知成分的依赖性逐渐降低，但是，就高水平的操作技能而言，认知仍发挥其高端的调控作用，尤其当操作情境变化或出现异常现象时，学习者如何集中注意力、提取并重组技能、灵活应对等，都依赖于高级认知过程的参与。而心理训练的主要目的恰恰是促进这些活动的顺利完成。

3）整体提高操作技能学习的效率。由于心理训练基本上不受时间、地点和设备等因素的限制，当设备或仪器的数量有限时，学生可以分组轮换进行肢体动作操练和心理训练，或者在肢体训练间隙进行心理训练，身体不易产生疲劳，同时也可巩固所学技能，改善学习方式。

总之，心理训练作为一种辅助手段，无论是在操作技能形成的初期还是中后期，都能够发挥其独到的作用。若只是狭义地将肢体动作操练视为操作技能练习的全部内容，而无视心理训练或将其排除在外，这无疑是一大损失，也在一定程度上制约了操作技能学习的效率。

即使教师意识到心理训练在操作技能形成中的独到作用，也往往因对心理训练程序本身缺乏了解而心生畏惧，认为心理训练是一项专业技术性的工作，非普通教师所能掌握。其实，这是对心理训练的一种误解，也正是由于这种误解，在很大程度上限制了心理训练在技能培训中的作用发挥。虽然心理训练有其特定的、规范的执行程序，有针对不同的学习内容、不同的学习阶段，以及不同的学习者的各种单一或综合的训练方式，有些心理训练确实需要专业人员的参与，但就职业学校的操作技能学习而言，仍有一些简便易行的心理训练方式可作为辅助手段加以利用。况且不少教师自己在学习某项操作技能时，或者在培训他人掌握操作技能时，都在有意或无意地利用着不同形式的心理训练，如在头脑中复演动作流程、应用视觉遮掩法加强肢体的动觉感受等。可以说，将心理训练融入常规的操作技能培训中，这不仅是必要的，也是可行的。

为确保真正发挥心理训练的实效，教师首先应了解可用的心理训练方式，然后结合具体培训内容，以及个人在学习与教学过程中的亲身体验，选用适宜的方式。心理训练的方式有多种，既有旨在提高一般心理技能的，如动作记忆训练、表象训练、注意力控制训练等，又有旨在改善专项操作技能的，如手感训练、手眼协调感训练等；既可以使用某种单一的训练方式以着力解决某个特殊问题，也可以综合或成套使用以整体改善学生的学习方式与学习成效；既可以在某个特殊阶段进行短期的心理训练，也可以定期地进行系统长期的心理训练。教师若能明确意识到心理训练在操作技能培训中的作用，了解几种可用的方式，并主动尝试着利用，那么，经过一段时间的摸索体验，教师终将能够掌握这类训练方法，也能够灵活、创造性地应用。心理训练方法的使用不仅可以改善教学方式、提高教学效率，也可以调动学生的主动参与性、改善其学习方式。当然，这项工作应由任课教师结合技能培训课程来完成，独立开设心理训练课程是无效的，这已被许多研究所证明。

三、学习迁移规律的应用偏差

无论是普通教育还是职业教育，培养学以致用的迁移能力都是重要的目标之一。但鉴于普通教育的性质及其定位，对学以致用达标程度的衡量较为间接。相比而言，职业教育则必须直面迁移问题，可以说，学生迁移能力的强弱通常是衡量职业教育质量的一项综合而直接的指标。学生能否将学校中习得的知识技能迁移到真实的工作场所，或者学生在学校中习得的经验是否适用于就业岗位，显然，迁移可以看作是检验教育成效的试金石。当社会对智能型、复合型、创新型等人才的需求越来越迫切时，职业教育面临的挑战也就越来越大，社会对其培养质量的质疑也越来越多。诚然，将高水平人才培养的重担压于职业教育，确实有些勉为其难；将出现的问题归咎于职业教育，也有失公允。但反观职业教育本身，确实在诸多方面有待完善。就学生迁移能力的培养而言，虽然愿望良好、目标明确，并在硬件条件上着力建设，但软性条件的建设与开发的力度不够，避重就轻、急功近利的倾向也比较明显。

（一）迁移硬件的建设与迁移内涵的欠缺

无论是从职业教育自身的功能来看还是从社会要求来看，培养学习者的迁移能力都毫无疑问地成为优先关注的目标。如何最大限度地实现这一目标？就目前来看，最为突出的改革举措之一就是建立各种形式的实训基地或实训室。不管是校内实训基地、企业内实训基地或者是公共实训基地，都是试图为迁移能力的培养搭建平台、创设环境。实训基地究竟是常规教室的替代、补充还是附属？虽然在此问题上看法不一，但毫无疑问，实训基地建立的出发点就是试图帮助学生搭建一座桥梁，以沟通学校和真实的工作场所，使他们能够协调好各种关系，如理论知识与实践技能、零散单一经验与系统整合经验、文化课程与专业课程、学习者角色与工作者角色、学习过程与工作过程等，进而能够适应真实的工作环境，胜任就业岗位。

但是，从当前实训基地的建设现状来看，对建筑及其设备等硬件因素考虑较多，对基地所应承载的实训功能、如何实现这些功能等缺乏科学、系统的规划与开发，对其中所应依据的教育与心理学规律缺乏深入思考和内涵挖掘，尤其对迁移能力形成的机制缺乏准确认识，这在一定程度上制约了实训功效的发挥。衡量一个实训基地的成效大小应该综合考虑多种因素或条件，若仅就促进迁移能力培养这个目标而言，至少要考虑以下两个实质性的问题：

1. 实训基地是否营造了一种真实的工作情境

根据学习的情境理论，个体的学习活动实际上是主动参与实践活动，与环境保持动态适应的过程。学习不可能脱离具体的情境而产生，情境是整个学习中的重要而有意义的组成部分。场景或情境不同，所产生的学习也不同，学习受到具体的情境特征的影响。假定实训基地的空间布局、设备摆放方式等都带有明显的展示或演示目的，摆脱不了传统教室的痕迹，那么，这种实训基地的情境特征就比较单一、失真，基于这种情境而形成的认知结构是不完备的，所产生的心理感受和期待是有偏差的，学生无法形成真实工作的体验及其相应的能力，因此也就难以迁移。反之，实训基地越能够真实再现实际工作情境，学生的主观相似感就越强，迁移意识越强，也越有助于较为完备的实践能力的建立及其迁移。值得注意的是，实训基地所营造的真实情境不仅体现在物理设备或装置的保真或仿真方面，必要时也应考虑到社会资源的介入。真正的实践能力既表现为与设备等物理环境的有效互动，也表现为与社会环境的有效互动，在人际互动中不断提高社会化水平。

2. 实训基地是否给学生提供了充分条件与机会来形成整合的、适应性的活动经验

当我们强调实训基地的保真性时，并非意味着对真实工作场景的原样复制。保真固然重要，但其成本也相应较高，没有必要过分追求高保真性。就迁移能力的形成来看，实训基地所具有的功能等效性比物理保真性似乎更为重要。顾名思义，功能等效性强调的是实训基地与真实情境具有同样甚至更优的培训效果，能替代真实情境来完成相应的实训任务。在规划和开发实训基地时，不仅要考虑保真性，更要注重如何依据学习的心理规律，尤其是迁移规律来布置实训场景、设计活动内容，以最大限度地发挥其实训的功能。在常规的职业教育情境中，专业技能培训多是分散在不同的专业课程中分步、分项、单独进行的，学生缺乏机会将各科知识和各项技能综合性地加以应用，而实训基地无疑为弥补这一缺陷提供了平台与机会。如果教师及其相关人员能够结合教学内容及工作岗位任务要求，精心设计实训课程，精选典型、关键的综合性工作任务及其流程作为训练重点，监控与调节练习进程，并根据学生的进度与水平适时而合理地组合、变换实训项目或活动，那么，学生就有可能从对个别岗位的个别知识点和技能点的了解发展到对岗位群的全面了解与掌握，从对单一工作环节的掌握发展到多岗位轮换、完整项目流程的顺利实施，从常规情境下的基本技能的熟练掌握发展到变化的特殊情境下的灵活应对。借助于实训基地，学生加快了从学到用、从简单应对到主动适应，乃至创造的转变过程。

（二）近迁移的追求与远迁移的回避

当学生走向实际工作岗位时，能否将学校中习得的各种经验加以应用？换言之，习得经验的迁移范围有多大？只能迁移于极为相似、有限的工作任务上，还是能够迁移于多种不同的工作任务上？前者可视为近迁移，后者可视为远迁移。当然，近与远是相对而言的。毫无疑问，从教育效率及社会需求的角度来看，远迁移似乎更受人青睐，因为它更符合复杂多变的就业环境对人的适应能力所提出

的较高要求，更能显示教育的成效。但从目前的实际状况来看，在理念和态度上，远迁移是被认同的，在具体实施过程中，远迁移又是被忽略甚至挤压的。导致这种状况出现的原因既与远迁移的特点有关，又与职业教育的发展现状有关。

与近迁移相比，远迁移的实现更依赖于多种内外条件的联合支撑或支持。所掌握的某一领域的专业经验在一定程度上可以保证近迁移的实现，但对于远迁移而言，这种专业经验只是一个基本条件而已。学习者的迁移意识、经验的整合性与灵活性、内隐经验的丰富性以及外部的组织支持、人际氛围、物理环境线索等内外因素，都同时决定着远迁移能否发生。此外，从时间进程上看，远迁移具有一定的滞后性，其存在与否往往是通过学习者在后续的一系列活动中能否成功地应用所学经验来检验的。也就是说，职业教育的远迁移效应通常是在学生离开学校之后的就业过程中得以体现的，这种时间上的延后也在一定程度上弱化了学生在校期间的学习状况对远迁移效应的有效支持和准确预测作用。总之，由于远迁移效应在短期内不易得到证明，且其产生又受到多种因素的制约，因此，远迁移似乎就成了一种高不可攀、遥不可及的长远目标，并被暂时搁置一边。

就我国目前的职业教育现状而言，就业导向的现实要求职业教育的培训内容、培训方式以及培训时间专门化、短平快，尤其强调专项技能的反复操练，以培养学生的一技之长。但由于历史与现实的多种原因，大部分职业学校学生的文化基础相对薄弱，学习技能比较欠缺，学习态度也存在不同程度的偏差，这无疑增大了职业培训的难度。处于内外压力困境中的职业教育在设定培养目标时，自然更注重其时效性，近迁移能力的培养成为优先考虑的因素。至于远迁移能力的培养，似乎只能存在于理念层面，而无法付诸实际。

虽然职业教育领域对远迁移的回避有着某种必然性或者合理性，但无论是从远迁移能力培养的必要性来看，还是从其培养的可能性来看，都需要职业教育去直面这一问题。既然如此，职业教育如何顺应社会要求，综合考虑学生能力特点和意愿以及学校自身优势，来着力培养迁移能力、开发具有可持续发展后劲的人力资源，以充分体现职业教育在社会发展中的特殊价值及不可替代性呢？首先，从观念层面上来看，既要认同远迁移在学生职业生涯发展中的重要作用，又要摆正近迁移与远迁移的关系。近迁移是基础，不积跬步，无以至千里。但不能停留于近迁移，更不能以损害、抑制远迁移为代价而急功近利地机械训练。应该以发展的、前瞻性的眼光，从战略的高度将远迁移能力的培养融于常规培训中，为学生的职业发展注入可持续生发的活力元素，避免步入就业即失业的怪圈。其次，从实际操作层面上来看，除了协调、处理好文化课程与专业课程、理论知识与实践技能、心智技能与操作技能、课堂教学与实训基地训练等各种关系外，还应高度关注促进远迁移能力形成的其他关键因素。例如，培养和树立学习者的主动迁移意识、迁移精神和迁移动机；设计正式学习与非正式学习的双向沟通、互为支持的跨情境学习环境，营造适宜氛围，以充实学生的内隐经验与观念；为学生创设机会，使其体验成功，以培养积极的学习与职业生涯发展的自我效能感；建立学习共同体，促进学生的认知发展和社会身份认同，加速社会化的进程。为此，职业教育者首先应具有明确的培养学生远迁移能力的意识，否则很难将上述活动融于常规的职业教育活动中。

随着国家对职业教育的日益重视以及经费投入的日益增多，有必要深入、系统地探讨如何遵循学习与教育规律来改革当前的职业教育。其中避免误用学习的心理规律，力求协调好外显经验与内隐经验、短近成效与长远成效、专项技能与综合素质、个体与共同体、课堂环境与实训环境等之间的交互关系，这无疑是矫枉过正、从根本上提升职业教育的水平与成效的一个有效途径。

第三章

职业教育教学理论

任何一种教育类型都有自身独特的价值追求，而教学活动是实现这种价值追求的最基本的途径。职业教育作为一种教育类型，也有着自身的特殊价值追求。这种特殊价值追求就是学生职业能力和职业特质的培养。因此，职业教育教学理论应该在一般教育价值追求的基础上，以学生职业能力和职业特质的培养为特殊价值追求，解决好职业教育教学的基本问题。

第一节　职业教育教学目标

教学目标是教学活动实施的方向和预期达成的结果，是一切教学活动的出发点和最终归宿，更是教学价值的具体体现。因此，对职业教育教学目标的研究，应从职业教育教学目标的价值体现入手，提出职业教育教学目标及其结构。

一、职业教育教学目标的价值体现

职业教育教学的价值虽然在满足个体发展和社会发展的需要方面仍然发挥着重要作用，但在满足职业发展需要方面的作用则更加重要。因此，职业教育教学目标的价值体现于个体发展、社会发展和职业发展的需要。

1. 个体发展的需要

在学生个体发展需要方面，职业教育教学目标的价值具体体现在学生个体发展的方向和水平上。长期以来，在教学目标的研究和使用上，人们一直十分关注学生个体发展的水平，忽视学生个体发展的方向，而学生个体发展的方向往往比学生个体发展的水平更重要。

20 世纪 80 年代，美国著名发展心理学家、哈佛大学教授霍华德•加德纳博士在多元智能理论中指出，人类的智能是多元的而非单一的，主要是由语言文字智能、数学逻辑智能、视觉空间智能、身体运动智能、音乐旋律智能、人际关系智能、自我认知智能、自然认知智能八项组成，而每个人都拥有不同的智能优势组合[①]。

2. 社会发展的需求

在社会发展的需要方面，职业教育教学目标的价值不但要体现在学生适应社会发展上，还要体现在承担起推动社会发展的责任上。当今社会，政治上民主进程加快、经济上知识经济已见端倪、文化上以人为本、科学技术上空前发展等，都对学生个体的发展提出较高的要求。

职业教育是与经济社会发展最密切的一种教育类型。以高新技术产业为支柱的知识经济时代的到来，对接受职业教育的学生个体提出了更高的要求。知识经济时代以创新为灵魂，以资产投入无形化、经济发展可持续化、世界经济一体化、价值取向智力化、学习终身化、市场竞争合作化、低碳环保绿色为主要特征，对劳动者的素质、就业方式和职业生涯发展等都提出了新的要求[②]。因此，职业教育教学目标关注社会发展的需要，就需要注重对学生民主意识、创新能力、绿色理念的培养[③]。

3. 职业发展需求

在职业发展的需要方面，职业教育教学目标的价值不仅要体现在越来越高的职业特质上，还要体现在职业迁移能力上。

长期以来，职业发展存在以下两大趋势。一是各类职业对其从事者的职业特质要求越来越高。以高技术含量、高附加值、强竞争力为特征的高端制造业对技能型人才技术特质的要求、以个性化服务为理念向社会提供高附加值的生产服务和生活服务的现代服务业对技能型人才服务特质的要求，以及现代文化艺术产业对技能型人才文化艺术特质的要求，都是前所未有的。二是新职业出现和旧职业消失速度在不断加快。职业是社会分工的结果，是人类社会生产和社会生活进步的标志。随着经济和社会的不断发展，科学技术的突飞猛进，职业的数量、种类、结构、要求都在不断地发生着变化。这种职业发展趋势加速了个人职业的变化，

① （美）霍华德•加德纳著. 多元智能[M]. 沈致隆译. 北京：新华出版社，1999.

② 邓泽民，等. 知识经济与创新[M]. 北京：煤炭工业出版社，2002：15.

③ 邓泽民，等. 职业学校学生职业能力形成与教学模式研究[M]. 北京：高等教育出版社，2004：8.

对个人的职业迁移能力提出更高的要求。

二、职业教育教学目标的结构设计

职业教育教学目标要承载个体发展、社会发展和职业发展的需要，体现个体发展、社会发展和职业发展的价值，需要多维指标来变现，必然形成结构化的职业教育教学目标。

1. 方向性目标的设计

（1）方向性目标的提出

多元智能理论的研究提供了人的智能结构是不同的科学依据，而不同智能结构在一定程度上决定着人们擅长什么职业。对我国接受职业教育的毕业生工作 10 年以后的发展调查表明，接受职业教育的毕业生一般分布在四个职业生涯方向：一是技能得到充分发展，成为行家里手；二是营销能力得到开发，成为营销人才；三是进入管理层，成为管理人才；四是自己创业，成为企业家。因此，职业教育教学应设定方向性目标。

（2）方向性目标的结构

职业生涯发展的成功从个体分析，取决于个体智能结构与职业生涯发展的匹配。因此，职业教育教学的方向目标是智商、情商、财商、逆境商数、创业商数、创意商数、职业商数、领导影响力商数、机遇商数、成功商数、压力商数、健康商数、完美商数、人际/社会交往商数、学习商数、魅力商数、系统商数、判断商数、精神商数、发展商数、道德商数、胆气商数、心理商数、意志商数、灵感商数等的组合。

2. 层次性目标的设计

（1）层次性目标的提出

1989 年，职业分析方法被我国职业教育界所认识，并在我国职业教育教学改革中广泛应用，由于增强了职业教育教学目标的针对性，专业教学目标与职业岗位要求接轨，毕业生的职业能力明显增强，我国职业教育教学质量和教学效率明显提高。但是，通过 20 多年的职业教育教学改革，我国没有解决一流技能型人才的培养问题。当职业教育发达国家运用能力本位的教学目标，辅以优良的师资、较高的投入和企业的配合等培养出了世界一流的技能型人才的时候，我们却在师资质量、资金投入和校企合作等方面遇到了困难。虽然通过努力，师资和校企合作等问题能得到解决，但作为一个发展中国家，不可能做到通过大量训练培养出一流的技能型人才，我们需要找出一种代价小，又能培养出一流技能型人才的方法。层次性教学目标的提出，使职业教育教学目标的针对性更强，不但知识、技能、态度、能力目标明确，而且职业要求情感、思维、行为和语言目标也明确起来，将弥补我国职业教育遇到的师资质量、资金投入和校企合作等方面的不足。

另外，职业教育的教学价值是追求一流技能型人才的培养。实际上，任何一类教育的追求都是培养精英。特别是随着现代农业、高端制造业和现代服务业的发展，对技能型人才提出了很高的要求，技能附加值也成数十倍增长。这时，如果职业教育教学目标还停留在学生能干，而不是能干到卓越和怎样才能干到卓越，就赶不上时代的发展和产业发展的要求。面对激烈的国际竞争和我国经济发展方式的转变、产业结构调整升级要求，职业教育教学目标也需要定位在一流技能型人才的培养上。

（2）层次性目标的结构

职业教育教学的层次性目标分为三个层次：第一层教学目标是知识、技能和态度目标；第二层教学目标是职业能力目标；第三层教学目标是职业特质目标。

1）第一层：知识、技能和态度目标。知识是个体通过与其环境相互作用后获得的信息及其组织。知识分为陈述性知识和程序性知识。前者用于说明事物是什么、怎么样、为什么等问题，如描述某种事实，陈述某种观点、信仰等；后者主要回答做什么、怎么做的问题，是一种实践性知识，该类知识也称为操作性知识。因此，知识目标包括陈述性知识目标和程序知识目标。

技能是通过学习而形成的合法则的活动方式。技能一般可分为两类：操作技能和心智技能，操作技能又称运动技能或动作技能。因此，技能目标包括操作技能目标和心智技能目标。

态度是通过学习形成的影响个体行为选择的内部准备状态或反应的倾向性。它由认知成分、情感成分和行为成分构成。认知成分是个体对态度指向对象带有评价意义的观念和信念。不同个体的态度中所含认知成分不同，如有的人基于理性的思考，有的人则基于情感冲动；有的可能基于正确的信息，有的则可能基于错误的信息。态度的情感成分指伴随态度的认知成分而产生的情绪或情感。态度的行为倾向成分是指个体所表现出来的行为意图，即准备对特定对象做出的某种反应。职业教育中态度的含义更为宽泛一些，除一般意义的态度外，还包括职业精神（敬业精神、创业精神）、职业信念、职业道德等。

2）第二层：职业能力目标。在心理学上，能力常常定义为直接影响活动效率，并使活动顺利完成的个性心理特征，是在知识学习、技能训练、态度养成后，通过完成任务形成的。所以，职业能力目标是比职业教育教学第一层知识、技能和态度目标更高层次的目标。在职业教育教学实践中，职业能力是指能够完成一项任务的能力。因此，职业能力目标一般用一项项完整的任务来描述。

3）第三层：职业特质目标。调查发现，在从事不同职业的技能型人才中，卓越者之所以卓越，不是因为他知晓什么，也不是能干什么，甚至也不是因为具备了各种职业所要求的共同的职业素质，而更重要的是他们把握了自己所从事职业的职业活动的价值所在，具备了与所从事职业相匹配的、特有的职业素质。这种从事不同职业所特有的职业素质就是特质，是能够将工作中成就卓越与成就一般的人区别开来的深层特征①。职业特质表现在职业情感、职业思维、职业行为、职业语言等多个方面。由于职业特质只有通过多次完成职业任务才能形成，也是比职业能力更为稳定的个体心理特征，因此，职业特质目标是在职业能力目标之上形成的，是职业教育教学的最高层次的目标。

第二节　职业教育教学内容

为了实现职业教育的教学目标，需要选择合适的职业教育教学内容，并加以科学组织，形成各种课程。因此，对职业教育教学内容的研究，需要解决职业教育教学内容的选择和组织两个重要问题。

一、职业教育教学内容的选择

教学内容的选择是为了教学目标的实现。为此，职业教育教学内容的选择应依据职业教育的教学目标进行。

（一）职业教育教学内容选择的范围

人的成长依靠直接经验和间接经验。直接经验是指亲身参加变革现实的实践而获得的经验；间接经验是从别人，甚至可以说是从人类积累的经验里获得的经验。在接受教育期间，人的成长主要依靠间接经验。因此，教学内容的选择是从人类间接经验中，选择适合学生学习特征和学生成长需要的经验。从人类教育教学实践分析，教学内容的选择取向主要分为以下七种：道德主义取向、百科全书取向、文艺复演取向、形式训练取向、唯科学取向、经验取向和社会取向。

职业教育是培养技术技能型人才的教育类型，这种类型的人才需要的间接经

---

① 邓泽民．职业教育教学论[M]．北京：中国铁道出版社，2012．

验是以理论知识体系、技术方法体系和职业活动体系存在着。因此，职业教育教学内容应从理论知识体系、技术方法体系和职业活动体系中进行选择。

（二）职业教育教学内容选择的方法

从理论知识体系、技术方法体系和职业活动体系中选择职业教育教学内容，选择的方法也因不同体系的特点不同而不同。

1. 理论知识选择的方法

对照职业能力目标，分析相关学科理论知识与职业能力目标的关系。选择学科理论知识时，追求的是学生对知识整体框架的把握，不追求学生只掌握某些局部内容，而求其深度和难度；强调这门学科及其各部分理论知识的用途，不强调这门学科及其各部分理论的学术研究。理论知识的选择如图 3-1 所示。

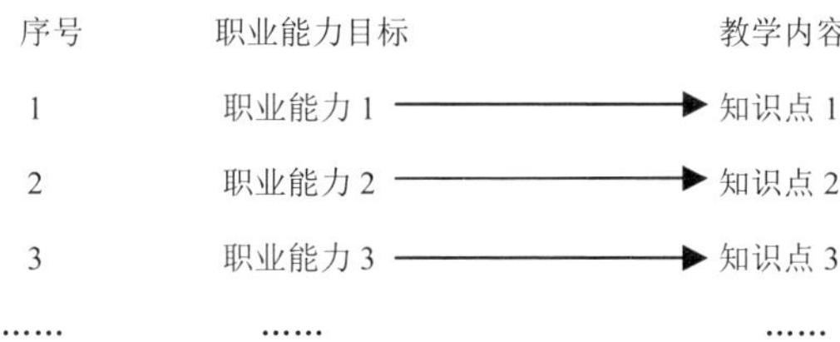

图 3-1　理论知识的选择示意图

2. 技术方法选择的方法

对照职业能力目标，分析相关技术方法与职业能力目标的关系。选择技术方法时，注重让学生了解这种技术的产生与演变过程，培养学生的技术创新意识；注重让学生把握这种技术的整体框架，培养学生对新技术的学习能力；注重让学生在技术应用过程中掌握这种技术的操作，培养学生的技术应用能力；注重让学生区别同种用途的其他技术的特点，培养学生职业活动过程中的技术比较与选择能力。技术方法的选择如图 3-2 所示。

序号	职业能力目标		教学内容
1	职业能力 1	→	技术/方法 1
2	职业能力 2	→	技术/方法 2
3	职业能力 3	→	技术/方法 3
……	……		……

图 3-2　技术方法的选择示意图

3. 职业活动选择的方法

对照职业能力目标，分析学校和企业可能提供的教学条件，选择典型任务，作为职业教育教学职业活动的内容。选择职业活动时，要注重所选择的任务具有典型性和趣味性，并且难易适度。典型性是指所选择的职业活动是学生毕业后从事职业活动时，经常遇到的、具有代表性的活动；趣味性是指符合学生的心理特点，足以能够引起学生学习的兴趣，使学生不仅好学而且乐学；难易适度是指所选择的职业活动与学生的能力相适应。典型任务的选择如图 3-3 所示。

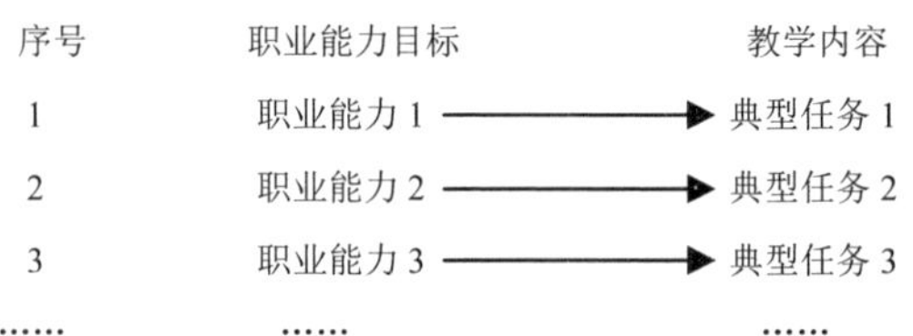

图 3-3　典型任务的选择示意图

二、职业教育教学内容的组织

职业教育教学内容的组织形成课程和课程体系。在职业教育教学内容的组织过程中，首先通过职业教育教学内容的分类形成一门门课程，构成一个专业的课程体系，然后进行每一门课程内部结构的设计和内容的组织。

（一）职业教育教学内容的宏观组织

职业教育教学内容的宏观组织是指职业教育专业课程体系的形成和各类课程间的逻辑关系。

1. 课程体系的形成

职业教育教学内容的课程体系包括由活动课程体系、学科课程体系和技术方法课程体系组成的专业课程体系，如图 3-4～图 3-6 所示。

序号	职业能力目标	教学内容	课程体系
1	职业能力 1	典型任务 1	活动课程 A
2	职业能力 2	典型任务 3	活动课程 B
3	职业能力 3	典型任务 3	活动课程 C
……	……	……	……

图 3-4　活动课程体系形成示意图

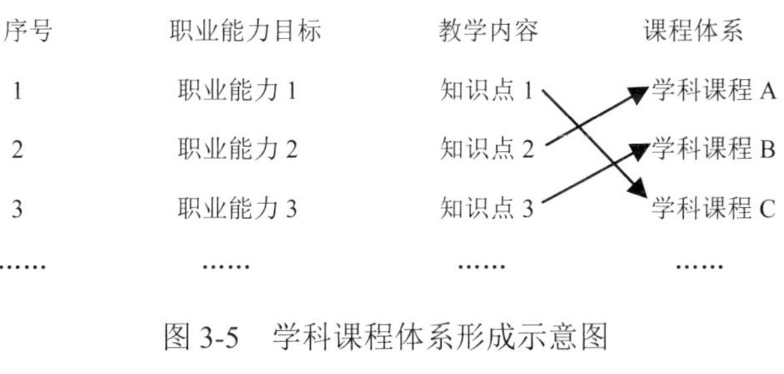

图 3-5 学科课程体系形成示意图

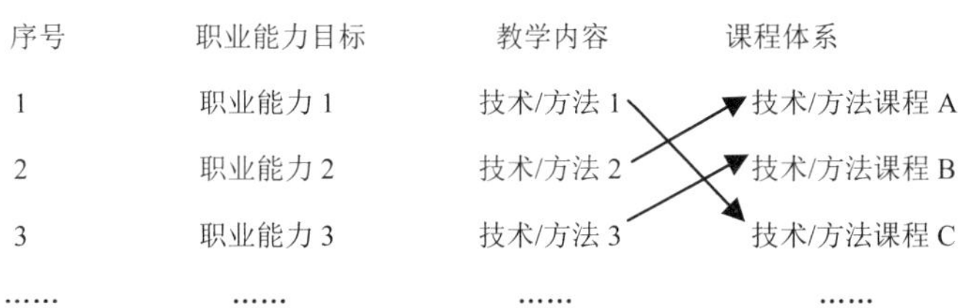

图 3-6 技术方法课程形成示意图

2. 课程间的逻辑关系

职业教育是以能力为本位的教育，而能力只有通过活动才能形成，职业特质的形成更需要职业活动，活动课程在职业教育教学中承担着能力和职业特质形成的任务，因此活动课程是专业核心课程。学科课程和技术方法课程开设的目的当然是让学生掌握学科的理论知识框架和技术方法体系框架，但更重要的是掌握理论知识框架和技术方法体系的用途，但这还不是最终目的。最终目的是为活动课程服务，形成职业能力和职业特质，并使学生成为具有持续发展能力的知识和技术型技能人才。

这里的学科课程、技术方法课程和活动课程的关系，与三段式学科教育的课程间的逻辑关系是有本质区别的。在三段式学科教育中，活动（实践）课程是为了更好掌握学科课程的理论知识和技术方法课程的技术方法服务的，最终目的是掌握学科理论和技术方法。因此，学科教育的三段式教学是知识本位的，而不是能力本位的。

（二）职业教育教学内容的微观组织

职业教育教学内容的微观组织是指各类课程内部结构的设计和内容的组织。活动课程、学科课程和技术方法课程开设的目的不同、各类课程的功能的不同决定了其不同的内部结构设计和内容的组织形式。

1. 活动课程的结构

活动课程开设的目的是培养职业能力，因此，活动课程的功能是构建学生的职业活动逻辑顺序和能力学习的心理逻辑。

（1）活动课程垂直组织原则

一般垂直组织标准有连续性和顺序性两个标准。连续性是指直线式地陈述主要的课程要素；顺序性是强调每一后继内容以前面的内容为基础，同时又对有关内容加以深入、广泛地展开。这两个标准在职业教育课程的垂直组织上，体现在以下三个方面。

1）职业活动难易序列。职业活动完成起来难易程度不同。遵循先易后难的教学原则，职业教育活动课程的垂直组织一般应遵循由易到难的逻辑设计。

2）职业活动逻辑序列。任何一个职业活动的完成都需要经过一个完整的工作过程，而这个工作过程，从开始到结束都具有程序逻辑序列。职业教育课程应按照职业活动的逻辑序列进行垂直组织。

3）职业能力形成逻辑序列。根据心理学研究成果，职业能力形成需要一个由多个环节构成，而每个环节又具有不同特点的较为复杂的过程[①]。职业能力形成逻辑示意图，如图 3-7 所示。

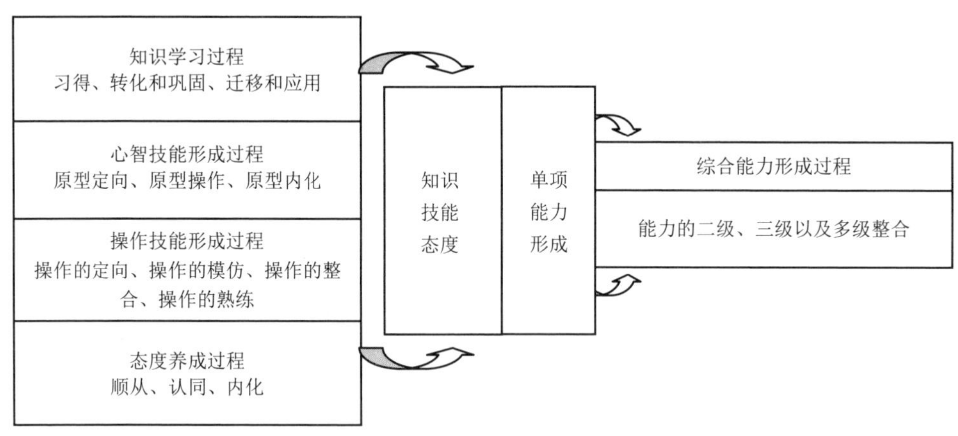

图 3-7　职业能力形成逻辑示意图

习得是指在学习目标的指引下，学习者有选择地接受新的信息，并与原有知识相互作用，形成联系，被储存下来。在学习的第一阶段，所有的知识都是陈述性的，对于程序性知识来说，习得的是它的前身，即程序性知识的陈述形式。转

① 邓泽民. 职业学校学生职业能力形成与教学模式研究[M]. 北京：高等教育出版社，2002：18-30.

化和巩固是指新知识有两种发展方向：一部分知识储存下来，通过适当的复习，这部分知识将形成知识结构的新的有机组成部分，有的甚至能改变原有的知识结构，而得到巩固。另一部分知识经过各种变式练习，转化为程序性知识。迁移和应用是指在知识的应用阶段，不同类型的知识被用来解决不同的问题，应用的目的是更好地掌握知识。陈述性知识被提取出来，用来解决“是什么”一类的问题。程序性知识被提取出来，用来解决“怎么办”的问题。

原型定向是指个体在头脑中形成了有关活动方式的定向映象，而这种定向映象一旦建立，它就可以调节以后的实际心智活动，同时也是心智活动产生的基础。原型操作是指把头脑中建立起来的动作程序以外显的方式付诸实施。原型内化是指心智活动的实践模式向头脑内部转化，借助于内部言语，个体可以在头脑内部进行程序化的心智活动，而且能以非常简缩、快速的形式进行。

操作的定向即了解操作活动的结构，在头脑中建立起操作活动定向映象的过程。操作的模仿即实际再现出特定的动作方式或行为模式，实质是将头脑中形成的定向映象以外显的实际动作表现出来。操作的整合即把模仿阶段习得的动作固定下来，并使各动作成分相互结合，成为定型的、一体化的动作。操作的熟练是操作技能最后形成的阶段，是由于操作活动方式的概括化、系统化而实现的。操作熟练的特点：①动作的灵活性、稳定性和准确性；②动作的连贯性、流畅性和协调性；③动作的控制性增强，能准确地觉察到外界环境的变化并调整动作方式。④紧张感、疲劳感降至最低，可以有效地同时从事两种或多种活动。

顺从是表面接受他人的意见或观点，在外显行为方面与他人一致，而在认识与情感上与他人不一致。在这种情况下，个人的态度受外部奖励与惩罚的影响。这种态度是由外在压力形成的，如果外在情景发生变化，态度也会随之变化。认同是在思想、情感和态度上主动接受他人的影响，比顺从深入一层。因此，认同不受外在压力的影响，而是主动接受他人或集体的影响。内化是指在思想观念上与他人的思想观点一致，将自己所认同的思想和自己原有的观点、信念融为一体，构成一个完整的价值体系。由于在内化过程中解决了各种价值的矛盾和冲突，当个人按自己内化的价值行动时，会感到愉快和满意；而当出现了与自己的价值标准相反的行动时，会感到内疚、不愉快。这时，稳定的态度（品德）便形成了。

在进行课程垂直组织时，应注意遵循能力形成的一般过程，保证课程心理逻辑顺序得到贯彻，要避免因出现违背能力形成逻辑而影响学生能力形成的情况发生。

（2）活动课程水平组织原则

整合是水平组织的标准。整合是针对所选出的各种课程要素，在尊重差异的前提下，找出彼此之间的内在联系，然后整合为有机的整体。职业教育活动课程水平组织的标准也是整合，职业教育活动课程水平组织示意图，如图 3-8 所示。它包括：①职业活动的整合，即多个职业活动整合成为较大的职业活动，或者叫做多个任务构成项目；②心理特征的整合，即由知识、技能和态度整合形成单项职业能力，多个单项职业能力整合形成综合职业能力。

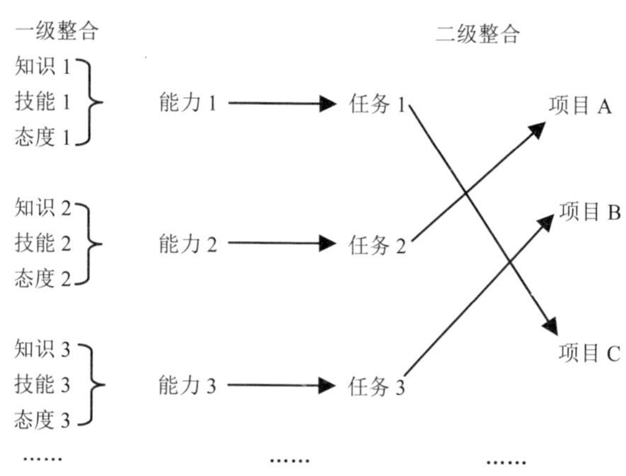

图 3-8 职业教育活动课程水平组织示意图

2. 学科课程的结构

学科课程开设的目的是掌握学科的理论知识框架，为活动课程的学习和职业能力的形成服务。因此，学科课程的功能是构建学生的学科理论知识逻辑框架，这个逻辑框架是以使用为目的展开的。

（1）学科课程垂直组织原则

1）学科发展的时间序列。学科是怎么产生的，其发展经历了多少个阶段，每个发展阶段的契机是什么，应做一般性的介绍，一般放在教材的绪论中。

2）理论知识应用的逻辑。任何学科理论都是因应用而出现和发展起来的。从应用引出理论知识，不但便于与活动课程的衔接，更重要的是能够引发学生的学习兴趣，形成学习动机。

3）学科理论结构的逻辑。学科结构具有很强的系统性和逻辑性。学科理论知识的系统性和逻辑性符合学生一贯的思维方式，可以提高学习效率。

（2）学科课程水平组织原则

1）理论知识逻辑的框架。理论知识是分专题的，但不同专题的理论知识只有综合起来才能解决综合问题。因此，在学科课程的水平组织上，要考虑不同理论知识点的衔接。

2）理论知识的应用整合。不同理论知识点为完成某项工作任务或项目常常需要整合起来。

3. 技术课程的结构

技术课程开设的目的是掌握技术体系框架，为活动课程的学习和职业能力的形成服务。因此，技术课程的功能是构建学生的技术体系框架，这个技术体系逻辑框架是以使用为目的展开的。

（1）技术课程垂直组织原则

1）技术发展的时间序列。这种技术是怎么产生的，其发展经历了多少个阶段，每个发展阶段解决的问题是什么，应做一般性的介绍，一般放在教材的绪论中。

2）技术方法应用的逻辑。任何技术方法都是因应用而出现和发展起来的。从技术方法的应用引出技术方法，便于与活动课程的衔接和引发学生的学习兴趣，形成学习动机。

（2）技术课程水平组织原则

技术和方法都是为了解决不同问题而出现的，若相互间关系不密切，在水平组织上可以并行安排。可以将不同技术方法整合起来，用不同技术方法组合解决综合性问题。

第三节 职业教育教学过程

教学过程是为教学目标的实现服务的，是建立在动机发展过程、职业活动过程和职业能力形成过程之上的。也可以说，职业教育的教学过程是兴趣发展过程、职业活动过程和能力形成过程的统一。因此，对职业教育教学过程的研究，需要在不同教学目标下，遵循兴趣发展过程、职业活动过程和能力形成过程的一般规律，考察职业教育的教学过程。

一、从兴趣发展过程考察教学过程

爱因斯坦说：“兴趣是最好的老师。”美国教学心理学家华尔特科勒斯涅克指出：“兴趣可以看作是学习的原因，又是学习的结果。正像兴趣是过去学习的产物一样，兴趣也是促进今后学习的手段[①]”。陶行知先生从自己丰富的教育经验出发，

① 邹忠敏. 教改初见成效，努力再攀高峰[J]. 安徽教育学刊，1998(6).

认为“学习有了兴趣，就肯用全部精神去做事，学与乐不可分[①]”。由此可见，浓厚的兴趣会使个体产生积极的学习态度，推动他兴致勃勃地去进行学习。一个对某一学科产生强烈而稳定兴趣的学生，会把这门学科作为自己的主攻方向，并且在学习过程中自觉地克服困难，排除干扰。因此，根据学习动机形成的发展规律，来考察教学的一般过程是十分有意义的。

（一）设趣阶段

设趣是教师通过分析学生本身的个体需要或者可能的外部诱因，为学生的学习设定学习目标和创设新异的学习情境。初学者往往感到知识是抽象枯燥的，有时甚至会产生某种畏惧心理，带着这种心理去学习，个体将仅仅是被动地、机械地应付外界的要求，不可能真正地投入到知识学习中去。教师应该通过设置恰当的学习目标，创设问题情境，消除学生的这种心理，提高学习者的学习兴趣。

（二）激趣阶段

设趣为学生的学习提供了新异的学习环境，但这还不够，学生学习的发生还需要激趣，即激发学生的好奇心和求知欲。学习心理学研究表明，好奇心和求知欲不仅可以成为学生学习的动力，甚至会导致具有重大意义的发明或发现，而求知欲不仅是学生走上科学之路的诱因，并且是促使学生进行创造性活动的主要动机。因此，在教学中，一方面教师要促使学生的好奇心尽快地向求知欲发展，最终通过激趣，培养学生良好的学习兴趣；另一方面教师也要珍惜学生的好奇心，增强求知欲，提高兴趣水平。

（三）诱趣阶段

学习是一个逐步深入、逐步达到学习目标的过程。诱趣就是诱发学生“生疑—思疑—释疑—再生疑—再思疑—再释疑”的螺旋式上升过程。通过诱趣，可以使学生逐步深化其学习，同时能较好地培养学生的问题意识。陶行知先生说：“发明千千万，起点在一问。”确实，发明、创新都是由疑问开始的。在激发学生的好奇心和求知欲的基础上，教师在教授过程中，要依靠对内容的精心组织和科学安排，使其对学生产生诱惑。针对教学重点、难点，采用恰当的教学方法，一环扣一环地提出问题，诱发学生“生疑—思疑—释疑”，不仅要学生有所知，更要有所思。学生每解决一个问题，就有一种战胜难点的兴奋，就会多一份自信。

---

① 陶行知. 陶行知全集（第一卷）[M]. 长沙：湖南教育出版社，1985：228.

（四）扩趣阶段

扩趣是引导学生不断探究，培养创造思维，引发创新精神。在教学中，教师还要抓住时机，进一步引导学生主动发现问题，养成质疑问题的习惯。教学后，让学生再质疑，开拓思维的广度和深度，鼓励学生多向思考，尝试发现问题、解决问题，在求多、求深中点燃创造的火花。使学生带着问题走进课堂，问题解决了，又带着问题走出课堂，在如此的循环往复中培养学生的创新精神和创造能力。如果说，到诱趣教学阶段结束，教学目标得以实现，那么，扩趣教学阶段的任务主要是实现课程目标中要求的表现目标。

二、从职业活动过程考察教学过程

任何职业活动都要经历过程，这个过程是具有逻辑性的。教学过程的逻辑与职业活动过程的逻辑应在一定程度上具有一致性，以促进学生职业活动逻辑思维的形成。

（一）过程导向的教学程序

有些职业活动的过程是固定的，一旦确定下来将不再随着职业情景的变化而发生任何改变。这类职业活动常常出现在技术类专业，当人们面对各种机械设备时，职业活动的过程常常被固定下来。职业活动的价值是追求活动的标准和规范，以求得职业活动结果的标准。对于这种职业活动，其教学过程应遵循过程导向的教学程序，如图 3-9 所示。

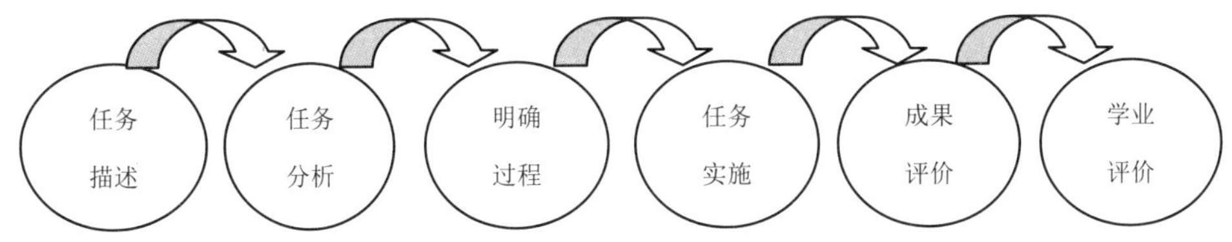

图 3-9　过程导向的教学程序

其中，任务描述是提出任务、明确要求、给出设备工具等条件；任务分析是在质量、成本、时间等要求下，提出科学、先进、可行、经济的方案；明确过程是向学生展示方案实施完整过程的各个阶段；任务实施是通过做中学形成职业技能；成果评价是评价任务完成后，达成目标的情况；学业评价是评价学生职业技能学习目标掌握的情况。

（二）情景导向的教学程序

有些职业活动的过程是不固定的，而是随着职业情景的变化不断调整。这类职业活动多出现在服务类专业，当人们面对客人时，随着客人或者情景的变化，职业活动就需要随时调整。职业活动的价值是追求不同情景下，通过服务以求得客户满意或惊喜的消费体验。对于这种职业活动，其教学过程应遵循情景导向的教学程序，如图 3-10 所示。

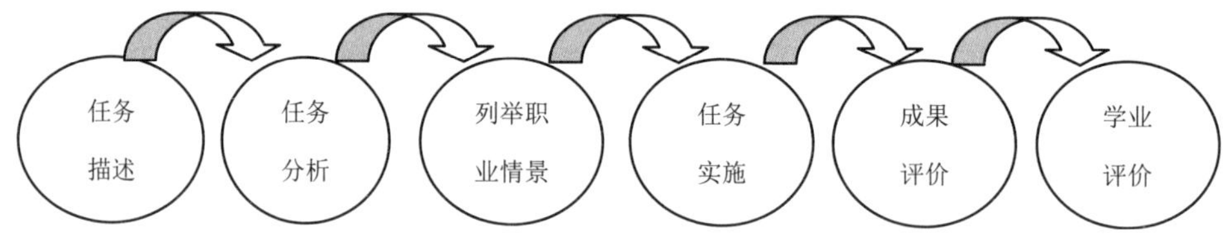

图 3-10　情景导向的教学程序

其中，任务描述是提出任务、明确要求和条件；任务分析是在质量、成本、时间等要求下，提出科学、先进、可行、经济的方案；列举职业情景是分析可能出现的各种职业情景；任务实施是通过对情景分析采取最佳措施，通过做中学形成职业技能；成果评价是评价任务完成后，达成目标的情况；学业评价是评价学生职业技能学习目标掌握的情况。

（三）效果导向的教学程序

有些职业活动的过程不固定，且不受职业情景变化的影响。这类职业活动一般出现在艺术类专业。在这类专业人员的职业活动中，人们关注的是职业活动的效果，为了达到某种效果，尝试不同的职业活动过程甚至改变职业情景。对于这种职业活动，其教学过程应遵循效果导向的教学程序，如图 3-11 所示。

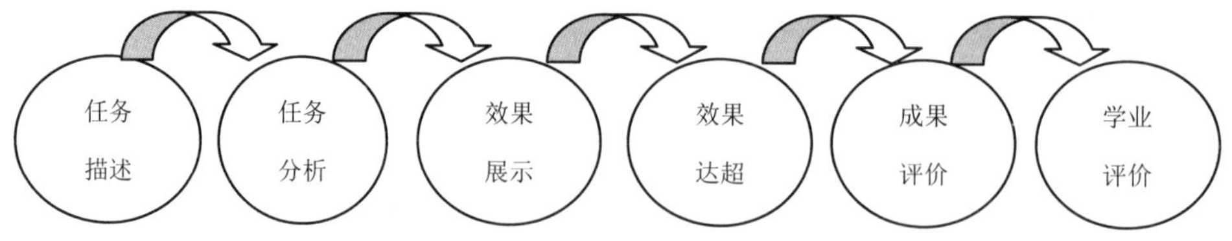

图 3-11　效果导向的教学程序

其中，任务描述是提出任务、明确要求和条件；任务分析是在质量、成本、时间等要求下，提出科学、先进、可行、经济的方案；效果展示是把已有成果展示出来；效果达超是通过分析产生效果的原因和产生同样或更佳效果的原因，通过做中学形成职业技能；成果评价是评价任务完成后，达成目标的情况；学业评价是评价学生知识、技能和态度目标的掌握情况。

三、从能力形成过程考察教学过程

根据学习对象或所处学习阶段的不同，教学的具体过程可分为理论知识教学过程、心智技能教学过程、操作技能教学过程、品性养成教学过程、能力整合形成的教学过程等。

（一）理论知识教学过程

1. 知识习得教学阶段

学习理论告诉我们，知识的学习始于学习者的预期与注意。由于对学习目标的期望，学习者处于一定的激起状态，随时准备吸收新知识。在学习目标的指引之下，学生有选择地接受新的信息，将它暂时储存在短时记忆中，新知识相互间产生联系，并与处于激活状态的原有知识相互作用，最后，新知识以一定的方式与头脑中原有的知识形成一定的联系。在这一阶段中，学生所接受的知识都是陈述性的。对程序性知识来说，习得的是它的前身，即程序性知识的陈述性形式。这样，在此阶段，教学的关键是吸引学生的注意，激活学生的原有知识。奥苏伯尔指出："影响学习的最重要的因素是学生已知的内容。所以，教师必须从感知材料入手，通过明确知识学习的目标等各种形式引导学生，使其形成鲜明生动的表象，并且指导学生深入理解教材结构及其内容，充分发挥学生的思维能力和学习积极性，引导学生进行分析、综合、抽象、概括，进行判断和推理，以形成概念，使学生掌握规律性知识[①]"。

2. 知识转化教学阶段

本阶段的特点是陈述性知识不断转化为程序性知识。本阶段的目的是为形成技能做准备。在教学中，教师应促使学生将习得阶段获得的新知识转化为程序性知识。而变式练习是程序性知识由第一阶段的陈述性形式向第二阶段的程序性形式转化的最重要条件。这部分知识以不同的表征方式贮存在长时记忆中，以备日后提取使用。在这一阶段，教师应在指导学生复习已有知识的同时，使学生完成由陈述性知识向办事能力转变的任务，并注意与心智技能和操作技能学习过程的衔接，促使学生对程序知识的熟练掌握。

---

① Ausubel D P，et al. Educational Psychology: A Cognitive View[M]. 2nd. ed, New York: Holt, Rinehart & Winston, 1978.

3. 知识巩固教学阶段

学生在第一阶段习得的知识中，一部分通过第二阶段转化为程序性知识，另一部分被储存下来。学生获得的理性认识，还必须在教师的指导下巩固认识成果，牢牢保存在记忆之中，以便为以后学习新知识打好基础。人们的认识必须经过反复实践才能巩固，而在教学中，学生迅速而简捷地获得了人类长期积累的知识和经验，实践简化，历时短暂，也少反复，因此，印象浅薄，容易遗忘。教师必须在学生习得教材知识后，及时引导学生深刻领会，反复记忆。巩固知识不是让学生死记硬背，而是在理解的基础上完整、准确、牢固地记住。学生对教材的理解越深刻，记忆就越牢固。因此，在教学过程中，教师应指导学生积极而正确地进行复习，使学生习得的知识更加牢固地储存在记忆中，以备日后随时提取使用。

4. 知识迁移教学阶段

迁移是指在一种情景中获得的技能、知识或形成的态度对另一种情景中技能、知识的获得或态度的形成的影响，简而言之，就是“一种学习对另一种学习的影响”[①]。一切新的知识学习都是在原有的学习基础上形成的，不受原有认知心理结构影响的学习并不存在，也就是说，任何的知识学习都必然包含着迁移。教学中，教师不可能把所有知识、技能都传授给学生，但必须使学生具备迁移的能力，这就要求教师要培养学生利用他们所学的知识、技能来成功地解决问题或在新情境中快速学习的能力。在教学过程中，教师应积极创设各种情境，使学生在记忆中牢固储存下来的知识及时获得迁移，达到知识的活学活用，但应注意正、负迁移的不同作用与效果。

5. 知识应用教学阶段

在知识的应用阶段，不同类型的知识被用来解决不同的问题。陈述性知识被提取出来，用来解决“是什么”一类的问题，另一部分程序性知识被提取出来用来对外解决“怎么办”的问题。陈述性知识的提取是一个有意识的依据线索的提取过程，对外办事的程序性知识的提取往往是一个快速、自动化的激活过程。这个阶段的任务主要是完成知识的习得向能力培养转化，使学生在习得、巩固新知识的基础上获得一种能力。对学习者而言，是知识的灵活运用，把学习的知识运用于实际。因为：①学生学习的最终目的是把所掌握的知识用于社会实践，为国

① Royer J M. Theory of transfer of learning. Educational Psychologist，1979（14）.

家建设服务；②知识的应用有利于技能、技巧的形成；③把知识应用于实际，有利于锻炼学生分析问题和解决问题的能力。

学生对知识的应用有多种多样的形式，例如，完成解题、答问、实验等各种形式的作业，或在实践活动中综合运用所学的知识等。对教学过程而言，是进行学习结果的测量和评价。由于陈述性知识解决“是什么”的问题，程序性知识解决“怎么办”的问题，教师应当针对不同类型的知识，采用不同的行为指标，设计不同的问题情境，以获得真实可信的评价结果。

（二）心智技能教学过程

心智技能是通过学习而形成的合法则的心智活动方式。目前研究较多的学习策略、认识策略，以及元认知策略都可以视为心智技能，它是影响知识学习的一个非常重要的因素。知识的学习是通过一系列的心智动作完成的，心智动作是获得知识的最直接的基础。心智技能又是由合法则的心智动作组成的，它调节着心智动作，直接影响着知识掌握的整个过程。心智技能的形成一般分成三个阶段：①原型定向阶段。原型即事物的原样，心智活动外化的物质原型是指实际的操作活动程序、实践模式。原型定向即了解这种实践模式，了解动作结构、各动作成分及其顺序等。通过原型定向，个体在头脑中形成有关活动方式的定向映象，这是心智活动产生的基础。②原型操作阶段。原型操作即把头脑中建立起来的动作程序以外显的方式付诸实施，为原型内化做准备。③原型内化阶段。原型内化即心智活动的实践模式向头脑内部转化，借助于内部言语，个体可以在头脑内部进行程序化的心智活动，而且能以非常简缩、快速的形式进行[①]。

教学对于心智技能的形成具有直接的作用，有效的教学可以使学习者形成有效的心智技能，使学生学会学习，促使学生成为自主而有能力的学习者。依据心智技能的形成规律设计教学过程模式，如图 3-12 所示。

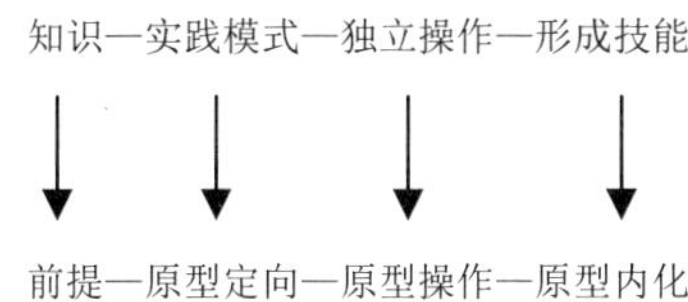

图 3-12　依据心智技能的形成规律设计教学过程模式

在应用上述教学模式时，需要注意四点：

1）心智技能的形成依赖于学习者所获得的知识，脱离知识的技能教学是不可

① 邓泽民，等. 职业学校学生职业能力形成与教学模式研究[M]. 北京：高等教育出版社，2002：25～26.

能成功的。因此，在心智技能教学中，教师首先要讲授丰富的知识，以促进学生对新信息加工，保证技能的形成、发展与应用，为促进各种技能的整合，为解决复杂的问题提供前提。

2）心智技能的形成是由外部活动逐步内化的过程，心智活动是实践活动的反映，外部实践模式即心智活动的实际操作形式的确立直接决定着心智技能形成的难易程度和水平。由于心智技能是内潜、简缩、自动进行的，通过外部观察难以把握和推断其整个过程，这无疑为心智活动的实际操作形式的确立增加了难度。为保证实践模式的有效、合理，可通过对专家（或学习者）心智活动信息分析或应用心理模拟活动分析的方法，确立实践模式，而且还要考虑可接受性，即学习者能否通过该模式形成心智技能。在运用外部实践模式进行心智技能教学时应坚持以下原则：①在讲授策略、技能的同时，也要教授元认知的有关内容，即告知学习者何时、何处、如何应用该策略、技能；②激发和维持学习动机，使学生自始至终充满浓厚的学习兴趣，为活跃思维创造条件；③无论采用直接教学还是交互教学或其他教学形式，都需要教师将策略和技能模式化、程序化。教师可以通过“大声思维”将使用策略和技能的过程外化出来，并指导学生运用卡片记录策略的步骤和执行方式等内容。

3）学生在教师的指导下进行独立操作，要求教师尽可能在课堂中创造应用策略和技能的情境，使学生掌握、概括所学的技能与策略。在这一阶段要求学生把头脑中建立起来的动作程序以外显的方式付诸实施。在教学中，教师要指导学生开拓思维、整理思路，将动作结构、各动作成分及前后顺序组织起来，逐步展开，并且不断变更活动对象，使学生将心智活动的实践模式程序应用于多个问题的解决，为下一步形成技能做好准备。

4）教师重新布置任务，让学生去解决。教师指导学生不必以语言表述出活动程序的每一步骤，而是在头脑中运作这些步骤，运作也不必一一展开，有些步骤可以交叉或同时进行。在这个阶段，学生难以意识到操作的每一步，但实际上确实是按照该活动程序进行的。在该阶段，学生摆脱了实践模式，但已经将实践模式内化为一种熟练的思维活动方式，突出表现在外显的语言活动明显减少。随着练习的不断进行，语言复述消失，新的技能培养起来。

（三）操作技能教学过程

操作技能学习是在学生具备相应知识，特别是在转化为程序知识后进行的学习内容。根据操作技能的形成过程，操作技能教学过程的设计如下。

1. 操作示范教学阶段[①]

示范是指教师在教学中陈示各种实物、模型、挂图、进行示范性实验以及示范操作表演，使学习者通过观察获得感性知识，获得对学习对象的印象，帮助学习者形成正确的概念，掌握操作技能。在职业技术教育的教学过程中，为了有目的地培养学习者的操作技能（技术课程中表现突出）和智力技能（普通课程中表现突出），首先通过教师或技工的操作演示，使学习者获得事物的清晰表象。示范可以变抽象为具体，变枯燥为生动，富有极强的趣味性。但是，学习者并非对所有的示范都满意。为了保证优质高效的教学，在实际进行示范时，一般应注意以下几点：

（1）教师要具有过硬的技能示范本领

操作技能教学对示范教师提出了很高的要求，教师不但要能够将原理讲透，又要能够熟练操作。因此，对职业院校的专业老师提出了“双师”型的要求。

（2）教学前需要进行必要的媒体设计

运用教学媒体，如借助图片、录像、幻灯、影片、计算机模拟等现代化的技术手段，可以将学习者无法直接感知的事实和现象，形象地展现在学习者面前，以使信息的呈现更准确、方便，更易于接受。

（3）示范的动作要正确、规范、熟练

1）示范操作必须在“范”字上下功夫，操作一定要正确、规范。因为学习者通过观察示范后进行模仿，错误的示范直接导致错误的模仿。例如，餐饮教师示范上茶水，不仅水量要合乎要求，而且倒水的姿势要优雅、动作也要十分准确，否则，学生一旦学习了错误的操作动作再进行纠正，恐怕要比学习一个新动作更难。

2）示范操作必须熟练。研究发现，当学生观察动作熟练的教师进行示范时，学习的效果较好；当学生观察动作不熟练的教师进行示范时，学习的效果要比前者差。因此，示范质量的好坏，示范动作是否正确，对于学生能否获得良好的操作技能往往具有决定性作用。

（4）使学生观察好示范的主要特征和重要细节

教师在示范之前，要对学生提出观察注意事项，例如，哪些是重点、难点，哪些是不容忽视的细节，让学生带着问题和浓厚的兴趣去观察，示范会收到事半功倍的效果。

---

① 邓泽民. 职业学校学生职业能力形成与教学模式研究[M]. 北京：高等教育出版社，2002：21-25.

2. 过程讲解教学阶段

在职业技术教育的教学过程中，通过教师的示范，学生获得了对事物的表面映象，这只是对事物的概要感知。只有通过教师的进一步讲解，学习者才能较为概括地了解现象与过程之间的联系，了解事物构成的基本原理及操作步骤，获得更多的促进技能形成的重要信息，掌握每个操作步骤的要点及关键所在，从而具体、全面地掌握操作知识，为最终达到教学目标的要求奠定基础。教师进行讲解时应注意以下几点：

（1）讲解要与示范相结合

1）分步讲解与分步示范相结合。分步示范是把某一工序分解成若干工步呈现给学习者，以便逐个工步地学习。使学生从个别的工步入手，形成具体的、单个的映象；分步讲解使学习者了解某种技能的有关知识、性质、作用、工步的难度、要领、注意事项、工序进程等。

2）整体讲解与整体示范相结合。将某一工序的各个工步联为一体，按顺序依次展现给学习者，并强调每一工步应注意的要点、细节，使学生进一步了解工序的全貌。

（2）讲解要有系统性和逻辑性

教师在讲解时，要从学生的认识规律入手，由浅入深、由易到难、由简单到复杂，又要符合知识本身的系统，由整体到局部，再由局部到整体。例如，教师在讲解铅球的投掷技能要求时，在示范的基础上，教师从全套动作的作用出发，采用分析法，将全套动作划分为几个工步进行分析，使学生注意全套动作的每个部分；然后采用综合法，对全套动作重新做一个总的叙述和分析，从而使学生具体、全面地掌握应该学到的知识和应达到的技能。

（3）讲解要有高度的科学性和思想性

教师在讲解时，无论是概念、理论的解释还是对各操作步骤的分析介绍，都必须正确可靠。在讲解过程中，根据教学内容的需要，还可以对科学技术发展史上一些杰出专家的创业精神、研究问题的思路进行适当讲解，激发学生热爱专业的感情，树立勇敢、顽强、克服困难的勇气和信心，养成严谨的科学态度和认真踏实的工作作风。

（4）讲解要善于激发学生的思维

在讲解过程中，教师要善于运用课程内容本身的意义和作用来激发学习者的求知欲。要给学生提出质疑的机会，鼓励他们敢于提出问题、探究问题，使学生由“有疑”，到“问疑”，再到“解疑”。整个讲解过程中都要促使学生进行积极的思维，从而增进智力的发展。

3. 模拟训练教学阶段

在职业技术教育的教学过程中，学习者在教师示范、讲解的基础上，要进一步通过模拟实习，将头脑中形成的定向映象以外显的实际动作表现出来。操作技能最终表现为一系列的合法则的操作活动方式，仅在头脑中了解这种活动结构及其执行方式是不够的，如果没有实际操作，不可能形成操作技能。通过模仿，个体可以检验已形成的动作定向映象，使之更完善、更巩固。在模拟训练中，教师可以人为地制造故障，让学生判断、排除，从而全面复习、检查学生的知识运用情况。并且要让学生知道如果操作错误，将会造成多大的损失，从而提高学生工作的责任感。由此看来，模拟环境的建立对模拟训练的质量起着关键作用。模拟场所的环境布置要力求与真实现场相似，力求接近真实。只有置身于“真实”的工作环境中，学生才能形成明确的职业意识，培养合作与共事能力，才能熟练掌握职业所要求的知识、品性和技能。

4. 操作整合教学阶段

操作整合即把模拟阶段习得的动作固定下来，并使各动作成分相互结合，成为定型的、一体化的动作。由于学习者在模拟阶段形成的动作及认识是初步的、零散的、表面的，通过整合，学习者的动作水平不仅可以得到提高，形成整体的连贯性，动作结构趋于合理、协调，还可以使个体对动作的有效控制逐步增强。因此，整合是操作技能形成过程中的关键环节，它是从模拟到熟练的一个过渡阶段，从而为学习者动作熟练打下坚实的基础。

在这一阶段，为了巩固学生在模拟训练中获得的技能，教师可以根据不同专业的需求，布置一些工序复合作业，使学生在反复的训练中对各工序的操作要领进行内化和整合，并且根据学生情况决定复合作业的时间及复合作业的复杂程度。

5. 现场实习教学阶段

模拟的职业环境和真实的职业活动之间毕竟存在一定的距离，因为真实的职业活动中会出现各种各样较为复杂的情况，况且，学生的心理状态也会在现场环境中有较大改变。真正的职业能力必须在工作现场这种真实的环境中，通过亲身实践才能形成。因此，现场实习、实训是操作技能转化为能力的关键环节。在这一阶段中，学习者的动作将进一步达到灵活、连贯、协调和准确。并且在真实的职业环境中，学生将从师傅身上学到兢兢业业、一丝不苟的工作态度和乐于奉献的精神。

以上五个教学阶段的实施是一个从实践到理论再到实践的过程，符合人们认识客观事物的规律。这是一个使学习者素质、能力不断提高的过程，第二次实践的意义和内涵与第一次相比产生了质的飞跃。

（四）品性养成教学过程

品性即品质和性格，它并非先天具有，而是社会性学习的结果，尤其是职业精神（敬业精神、创业精神）、职业信念、职业道德等。学生的良好品性是在家庭、社会和学校等不同情境的作用下，通过他人的社会示范、指示和忠告，将社会的要求内化为学生自己的品性，并在一定条件下产生迁移和改变。

一般来讲，品性的养成和改变要经过顺从、认同和内化三个阶段，其中认同是最重要的一环。依据这一规律，在职业教育教学中，品性养成教学过程的设计如下。

1. 引起欲望

任何学习，没有欲望，便得不到进步。树立理想，增进品性，更须有自内而发的动机，教师要求学生做一件好事，不为别的，只因为他认为这件事是应当做的。适当的行为才能变成习惯，如果学生不了解，不能从思想、情感和态度上接受，教师强迫他们去做不愿意做的事情，良好的习惯就不会形成。

2. 分析情境

学生有为善的动机，而缺乏鉴别是非的能力，容易引入歧途，所以智慧与品性有密切的关系。智慧聪颖的人不一定品性也好，但如果没有相当的智慧，不能对一件事从各方面来衡量轻重，就不能养成最高的道德观念。因此，教师还应帮助学生分析具体情境。

3. 拟订计划

有为善的动机，并且知道了什么是善，但没有实行的计划，还是不行。教师要指导学生拟订实施计划。

4. 加强实习

增进品性，不能凭空虚的理论，须从实际的行为来养成。一种行为反复练习才能成为习惯，才算是可靠的品性。在职业教育教学中，应加强实习、实训教学环节，使学生在具体的职业环境中深刻感受创业意识、敬业精神和积极的工作态度等。由于学校是学生生活中最重要的环境，因此必须注意学校环境对学生良好品性养成产生的潜移默化的影响，如教师人格品德方面的感召、良好的育人环境、和谐的师生关系等。

（五）能力整合形成的教学过程

知识、品性、技能等的习得或应用并不等于形成了素质、具备了能力，学生素质的形成和能力的具备，必须通过参与特定的职业活动或模拟的职业情境，通过对已有的知识、品性、技能等的迁移、整合与类化才能完成。迁移现象不仅存在于知识之间、品性之间、技能之间，而且知识、品性、技能三者之间彼此也存在着迁移。例如，学生掌握了某一领域的专业知识后，也将促进他掌握这一领域的某种技能；有效的技能学习也促进个体获得更多的知识。对一些行为规范的理解将影响着个体与行为的形成，所以，迁移表明了经验间的相互影响。通过迁移，各种经验得以沟通，经验结构得以整合，这才会形成素质、具备能力。由此看来，迁移是习得的经验得以概括化、系统化的有效途径，是能力与品德形成的关键环节。学习的最终目的并不是将知识经验储存于头脑中，而是要应用于各种不同的实际情境中，形成能力，来解决现实工作中的各种问题。只有通过广泛的迁移，原有的经验才得以改造，才能够概括化、系统化，使原有的经验结构更为完善、充实，不断整合为稳定的心理调节机制，从而广泛、有效地调节个体的活动，解决实际问题。整合与类化是经验的一体化现象，即通过概括，使新旧经验相互作用，从而形成在结构上一体化、系统化，在功能上能稳定调节活动的一个完整的心理系统。如果教师在教学中能自觉应用迁移、整合与类化规律，则对优化教学过程、提高教学效果非常有利。

依据这一规律，可将职业教育学生通过迁移、整合、类化等教学阶段形成素质、具备能力的过程描述如下。

1. 确立整合训练题目

教师首先根据课程目标和学生心理结构构建目标的要求，提出问题和要求。在选择整合训练题目时一般应考虑以下几方面：一要能够涵盖课程目标，并完成学生心理结构构建的任务；二要能引起学生的兴趣，也有能力研究；三要具有较强的实用价值，可行性强。

2. 拟订整合训练计划

学生根据确立的题目，利用自己学到的知识、技能和态度，通过亲自动手分析研究，发现了事物的规律，提出自己的整合训练计划。这一过程充分满足了自我实现的需要，也为下一步进行实践训练做好了充足的准备。

3. 实施训练计划

按照计划要求，学生通过探究式的学习研究活动、能力训练、态度养成等，将原有的知识、品性、技能进行了迁移、整合、类化，形成了优良品质，具备较强的能力，甚至使创新思维和创新能力得到了进一步发展。

4. 评价

评价包括自我评价和教师评价，有时甚至可利用同学间评价。评价项目与标准要与课程目标中关于通用能力和职业能力的各项指标要求相一致，并特别注意对学生在品性和能力等方面的表现进行综合评价。

5. 交流提高

教师引导学生将成果拿到课堂上进行交流，学生在互相展示学习成果的过程中，对结果进行补充和提高。教师应自始至终参与学生的交流活动，并给予帮助和指导。在讨论交流的气氛中，达成一致意见，最后形成科学的结论。为了巩固既成的结论，教师还要布置适当的练习，使学生进一步完成知识的消化和迁移。

第四节　职业教育教学情境

有人把教学情境定义为一种特殊的环境，是教学的具体情境的认知逻辑、情感、行为、职业、社会和发展历程等方面背景的综合体，而且认为教学情境不同于教学系统外的宏观“环境”（社会环境、自然环境等）。它作为课程教学系统的内在组成部分，不仅是物理的、现实的，又是心理的、人工的，还是一种通过选择、创造、构建的服务于学习的微环境。

一、职业教育教学情境的功能

（一）教育导向功能

职业教育教学情境的教育导向功能是指通过教学情境自身各种环境因素集中、一致的作用，引导学生主动接受职业价值和职业行为准则，使他们朝着职业教育者所期望的方向发展。职业教育教学情境是根据学生身心发展的特殊需要、社会需要和职业活动需要而组织、设计的育人环境，它往往体现了一种文化精神和价值取向，体现了教育者对受教育者的一种期望。这些要求和期望渗透在学校的各种环境因素中，形成一种具有教育和启示意义的教育资源，引导着学生的思想，规范着学生的行为，塑造着学生的人格。

（二）凝聚激励功能

教学情境的凝聚激励功能是现代教学环境的心理功能。良好的教学情境具有很强的凝集力，可以通过自身特有的影响力，将人聚合在一起，使他们产生归属感和认同感。同时，良好的教学情境中的各种环境因素还可以成为激励师生教学积极性的动力因素。

（三）传播整合功能

在现代职业教育教学中，一方面，教师可以根据教学需要，借助各种教学媒体的综合运用，将内容在大与小、远与近、快与慢、零与整、虚与实、微观与宏观之间互相转化，从而使教学内容中涉及的事物、现象、过程再现于师生面前，让教学真正成为实现“耳闻目睹”的教学活动；另一方面，人们将科学研究与生产实际整合到课程中去，实现产学研的结合，从而提供最理想的教学环境。

（四）愉悦身心功能

环境心理学和现代教学论研究认为，教学情境不仅只是教师教、学生学的校园，它还应是学生学习和生活的乐园。现代教学环境应是集校园、花园、乐园为一体的教学环境。学校的各种教学环境对于人的身心健康会产生直接和间接的影响，优美健康的校园自然环境可以给人愉悦感和轻松感。现代网络化教学环境为教学提供了广阔的教学空间和崭新的教学手段，学生不仅能从网络获得知识，还可以增加学习的乐趣。另外，良好的教学情境有利于激发学生的美感，培养学生正确的审美观和高尚的审美情趣，丰富学生的审美想象，提高学生感受美、鉴赏美和创造美的能力。

二、职业教育教学情境的特征

这里主要论述与其他教育类型教学情境相比较，职业教育教学情境中的行动导向教学情境的鲜明特点。

（一）真实性

职业教育行动导向教学情境要来自真实，超越真实。

1）职业教育行动导向教学情境要具有真实性。如果职业教育行动导向教学情境模拟企业的真实工作环境，以工位模式区别于学校传统教室授课方式，学生的学习会有一种进入企业工作的感觉，这有助于他们缩短日后进入工作环境的心理适应期。因此，职业教育行动导向教学情境的真实性，可以帮助实现教学系统的职业工作环境导向功能。

2）管理制度要具有真实性。学生通过行动导向教学从学校的教学管理转变成完全的公司管理。学生以职员的身份开展工作，并接受管理和考核，学生要组成班组或项目小组，小组之间的沟通和协作以及工作分配调试等完全贯彻正规公司的企业管理制度，在工作中严格贯彻执行国家或者国际标准规范。

3）学生的学习任务要具有真实性。学生面对的工作任务要源于工作实际，无论是任务、还是项目，都应是企业实际的案例，并要紧随目前本行业技术发展动向，时刻保持教学内容和教学工具的“新”和“实用性”，所有技术点的传递和开发工具的使用都与目前企业项目实际操作所要求的保持一致和同步。

（二）重复性

重复性是指在较短时间内可以重复设置学生职业教育行动导向教学需要的情境以及各方面的条件，保证学生能够反复进行训练。这是可控制性，即学校、教师甚至学生，都可以根据需要随时设置或者调整职业教育行动导向教学的环境，安排需要的学习项目。

（三）科学性

1）要符合职业教育教学规律。职业教育行动导向教学过程要按照任务或者项目完成的过程设计。项目化，不但能够提高个人的技能水平，还为培养个人的团队合作精神和与其他成员个沟通协作能力提供了条件。

2）要符合职业活动规律。不同的职业活动，其活动规律有所不同。有的职业活动按时间顺序进行，有的则是按逻辑顺序或者空间顺序进行。

（四）规范性

在设计职业教育行动导向教学项目时，应明显区别于基础教育的实验教学。例如，基础教育的电工实验一般采用软导线连接，测量线路中的相关物理量，以验证某个定理或公式的正确性。而职业教育行动导向教学实验一般给出的线路应有明确的功能应用性，如多层民宅的通道照明线路、抢答器的线路、机床控制箱某一部位的线路，让学生了解各类电路的实际应用，并要求学生按照电工操作规范进行导线、辅料的选择及布线。

（五）经济性

职业教育行动导向教学成本较高，为了降低成本，模拟职业教育行动导向教学环境是人们的首选，它一般有下列优点：

1）节约经费。一个数控机床仿真软件仅需几千元人民币，而一台国产的数控机床至少要十几万元。

2）减少占地。一个电子线路设计自动化的软件只需电脑及工作台，软件中存放了大量先进的测量仪器设备、器件和元件，无需空间堆放。

3）更加安全。对使用大型重装备设施的职业教育行动导向教学项目，采用软件系统或仿真运行后再使用实物系统，既能避免设施的损坏，更能有效地保护师生的人身安全。

4）增强自信力。一道数控加工工序可由不同的程序完成，一个电子产品的功能可由不同的线路来实现，采用仿真、模拟软件能较快证明学生这些不同构思异曲同工之妙的可行性。

三、职业教育教学情境的技术

在设计教学情境时，为了充分地激发学生的学习动机，应从注意力、针对性、自信心、满足感四个方面着手，运用好四项技术。

（一）引起并维持注意力的技术

引起并维持注意力的技术主要包括三个方面：①变化材料的呈现方式；②用具体的事例说明；③似是而非和令人惊奇，即用各种方法使教学材料中包含一些矛盾、冲突和惊奇。

（二）加强针对性的技术

加强针对性的技术主要包括三个方面：①确保学习内容与学习者已有的知识经验联系起来，降低所呈现的新学习材料（内容）的生疏程度；②说明正在学习的知识、技能和态度等的现有价值；③逐步使学习者相信现在所学习的东西对将来有价值。

（三）建立自信心的技术

建立自信心的技术主要包括三个方面：①清楚明确地阐明学习目标。学习者一般都希望知道学习目标，即希望预先知道学习结束后要掌握什么；②课堂教学和学习任务循序渐进，使得学习内容容易掌握；③允许学习者不断提高自我控制学习进程和达到成功结果的程度，如果给学习者以控制教学过程的适当的权限，那么他们的自信心将能得到维持与增强。

（四）产生满意感的技术

就每一个学习行为而言，要达到满意感，需要通过提供反馈产生强化。而满意感一经形成，不仅能够增强学习者的自信心，维持学习者的注意力，而且能够发展成为一种自我管理能力。产生满意感的技术包括两个方面：①对学习者的学习业绩提供反馈，当学习者完成某一学习任务，达成某一学习目标时，就给他们提供适当的反馈，展示他们所形成的能力，使他们产生满意感；②鼓励进行概括和迁移，当学习者掌握了一种技能之后，鼓励他们将这种技能加以概括并迁移到类似的或新的情境中去，有助于他们形成满意感，并进而强化学习动机。

第五节　职业教育教学原则

教学原则是根据教育教学目的、反映教学规律而制订的指导教学工作的基本要求。所以，教学原则具有合目的性和合规律性。它既指教师的教，也指学生的学，应贯彻于教学过程的各个方面和始终。它反映了人们对教学活动本质性特点和内在规律性的认识，是指导教学工作有效进行的指导性原理和行为准则。由于许多教学论对教学原则都有系统的论述，所以这里只介绍具有职业教育特色的教学原则。职业教育是培养高技能型人才和高素质劳动者的一种教育类型，因此，职业技能是职业教育教学的核心目标之一。职业技能教学原则的研究，在职业教育教学理论研究中处于十分重要的地位。

一、心智技能在技能形成中的关键作用

技能分为心智技能和操作技能。前者是外显的、一系列的合法则的操作活动方式，可以通过肢体动作的速度、幅度、力量、准确性、连贯性、协调性、灵活性等行为指标反映出来。后者是在头脑内部进行的一系列的认知加工活动，是内隐的心智活动方式，通常表现为信息的编码、储存与组织、表象的建构、经验的类比与推理等，以及在此基础上建立起来的各种综合性的认知加工策略和问题解决策略。高水平的职业技能的掌握依赖于操作技能和心智技能两者的协同发展。

操作技能的形成需要反复的操练，但绝不是简单的机械操练，其中蕴含着心智技能的调控。从操作技能形成的过程来看，无论是对操作动作的认知，还是模仿、整合等，都涉及多种复杂程度不同的心智技能活动，例如，如何编码动作信息、如何建构动作表象、如何建构动觉感受、如何采用有效策略来记忆一系列连贯的操作动作、如何分配练习时间、如何监督和调节自己的操作过程、如何根据工作情境将不同操作动作加以创造性组合等。正是借助于这些心智技能，学习者的操作活动才能有序、准确、灵活，才有可能根据具体情形做出创造性的重组、变革。因此，心智技能在技能形成过程中处于主导地位。

二、实践模式对心智技能形成的影响

心智技能学习一般经过原型定向阶段、原型操作、原型内化三个阶段。原型即事物的原样，由于心智活动具有观念性、内潜性和高度简缩性的特点，不易为人直接感知和把握。但心智活动也有其外化的物质原型，即实际的操作活动程序、实践模式。原型定向即了解这种实践模式，了解动作结构，各动作成分及其顺序等，该阶段个体主要是在头脑中形成程序性知识。通过原型定向，个体在头脑中形成了有关活动方式的定向映象，而这种定向映象一旦建立，它就可以调节以后的实际心智活动，同时也是心智活动产生的基础。原型操作即把头脑中建立起来的动作程序以外显的方式付诸实施。在该阶段，活动方式是物质化的，即以外部语言、外显的动作，按照活动模式一步步执行。在操作的开始阶段，需要逐步展开，并不断变更活动对象，也就是说，学习者将心智活动的实践模式程序应用于多个问题的解决，以便为将来的内化提供基础。个体在该阶段的活动是展开的、外显的，并经常借助于外部语言的引导和外部辅助手段，个体尚不能摆脱实践模式，而是依赖实践模式进行活动。原型内化阶段即心智活动的实践模式向头脑内部转化，借助于内部语言，个体可以在头脑内部进行程序化的心智活动，而且能以非常简缩、快速的形式进行。因此，实践模式在心智技能形成过程中具有定向作用。

三、职业活动中实践模式的基本类型

根据价值追求和活动特点的不同，技能型人才的职业实践可以划分为职业活动过程导向、职业活动情景导向和职业活动效果导向三种模式。

（一）过程导向的实践模式

过程导向的实践模式，其职业活动的过程固定，一旦确定下来，将一般不再发生任何改变。这类职业活动常常出现在技术类专业，当人们面对各种机械设备时，职业活动的过程常常被固定下来。技术类技能型人才职业活动的最终结果是加工的产品达到设计要求的各项指标，因此这类职业活动的价值具体体现在操作的规范和标准。因为只有严格按照工艺流程、操作规范和安全规程进行职业活动，才能达到产品的设计要求。否则，就可能造成设备台时、原材料、能源的浪费，甚至影响工期或交货时间。技术类职业技能型人才过程导向实践模式，如图 3-13 所示。

	过程阶段1	过程阶段2	过程阶段3	……
任务A	活动A1	活动A2	活动A3	……
任务B	活动B1	活动B2	活动B3	……
任务C	活动C1	活动C2	活动C3	……
……				

图 3-13 技术类职业技能型人才过程导向实践模式

从图 3-13 中可以看出，技术类职业技能型人才采取什么行动，取决于任务的不同和所处过程阶段的变化。任务和过程阶段一旦确定，操作规范和标准就确定了。技术类职业技能型人才职业活动特点是由事先确定的过程程序所支配的，即技术类职业技能型人才的职业活动具有典型的过程导向特点。

（二）情景导向的实践模式

情景导向的实践模式，其职业活动的过程不固定，随着职业情景的变化不断调整，这类职业活动多出现在服务业。现代服务业的个性化服务理念要求服务人员进行服务时，随着服务对象或者服务情景的变化及时做出调整。服务类职业技能型人才职业活动的最终结果是使服务对象满意并获得惊喜的消费体验，因此这类职业活动的价值具体体现在对服务对象接受服务心理预期的把握。因为只有把握住了服务对象接受服务的心理预期，才能做到使服务对象满意并惊喜。社会和谐发展是人们的普遍追求，服务类职业技能型人才职业活动价值的实现具有更广泛的价值和意义。服务类职业技能型人才情景导向实践模式，如图 3-14 所示。

	情景1	情景2	情景3	……
服务对象A	服务活动A1	服务活动A2	服务活动A3	……
服务对象B	服务活动B1	服务活动B2	服务活动B3	……
服务对象C	服务活动C1	服务活动C2	服务活动C3	……
……				

图 3-14 服务类职业技能型人才情景导向实践模式

从图 3-14 中可以看出，服务类职业技能型人才采取什么服务活动，取决于服务对象的不同和情景的变化。服务对象可能因文化、年龄、身份、性别、信仰、情感等而不同，服务情景可能因所处环境、所办事项、时机等因素而变化。如果把服务对象也考虑到情景当中，服务类职业技能型人才职业活动特点是受情景支配的，即服务类职业技能型人才的职业活动具有典型的情景导向特点。

（三）效果导向的实践模式

效果导向的实践模式，其职业活动的过程不固定，且不受职业情景变化的影响，这类职业活动一般出现在文化艺术产业。文化艺术类职业技能型人才职业活动的最终结果是使有关人群获得美好的艺术享受。因此这类职业活动的价值具体体现在对相关人群的情感、文化、审美、情趣等的把握上，只有把握住了相关人群的情感、文化、审美、情趣等，才能使有关人群获得美好的艺术享受。美是人类社会的追求，艺术是美的高级形式，文化艺术类职业技能型人才职业活动价值的实现也同时承载着社会责任。文化艺术类职业技能型人才效果导向实践模式，如图 3-15 所示。

	效果1	效果2	效果3	……
人群A	活动A1	活动A2	活动A3	……
人群B	活动B1	活动B2	活动B3	……
人群C	活动C1	活动C2	活动C3	……
……				

图 3-15 文化艺术类职业技能型人才效果导向实践模式

从图 3-15 中可以看出，文化艺术类职业技能型人才采取什么活动，取决于不同人群和希望达到的不同效果。人群可能因文化、年龄、身份、性别、信仰、情感等而不同，根据这些不同的人群，通过职业活动达到所追求的艺术效果。因此，文化艺术类职业技能型人才职业活动特点是受效果所支配的，即文化艺术类职业技能型人才的职业活动具有典型的效果导向的特点。

四、职业教育中技能教学的基本原则

教学原则是根据教育教学目的、反映教学规律而制订的指导教学工作的基本要求。它反映了人们对教学活动本质性特点和内在规律性的认识，是指导教学工作有效进行的指导性原理和行为准则。为了促进学生职业心智技能的形成，按照职业活动实践模式，提出相应的教学原则。

（一）过程导向行动教学原则

依据过程导向实践模式具有职业活动情景相对固定，活动过程相对稳定，活动结果标准一致的特点，在教学时应遵循过程导向行动教学原则，以促进学生相应心智技能的形成，从而进一步掌握具有顺序过程思维和严格行为标准规范的职业技能，以保证职业活动结果达到设计要求的标准。

（二）情景导向行动教学原则

依据情景导向实践模式具有职业活动情景多变、千差万别，过程随着情景变化而变的特点，在教学时应遵循职业活动情景导向原则，以促进学生能把握服务对象接受服务的心理预期心智技能的形成，从而进一步掌握服务技能，以保证服务对象满意并惊喜的消费体验。

（三）效果导向行动教学原则

依据效果导向实践模式具有关注效果，职业活动情景和过程关系不密切的特点，在教学时应遵循职业活动效果导向原则，以促进学生能把握相关人群的情感、文化、审美、情趣的心智技能的形成，从而进一步掌握艺术技能，以保证艺术效果。

职业技能教学原则的运用，不但使学生分析问题、解决问题的能力得到加强，更为重要的是学生把握了不同职业实践模式的特点，技术类职业技能型人才形成了严格程序逻辑思维的习惯和对操作标准规范的敏感与重视；服务类职业技能型人才形成了情景导向、关注情感、灵活的思维与应对习惯；文化艺术类职业技能型人才形成了创新意识、发散型创造思维艺术人才的特质。

第六节　职业教育教学的组织

教学组织形式，就是根据一定的教学思想、教学目的和教学内容，以及教学主客观条件组织安排教学活动的方式。职业教育教学活动中，技能教学、任务教学、项目教学和岗位教学是职业教育教学典型的教学活动。这里主要研究技能教学、任务教学、项目教学和岗位教学的组织形式。

一、技能教学的组织

在职业教育教学中，有的技能需要较长时间的教学和训练才能形成，如果把这些技能安排在任务教学、项目教学或岗位教学中完成，就使得这些任务教学、项目教学和岗位教学的目的不突出，为此，常常把需要较长时间教学和训练才能形成的技能独立出来单独进行教学。技能形成过程一般包括定向、模仿、整合和熟练四个阶段。技能教学的组织要根据技能形成阶段的特点进行设计。

（一）定向阶段的教学组织

技能的定向阶段是操作活动的气氛、节奏、姿势、动作等在学习者头脑中形成映象的过程。定向映象应包括两个方面：一是操作活动的结构要素及其关系，即有哪些要素构成某一操作活动，各动作要素间的关系和顺序如何；二是活动的方式，即操作的轨迹、方向、幅度、力量、速度、频率、动作衔接等。

操作定向是操作技能形成过程中的一个重要环节，这个阶段的特点是时间短，但最为关键。准确的定向映象可以有效地调节实际的操作活动，缺乏定向映象的操作活动经常是盲目尝试，效率低下。因此，不应忽视该环节在操作技能形成过程中的作用。因为一旦定向出现了偏差，改正起来会十分困难。操作技能定向阶段的教学组织，一般采用个体或者小组教学的组织形式，借助于录像、动画或者图片等教学媒体，也可采用班级教学的组织形式。

（二）模仿阶段的教学组织

操作的模仿即实际再现出特定的动作方式或行为模式，实质是将头脑中形成的定向映象以外显的实际动作表现出来。模仿阶段要严格要求，不能出偏差，也不要贪图眼前速度而不顾定向所确立的操作规范。

模仿阶段教学时，强调学生的模仿操作不能离开教师的眼睛，在教学组织上一般采用小组教学的组织形式，关键技能甚至采用个体教学的组织形式。

（三）整合阶段的教学组织

整合即把模仿阶段习得的动作固定下来，并使各动作成分相互结合，成为定型的、一体化的动作。通过整合，一方面动作水平得以提高，动作结构趋于合理、协调，动作的初步概括化得以实现；另一方面，个体对动作的有效控制逐步增强。因此，整合是操作技能形成过程中的关键环节，它是从模仿到熟练的一个过渡阶段，也为熟练的活动方式的形成打下基础。通过整合阶段的教学，要形成标准的操作。

整合阶段的教学组织也不宜采用班级教学组织形式，但没有必要采用个体教学组织形式，小组教学组织形式是比较有效的。教师主要关注每个人操作的连续性和规范性。

（四）熟练阶段的教学组织

操作的熟练是操作技能最后形成的阶段，是由于操作活动方式的概括化、系统化而实现的。熟练阶段用时最长、最艰苦，学习者常常在这一阶段失去自信心。一般学习者的成长过程分为四个阶段：初阶学习期、基本能力形成期、瓶颈期（再训练期）和专业能力成长期。在初阶学习期，每个学习者的差异性不是很大。而在基本能力形成期，学习者的成长幅度是不同的，经过一定的时间训练会使学习者达到趋同的速度瓶颈。瓶颈期是一个平台期，也是技能训练的枯燥期；是能否进入更高的技能专业能力的分水岭，也是考验学习者和实训教练练习方法和教学方法科学性的关键时期。专业能力成长期是经过积累每个学习者各自形成自己的技能风格和技能熟练程度而达到的程度。

在这个阶段，由于学生的技能已经十分规范，不必关注每一个人的每一个动作，只需要关注学生整体的熟练程度，也为了形成学生的学习、竞争氛围，宜采用大班教学组织形式。

二、任务教学的组织

在实际工作中，有些任务需要一个人独立完成，这时就需要学生是有独立分析问题、解决问题、完成任务的能力。这样的任务教学如果放到项目教学或者岗位教学中完成，就使得项目教学和岗位教学的目的不突出。任务教学过程包括任务描述、任务分析、完成任务、学习评价四个阶段，任务教学的组织可根据不同阶段的特点分别设计。

（一）任务描述阶段的教学组织

任务描述是对典型任务的描述，目的是让学生了解任务的背景、内容、要求，这里的要求包括时间要求、成本要求、安全要求等。为了让学生对将要完成的任务掌握的信息一致，可以采用班级教学的组织形式。

（二）任务分析阶段的教学组织

任务分析阶段是完成一项任务所需能力形成的第一个环节。这个环节对于培养学习者接受任务后，形成分析的习惯、分析的思路以及严谨态度，都是十分重要的。任务分析阶段，需要根据给出的任务描述，通过分析明确以下几个问题：①这是一件什么样的工作任务？②任务的核心问题在哪儿？③任务的具体要求是什么？④怎样才能满足任务要求？⑤已经具备了哪些经验？⑥需要哪些支持/帮助？⑦哪些信息及其渠道可供使用？

计划制订是根据任务分析的结果，做出完成任务的实施计划。在计划中要明确以下问题：①面对一项工作任务应怎样理清头绪？②以什么次序来安排各工作步骤符合逻辑？③可能遇到哪些问题？④实施过程中需要哪些材料、工具和机器设备？⑤在哪些阶段所做的工作必须要得到检验？⑥依据哪些原则、方法来检验？⑦对评价工作方面的建议。

任务分析是以学生为主体，应用各种信息渠道，获得有关信息，结合教材提供的相关知识，对完成任务的途径、方法、成本和时间等进行分析。为了培养学生的创新能力，学生可以根据自己可能获得的条件，选择各种不同的工具和手段，形成完成任务的方案。为了培养学生独立分析问题、解决问题的能力，在任务分析阶段，可以采用学生个别教学的组织形式。

（三）完成任务阶段的教学组织

完成任务是学生按照已形成的方案，按要求逐步实施，通过完成各个实施环节，形成独立完成任务的能力。该阶段主要培养学习者工作的逻辑顺序、方法的运用、工具的操作以及认真的态度等，仍然需要采用学生个别教学的组织形式。在学生个别学习的过程中，教师要注意原理的科学性和技术的安全性。

(四)学习评价阶段的教学组织

学习评价包括工作评价和学习评价，体现在工作成果和职业能力两个方面。职业能力包括任务分析、计划制订、计划实施和工作评价能力。学习评价包括同学间对任务完成情况的评价和教师对学生完成情况和教学目标达成情况的综合评价，可以采取小组和班级两种教学组织形式完成。为了节省时间，同学间的评价可以采用小组评价的方案进行，教师综合评价可采用班级教学的组织形式。

三、项目教学的组织

一般职业任务分为两类：一类是由一个人独立完成，另一类须和他人一起合作才能完成。在和他人合作完成的工作中，有的是比较复杂的，需要组成团队并且在有效的协调、沟通和配合下才能完成，这些工作可以称为项目。利用这样的项目可以培养学习者的通用能力，如组织能力、协调能力、沟通能力等。项目导向教学程序包括六个阶段：①项目开发动员；②成立项目开发小组；③编写项目开发计划书；④实施项目计划书；⑤项目评估；⑥项目总结。

（一）项目开发动员阶段的教学组织

项目开发前，教师要做好学生的学习动员工作，让学生了解本项目开发的意义、项目应完成的功能、项目开发所需的技术及学习方法，以及项目开发的流程及考核办法等方面的内容。可以通过展示案例效果来启发学生的学习兴趣，使他们能够积极主动地参与到项目的开发工作中来。这里教师可以采用班级教学组织形式。

（二）成立项目开发小组阶段的教学组织

项目开发小组的成立一般是根据班级人数、项目的难易程度、学生的个人能力等方面的因素来考虑的。每个项目开发小组由其成员选定一个项目组长，组长的职责是在老师的指导下编写本小组的项目开发计划书，负责本组各成员的工作任务分配、监督实施等各个方面的工作。

这里形式上是小组教学，但实际上，为了培养项目组长的领导、组织、沟通能力，以及培养承担不同角色的组员的不同能力，教师应采用个别教学组织形式，对学生针对扮演的角色进行个别教学指导。

（三）编写项目开发计划书阶段的教学组织

教师提供一份项目开发计划书的模板，解释清楚项目实施的步骤、计划书的编写原则及注意事项。

讲解项目计划书的编制，主要是讲解项目计划书的格式、内容、编制方法等，属于信息传递和知识学习，为了提高教学效率，应采用班级教学的组织形式和讲授教学法。

（四）实施项目计划书阶段的教学组织

项目实施阶段是项目教学法实施的核心环节。在此阶段，教师要及时恰当地对学生进行指导，解决学生开发过程中遇到的难题，并督促学生按时按量完成项目计划书中的各个开发环节，以保证学生能够顺利地在计划内完成项目的开发，达到教学目标。

为了培养学生的团队意识和合作能力，教师不宜采用针对某个个别学生的个别教学组织形式，可采用针对项目小组的个别教学组织形式。这一点与任务教学组织中，完成任务阶段教学的组织形式是不同的。

（五）项目评估和项目总结阶段的教学组织

项目完成后要进行项目评估和总结，方法通常是采用分组讲解、展示项目开发成果，由学生评价和老师评价构成。项目总结包括思路总结和技巧总结。思路总结可以帮助学生明晰项目完成的最佳思考方法，找到自己理论上的不足。技巧总结中，要重视各个开发环节中遇到的难题的解决方法的总结，这样，学生才能学到更多的操作技巧，全面吸收整个项目活动的精髓。另外，教师应该针对学生以后可能遇到的类似问题，指导学生对项目进行拓展和延伸。这里，无论是小组展示、学生的评价、教师的评价，还是项目总结，都应采用班级教学的组织形式。

四、岗位教学的组织

岗位教学，一般称作岗位实训，它是学生系统了解企业生产过程、理解企业生产制度、把握职业岗位职责、理解企业劳动制度、熟悉设备的功能与性能、掌握设备操作规程的有效手段。其过程一般包括明确岗位实训目标、系统理解职业岗位、履行岗位职责，以及形成良好职业习惯。

（一）工作岛教学组织形式

在企业，选择一些典型工作岗位，由师傅、教师、学生组成工作小组，负责这个工作岗位的工作，这是职业教育岗位教学的一种组织形式——工作岛教学组织形式。

在这种教学组织形式中，师傅在教师和学生的辅助下，完成工作任务；教师在师傅的帮助下，完成教学任务；学生通过工作完成学习任务。学生进入工作岛学习的前提是学生已完成了技能学习、任务学习和项目学习，具备了上岗学习的能力。

（二）影子岗教学组织形式

在企业，挑选典型岗位的优秀工作人员，将学生安排到优秀工作人员身边，像他们的影子一样，通过协助做他们每天做的事情，学习他们的优秀职业特质。影子岗是培养高级技能型人才的一种十分有效的教学组织形式。

（三）学徒制教学组织形式

学生在学校注册成为学生，在企业注册成为企业的学徒。企业在生产过程中，安排师傅带自己的徒弟学习，为企业人力资源进行必要的储备。这种形式，在我国受到相关法律的制约，特别是中等职业学校的学生一般年龄不满 18 岁。随着我国新学徒制试点的进行，这也将成为职业教育岗位教学的一种组织形式。

（四）工业中心教学组织形式

工业中心、实训车间、教学工厂等，都是通过建设一些车间，形成一些典型的工作岗位，集中到一起形成巨大的岗位教学资源。学生根据自己的时间安排和需要，经教授自己课程的教师同意后，到工业中心领取工装、工具、材料和必要的安全装备，到岗位自行进行训练。

第七节　职业教育教学方法

教学方法是教师和学生为了实现共同的教学目标，完成共同的教学任务，在教学过程中运用的方式与手段的总称[①]。有人曾进行过不完全统计，目前在教学中卓有成效的教学方法有 700 余种[②]。本节主要对职业教育行动教学法进行分析。

行动教学是系统的、有目的地组织学生在实际工作情境或学习性工作情境中，参与资讯、决策、计划、实施、检查和评价等工作过程，提高发现、分析和解决问题能力，总结和反思学习的过程。常用的行动教学方法包括四阶段教学法、项目教学法、模拟教学法、角色扮演法、头脑风暴法、卡片展示法、引导课文法、心智图法、案例教学法等。为了便于教师选择合适的教学方法，依据这些行动教学法对学生职业特质形成所起作用的不同，下面进行分类介绍。

一、过程导向的行动教学法

过程导向的行动教学方法适用于过程固定、情景不变的职业活动教学。这种教学方法的价值在于学生操作规范习惯的养成，追求职业活动操作的准确和职业活动结果的精度，是培养高端制造业高技能型人才最常用的教学方法。

1. 四阶段教学法

（1）四阶段教学法的含义

四阶段教学法是一种起源于美国，主要用于操作技能教学的方法。四阶段教

---

① 张明兰，丁详坤. 优化课堂教学方法丛书：教学方法运用技能[M]. 北京：中国人事出版社，1998.

② 黄甫全. 现代教学论学程[M]. 北京：教育科学出版社，1998.

学法建立的理论基础是行为主义的学习理论。在行为主义的学习理论中，操作技能的形成要经过定向、模仿、整合和熟练四个阶段。四阶段教学法就是以示范、模仿为核心，由准备、示范讲解、学生模仿和教师评价四个阶段构成的教学方法。

（2）四阶段教学法的实施

1）准备。这一阶段主要以教师行为为主，包括教师知识内容上的准备、对教学对象情况的掌握及相关设备的准备等。同时，为了引起学生对所学知识和技能的兴趣，还可设置问题情境，说明学习内容的意义。

2）示范讲解。这一阶段的关键是要求教师对操作要熟练和准确。教师操作的熟练、准确程度不仅保证了学生模仿的准确性，而且有助于教师树立形象、增强学生的信心。另外，在这一阶段中，教师要在示范的同时附以生动的讲解，让学生了解工作对象、工作方法和其中的道理。教师在分段、分步示范时，要注意突出重点，剖析操作规程，并可根据教师的实践经验指出经常出现的错误。

3）学生模仿。这一阶段是挑选多个学生按教师的示范进行模仿操作。教师在这个阶段要密切观察、积极指导。模仿阶段在时间和空间上与前一阶段（即教师示范阶段）要连续、不要间断，及时地将讲、听、看、做、记有机地结合起来，以达到更好的效果。在这个阶段主要是要做好教学组织方面的工作，根据教学内容操作步骤的难易及复杂程度，可以采用学生独立模仿和先分组观摩，后独立模仿操作（小组讨论式）两种教学组织方法。学生独立模仿操作这种教学组织方式，其应用对象是操作步骤相对单一的，注重提高熟练程度的学生；分小组观摩后独立模仿操作的方式（小组讨论式）对象是操作步骤是多层次的，并具有相应的情况分析、判断能力的学生。

4）教师评价。教师评价要有职业活动的环境分析、过程分析和结果分析及其评价。分析评价的重点是学生职业活动程序的科学性、职业操作的正确性和规范性、职业活动结果的质量和精度等，并对学生给予及时表扬和鼓励。

（3）四阶段教学法的特点

1）使用频率较高。四阶段教学法的教学目标是通过教学使学习者掌握某项技能。技能是职业活动最基本的要素，因此，四阶段教学方法不但经常单独使用，在其他教学方法中也经常使用，这种方法是每一位职业教育教师必须熟练掌握的一种教学方法。

2）方法简单有效。四阶段教学法的教学目标单一，是一项技能的掌握；教学内容只是这项技能操作的陈述性知识、程序性知识、心智技能、操作技能和相应的态度；教学程序只有简单的四个阶段。由于教学目标明确、教学内容单一、教学程序简单，许多教师对这种方法不屑一顾，但这确是一种十分有效的技能教学方法。

3）方法实践性强。尽管方法简单，但这种方法确有很强的实践性，对教师的要求也很高。不但要求教师自身的技能操作水平达当前企业要求的最高水平，而且还要能够指导学生在一定的时间内掌握这项技能，认识到操作规范的重要性和追求精度的价值。

2. 项目教学法

（1）项目教学法的含义

项目教学法是由美国著名儿童教学家、伊利诺伊大学教授凯兹博士和加拿大儿童教育家、阿尔伯特大学教授查德博士共同开创的。因其对学生综合能力的培养有独特作用，被越来越多地应用于职业教育教学。另外，在技术领域，很多小产品都可以作为项目，如门（木工专业）、模型汽车（机加工专业）、报警器（电子专业）、测量离合器（仪器仪表专业）及简单的工具制作。因此，项目教学法广泛应用于技术类专业教学。在商业、财会和服务行业，所有具有整体特性并有可见成果的工作也都可以作为项目，如不同场合的商品展示、产品广告设计、应用小软件开发等。

项目教学法建立的理论基础是构建主义的学习理论。构建主义学习理论认为，当人的心理结构发生了变化，意味着学习发生了，而心理结构的变化是学生自主构建的结果，因此，项目教学法的实质是以学生为主体，旨在把学生融入有意义的完成任务的过程中，让学生积极地学习、自主地进行心理结构的构建，教师是引导者和学习管理者，利用项目情景、项目过程、项目结果等学习要素，充分发挥学生的主体性和创新精神，使学生获得各种综合能力。

项目教学法是通过一个完整的项目，来进行实践教学的一种方法。作为一个项目，可以是开展一项调查、进行一项决策、提供一种服务、提出一个策划、生产一件产品等，它应该满足 8 个条件：①项目有清晰的任务说明，工作成果有一定应用价值，完成项目过程中有可学习的教学内容；②能将某一教学课题的理论知识与实践技能结合在一起；③与企业实际生产过程或现实商业经营活动有直接的关系；④学生有独立制订计划并实施的机会，在一定时间范围内可以自行组织、安排自己的学习行为；⑤有明确而具体的成果展示；⑥学生自己克服、处理在项目工作中出现的困难和问题；⑦具有一定的难度，要求学生运用新学习的知识、技能，解决过去从未遇到过的实际问题；⑧学习结束时，师生共同评价项目工作成果。

（2）项目教学法的实施

项目教学法的目的明确，首先将课堂讲学与“经验世界”联系起来，然后教师指导学生完成教学项目过程的同时，传授学生专业知识。最终培养学生独立、富有责任感的意识，培养学生团队工作的能力，培养学生解决复杂的专业问题的能力等。根据项目教学法的目标，可将项目教学法的实施大致分为7个阶段。

1）确定项目任务。原则上，项目教学法中的项目要基于所有现实问题进行开发，项目的目标和其中的任务就能与职业现实紧密联系。这一阶段的工作主要由教师来完成，教师的主要任务有：①开发一个与职业工作实践相关的项目主体，项目中有待解决的问题应同时包含理论和实践两个元素，项目成果能够明确定义；②将设计的项目融入课程教学中；③明确项目工作进行的空间、技术和时间等前提条件；④和项目参与人一起确定项目的目标和任务。在这个阶段，项目的选择是关键，好的项目不是凭运气创造的，好的项目需要前期严密的计划，包括对项目成果、时间进度以及管理策略的深思熟虑。项目可大可小，重要的是，项目的选择必须以课程标准为基础，以锻炼学生的技能与思维习惯为目标。

2）项目开发动员。项目开发前，教师要做好学生的学习动员工作。让学生了解本项目开发的意义、项目应完成的功能、项目开发所需的技术及学习方法，以及项目开发的流程及考核办法等方面的内容。可以通过展示案例效果或者讲述历届毕业生的就业情况等手段来启发学生的学习兴趣，使他们能够积极主动地参与到项目的开发工作中来。

3）进行组织分工。项目小组的成立一般根据班级人数、项目的难易程度、学生的个人能力等方面的因素来考虑。每个项目开发小组由其成员选定一个项目组长，组长的职责是在老师的指导下编写本小组的项目开发计划书，负责本组各成员的工作任务分配、监督实施等各个方面的工作。

4）制订项目规划。编写项目开发计划书，教师提供一份项目开发计划书的模板，解释清楚项目实施的步骤、编写原则及注意事项。工作计划的内容包括各个工作步骤综述、小组工作安排、权责分配和时间安排。项目规划阶段，各小组可以通过制订所需相关资源的筹备表，来明确后期各项任务展开的具体程序和方式。同时，各小组应积极在小组内部展开讨论与汇报工作。

5）组织项目实施。本阶段多以小组的形式进行，学生分工合作，创造性地独立解决项目问题。基于项目计划，学生通过调研、实验和研究有步骤地解决项目问题。最后，将项目目标规定与当前工作结果进行比较，并做出相应调整，这项固定工作要与项目实施的过程同时进行。项目实施阶段是项目教学法实施的核心环节。在此阶段，教师要及时、恰当地对学生进行指导，解决学生开发过程中遇到的难题，并督促学生按时按量完成项目计划书中的各个开发环节，以保证学生能够顺利地在计划内完成项目的开发，达到教学目标。

6）检查、评价、总结。评价在项目教学中具有重要意义，要完成评价，首先要进行成果汇报。成果汇报是各小组选派一个或多个代表汇报其项目成果，汇报的形式多种多样，例如，可以采用开会的形式，也可以将其安排到某个庆祝活动中。项目完成过程是各个小组成员共同努力探索钻研的过程，为了能学众人之长，应包括思路总结和技巧总结。思路总结可以帮助学生明晰项目完成的最佳思考方法，找到自己理论上的不足。技巧总结时，要重视总结各个开发环节中遇到的难题及其解决方法，这样学生才能学到更多的操作技巧，全面汲取整个项目活动的精髓。

7）成果迁移应用。将项目成果迁移运用到新的同类任务或项目中是项目教学法的一个重要目标。学生的迁移运用能力并不能直接体现出来，而是在新的任务的完成过程中体现出来。

（3）项目教学法的特点

1）实践性。用于教学的项目来自生产实际，主题与真实世界密切联系，学生的学习更加具有针对性和实用性。

2）自主性。在项目教学中，学习过程成为学生积极参与的动手创造实践活动，它注重的不是最终的结果，而是完成项目的过程，学生在这个过程中锻炼了各种职业能力。教师已经不是教学中的主导地位，成为学生学习过程中的引导者、指导者和监督者，学生的学习积极性很高。学生在项目实践过程中，理解和把握课程要求的知识和技能，体验工作的艰难与乐趣，培养分析问题和解决问题的方法和能力。所以，项目教学法提供学生根据自己的兴趣选择内容和展示形式的决策机会，学生能够自主、自由地进行学习，从而有效地促进学生创造能力的发展。

3）综合性。项目教学法要求学生在完成“项目”工作时要经历一个相对完整的工作过程，即学生能明确项目任务、收集有关信息，独立制订计划、进行决策，组织实施计划，并在一定时间范围内可以自行组织、安排自己的学习行为；学生自己克服、处理在项目工作中出现的困难和问题，进行过程检查，由于项目工作具有一定的难度，要求学生运用新学习的知识、技能，解决过去从未遇到过的实际问题；学习结束时进行结果评估，项目教学有明确而具体的成果展示，师生共同评价项目工作成果，教学中可以根据教学实际需求灵活应用。项目教学法具有学科知识运用的交叉性和单项能力综合运用的特点，是学生综合能力，特别是团队合作能力、组织领导能力、语言沟通能力等培养的有效工具。

4）发展性。教师根据行业企业岗位的实际需求和教学内容，从实际生产生活中选取相关项目，项目确定后，整个教学过程也就确定了，学生通过完成项目来达到对本课程教学内容的掌握。通过项目教学，可以使得长期项目与阶段项目相结合，单一项目和综合项目相结合，最终实现职业教育教育教学目标。

5）开放性。项目教学中，学生学习的形式是以小组为单位，采取合作学习方式，每个小组负责完成自己所选定的子项目或任务，小组成员在学习过程中共同探索或发现的信息和材料为全班学生共享，对学生学习评价要以学生完成项目的情况为依据，体现在学生围绕主题所探索的方式、方法和展示、评价具有多样性和选择性。

二、情景导向的行动教学法

情景导向行动教学法适用于职业情景变化频繁，工作过程不能固定的职业活动教学。这种教学方法的价值在于学生对工作对象心理预期的把握和应变能力的培养，追求工作对象满意和惊喜的体验，是培养服务业高技能型人才最常用的教学方法。

1. 模拟教学法

（1）模拟教学法的含义

模拟教学法是由 Fannin Shaftel 和 George Shaftel 于 1967 年所建立，通过表演相关情境和讨论表演的方式来探索感情、态度、价值、人际关系问题以及这些问题的解决策略。模拟教学法是一种以教学手段和教学环境为目标导向的行为引导型教学模式。模拟教学分为模拟设备教学与模拟情境教学两大类：

1）模拟设备教学主要是靠模拟设备作为教学的支撑，其特点是不怕学生因操作失误而产生不良的后果，一旦失误可重新来，而且还可以进行单项技能训练，学生在模拟训练中能通过自身反馈感悟正确的要领并及时改正。

2）模拟情境教学主要是根据专业学习要求模拟一个社会场景，在这些场景中具有与实际相同的功能及工作过程，只是活动是模拟的。

（2）模拟教学法的实施

模拟教学法的具体实施主要围绕着管理四阶段展开，即计划（plan）、执行（do）、检查（check）、处理（action）。

1）计划阶段。计划阶段主要是制订教学计划，布置模拟任务，相当于情景创设步骤。在这个阶段，第一，教师应根据专业的教学目标和要求，并结合学生的实际情况，制订出模拟教学课堂的教学目标和教学要求。教学目标着重包括知识目标和能力目标，知识目标主要是拓展学生的知识面，能力目标着重培养学生的动手能力、实践操作能力、协调沟通能力和灵活应变能力。第二，教师必须根据教学目标的要求，将本次模拟课程中所涉及的问题细化和分解成不同的单元，设计模拟任务单元。第三，教师在布置模拟任务时，选择的材料应是学生实际生活中熟悉的对象，可操作性很强，而且富有挑战性，能够调动学生参加模拟训练的积极性和主动性，激发学生强烈的求知欲；教师备课不仅要将教材内容精化，而且还要翻阅大量的报纸杂志，收集案例，以保证案例具有一定的代表性、真实性、启发性和针对性。

2）执行阶段。执行阶段主要是执行计划，组织小组模拟表演，包括模拟角色选定和剧情演绎两个步骤。

模拟角色选定阶段要求：①教师先结合学生的实际情况，把学生分成几个相应的模拟小组，让各个小组接受不同的任务单元。并着手准备模拟现场操作；②在各小组选择了模拟任务单元后，教师要对各任务单元进行排序，并列出学生所需要的参考资料，给予学生充分的时间利用图书馆和网络对任务进行分析、综合判定，熟悉模拟角色。使学生把角色模拟的前期工作做细、做好；③各小组成员对问题进行深入分析探讨，按照学生自主选择和易于操作相结合的原则来安排岗位。让学生自由选择合适的道具，布置场景，并对自己所模拟的角色进行揣摩，从社会现实性和资料充足度等方面做好准备工作，力求提高模拟的真实性。

剧情演绎是学生进入实践的中心环节，学生在做好充分准备的基础上，凭借已有的专业知识，带着老师提出的问题进入所创设的教学情景，组织小组成员进行模拟表演，来检验专业理论。在一个小组进行角色模拟的时候，教师和其他小组的同学要仔细观看，并把该小组出现的问题一一记录下来。在模拟表演过程中，教师应当适时引导，适当启发，保证模拟现场不会冷场，能够有序进行。学生要根据自己所扮演的角色特点，进行现场发挥，完全依赖自己的创造性去发展自己的角色。在这一阶段，学生的主体创造力能够得到充分的发挥。此外，还要求其他小组的同学必须保持现场的安静，不发表任何意见，不能打断模拟表演，有什么不同的意见或看法先做好记录，等模拟表演结束后再进行分析和讨论。

3）检查阶段。检查阶段包括自主总结和知识构建两个步骤。

自主总结的任务是将学生的模拟表演结果与教学计划和教学目标要求相对照，看看是否达到了预定的教学目标要求，表演中存在哪些问题。演练结束后，首先，各小组对本组的演练进行介绍、分析和总结，以便相互了解，取长补短；其次，小组互评。各小组对其他小组的演练内容和角色表现进行评价或者质疑；最后，教师根据学生角色模拟的实际情况以及同学对模拟过程的反映予以归纳总结，指出模拟表演中哪些是比较成功的，值得肯定和表扬，同时也要委婉地指出学生在模拟表演中存在的问题，应该如何去解决。

知识构建是在总结步骤完成后，对知识进行巩固和梳理的环节，也是培养学生创造性思维的阶段。本阶段要求教师对出现的新问题要为学生打开创造性思维之窗，引导学生进行发散性思维。而学生听了其他同学和老师对自己的评价后，可以对自己的行为表现进行反思，结合理论知识思考如何可以将角色发挥得更好。这样，既可以使学生通过模拟表演来锻炼自己的实践能力，又可以使学生在讨论中拓展知识面，从而认识自己的缺陷和不足。

4）处理阶段。处理阶段包括再次扮演和考核评价两个步骤。

① 再次扮演阶段主要是在前一次模拟表演的基础上，对前次角色的再模拟或者转换角色进行模拟。一般上次模拟成功后可以转换角色进行模拟，以加深对不同角色的认识和理解。上次模拟失败后，可以对上次角色进行再次模拟，吸取上次的教训和借鉴上次的经验，以便获得更好的成绩。

② 考核评价阶段是对模拟教学法在应用时的最终成果进行检验，通过对模拟教学法开展过程的总结，找出优点和缺点，对优点进一步改进，对缺点进行改正。此外，评价环节还包括对学生学习成绩的评价，学生的成绩不再仅由期末考试成绩决定，还应包括角色扮演成绩和创新思维成绩。

（3）模拟教学法的特点

1）主体性。传统教学法中，教师是教学中的主体，教师在讲台上讲授，学生在下面做听众，只能被动接受，教师是教学的权威，这样教出来的学生既对知识不能很好理解，更缺乏创造性。而模拟教学则将学生作为整个教学过程的主体，让学生充分理解管理全过程并能实际模拟，真正让学生成为学习的主人。整个模拟教学过程中，学生是真正的主角，每位学生都要经历仔细阅读、查找资料、设计方案、角色分工、讨论发言、模拟扮演、总计评价等一系列实践环节，始终处于主动学习、积极探索的状态。更为重要的是在模拟教学中，教师扮演的角色不是学生的导师、知识的传播者，而是学生的朋友、指导者。教师的主导作用在于创造一个能够促进学生学习的愉悦、宽松、合作的课堂氛围，鼓励学生自己探索问题、解决问题，使其发挥独立性与创造性。模拟教学法更强调的是让全体学生都能在主动而非被动的学习中，主动探索、积极思维、自觉实践，积极自觉地将课本知识的精髓内化为自我发展的养料，促使他们的身心潜能、整体素质和个性获得充分、和谐的发展。

2）实践性。模拟教学法以解决学生在现实工作中遇到的问题为目标，模拟的内容要选择真实性的任务，不能对其做过于简单化的处理，使其远离现实的问题情景，因此具有很强的实践性。模拟教学改变了传统教学过程中过于强调知识传授的特点，弥补了讲授教学法的不足，为学生提供了一个接近真实的实践平台。

学生通过扮演各种实际工作中的角色，站在情景设定的有关人员的立场上看问题，去体验在特定的环境里会有什么样的反应和行为，能够让学生在亲身体验中自觉地将理论知识与实际操作结合起来，并在实际操作中独立思考和分析，运用所学知识去解决模拟环境中的实际问题，锻炼和培养学生面对困难、矛盾和冲突，灵活应变解决问题的能力。

3）互动性。在模拟教学中，教师是导演，是推动者，其主要作用在于引导模拟教学的全过程；学生是主演，以主体参与者的姿态进行具体的情景模拟、案例操作，完成从配角到主角的转换。教师在实施模拟教学时鼓励学生积极参与、大胆发言，师生之间、学生之间进行多边的信息交流。这不仅指老师和学生之间的互动，还包括学生与学生之间的沟通。模拟教学过程中的互动是不以人的意志为转移的客观存在，它的进行以语言及非语言表征为沟通媒体。这就要求教师必须把模拟的课堂教学置于师生之间和学生之间的多边活动的主体背景上，突出主体性因素之间的多边互动，使模拟教学不仅具有单边、双边色彩，而且具有多边色彩，形成一个信息交流的立体网络，有利于充分开发和利用模拟教学系统中的人力资源，调动学生的积极性和参与度，促使师生之间、学生之间相互启发、相互联结、相互反馈、相互调适、相互评价，以增强教学效果。学生在模拟教学法中不是被动接受知识，而是积极参与讨论和实施，充分发挥了主观能动性和创造性。

4）开放性。传统教学方法是满堂灌，教师所起的作用只是把知识系统地传授给学生。受课堂教学时间的限制，教师所传授的知识大部分是书本上的，无法对本学科最新领域乃至课外的有关知识进行涉足，学生知识面窄，无法进行多学科融合和理解。而模拟教学过程中由于具体问题往往都同时与多个概念和理论相关，更强调了知识点的交叉运用，使学生接触到书本上所学不到的知识，为日后顺利走上工作岗位打下坚实的基础。模拟教学法通过设置一定的情境，扩大了知识的容量、信息的密度、时空的跨度，并使情境所涵盖的外延具有很大的开放性和包容性，使很多知识进行有机结合。它不但重视学生的参与意识及主观能动性的充分发挥，而且强调的是培养学生思考的多向性、空间的多维性、运用的灵活性和结论的多元性。

5）实效性。模拟教学法的教学过程与现实的问题解决过程相类似，问题的解决之道往往隐含于情景之中，教师并不是将提前已准备好的内容交给学生，而是在课堂上展示出与现实中工作人员解决问题相类似的探索过程，提供解决问题的原型，并指导学生探索。模拟法让学生在各种不同的模拟情景中去感受各种具体的复杂事物，并将学习内容应用到现实生活中去，求得解决问题的方法。模拟教学法的最大优点是用可以使学生习得解决问题和做出决定的各种较高级的技能，以及此模拟情景所依据的各种概念，并由此影响到学生的态度和价值观。因此，模拟教学法具有实效性的特点。

6）情景性。模拟教学法不需要独立于教学过程的测验，而是采用融合式测验，在学习中具体问题的解决过程本身就反映了学习的效果。由于真实性任务中，学生了解自己所要解决的问题，有主人翁感；任务本身又是整体性的，具有挑战性，解决了问题就达到了教学的目的，反映了学生的学习成果。因此，采用模拟教学法教学，教师可以进行与学习过程一致的情景化评估，而不需要像传统的教学法那样，再进行单独的测验过程。

2. 角色扮演法

（1）角色扮演法的含义

角色扮演法由美国教授 Kelly 于 1995 年提出。角色扮演教学是由学生扮演职业情景中的角色，设身处地地分析与解决所面临的问题，通过故事情节和问题情境的设置，让学生扮演故事中的人物，理解人物的心理世界，进而增进对问题情境的理解。角色扮演一般包括角色认知与角色实践两方面，角色认知是扮演者对角色规范和角色要求的认识和理解；角色实践则是在一定情景下扮演者进行角色扮演的实际过程或活动。一个人的角色扮演可能与社会对其扮演角色的要求存在一些偏差，他可以通过自我评价或他人评价来认识到这种差距，并通过角色学习或角色调适来消除这种差距，从而达到完整的社会化。学生从所扮演角色的角度出发，运用所学经验，通过角色扮演，从内心深处感受角色的情感，以提高学生感情商数和处理问题的能力。角色扮演的主要目的是提供个人学习角色扮演的机会，使个人能设身处地去扮演一个在实际生活中不属于自己的角色，并通过不断的演练，而学到更多的角色模式，以便自己在应对各种环境时更具有弹性。

（2）角色扮演法的实施

在实施角色扮演教学法的过程中，通过教师的适当引导，让学生在设计的情景中真实体验具体的工作和服务流程，关注细节，以培养高度的洞察力和工作意识。

1）布置任务。向学生说明活动的名称、内容、要求、需要哪些角色及如何分工、准备时间、表演时间等，并调动起学生参与角色扮演活动的积极性。要让学生感受问题的存在和重要性，使其了解学习的目标。教师可以通过实例向学生说明问题，如用影片、电视节目、故事的方式说明，也可以提问问题的方式使学生思考或预测故事结果。

2）选择参与者。教师在布置和讲解任务之后，和学生共同讨论学生的想法与感受、计划实施的内容和计划采用的方法，然后将各种问题情境的角色分配给学生，让学生依据自己的意愿选择想要扮演的角色，或是由教师分配角色。

3）布置情境。选择参与者之后，由教师引导学生融入自己的角色，以简要的方式将各种情境进行说明，或加以布置，让学习者可以感受到整个演出的真实情境。

4）安排观众。观众能够主动参与是重要的影响因素，教师应该事先让学生了解并尊重演出者的重要性，要求观众都应专心观察同学的演出，并决定观察的重点及分配观察工作，让观察活动包含在整个教学活动之中，以增加参与感，使整个团体经历演出过程及观看演出后，能够分析讨论角色的乐趣。

5）角色扮演。表演是实施角色扮演法教育的中心环节，表演是“演员”按照活动要求扮演各种角色，完成一定的角色行为。表演者要假设角色生活在真实情景中，是真实的反应，但是不要期望角色扮演可以进行得很顺利，也不要期待表演者可以表演得很好。教师要让表演进行到以下几种状况：预期的行为清楚呈现、行为技巧表现出来、表演停顿下来，或者行动表达出观点或是想法。假如以后的讨论透露学生对事件或角色不够了解，教师可以再要求表演某一幕。

6）讨论评议。评议实际上是评委及观众对扮演者表演情况的评价分析以及扮演者自身的评价分析。评析方式包括表演者自我评析与他人评析两种方式。角色分析可以对表演者的表演艺术做适当的评价，但主要的是对表演者的角色认知与角色实践做出评价，这一环节是角色扮演法教育方式的关键。如果表演者和观众理智和情感都投入其中，则讨论会自然地进行。刚开始讨论可能集中在与故事情节的异同或不同角色的表演方式等主题，表演的结果和演员动机则是更重要的主题。教师可用提问的方式以增进观察者对角色扮演的思考，例如，对角色人物的观感，情节的布局是否合理，有没有其他方式可以改善等，教师在实施教学时引导学生进行讨论活动。

7）再扮演。此阶段的重点在于让学习者从尝试错误中，学习如何面对问题、解决问题，并促进对人际关系的洞察。再扮演活动可以视教学的需要而重复实施，并加以一至两分钟的讨论活动，让学习者可以了解相同角色不同情境所代表的意义，增进学习者以不同的立场看待相同的事物。

8）再评议。此阶段的重点在于由教师引导学生再次面对问题，思考解决问题的情境与方式。

9）分享与讨论。使问题情境与真实情境相关联，教师询问学生有没有类似的生活经验或实例，引导大家分享并发表对问题的看法。教师可以从学生的演出和讨论的内容中归纳要点，并指出行为实践的意义和法则。

（3）角色扮演法的特点

在真实情境的模拟下，突出学生的课堂参与性，培养学生自我学习能力、动手实践的能力、观察分析的能力和总结评议的能力。在学到工作方法的同时，将这些方法运用到工作实际中，提高学生解决问题的能力和职业素养。

1）参与性。可以充分调动学生参与的积极性，为了获得较高的评价，学生一定会充分表现自我，施展自己的才华。作为学生都知道怎样扮演指定的角色，所以，角色扮演法是明确的有目的的活动，在扮演培训过程中，学生会抱有浓厚的兴趣，并带有娱乐性功能。

2）灵活性。角色扮演的形式和内容是丰富多样的，为了达到教学目的，教师可以根据需要设计主题、场景。在教师的要求下，学生的表现也是灵活的，教师不会把学生限制在有限的空间里，否则不利于学生真正水平的发挥。教师可以根据教学需要改变学生扮演的角色，与此同时，教学内容也可以做出适于角色的调整。

3）实效性。角色扮演法可以让学生亲身置身于将来可能遭遇到的模拟情境中，实际扮演自身的角色以揣摩当时可能发生的真实情况，使将来遇到类似问题或状况时，能因为受过训练，而能迅速做出反应，以使任务、工作能顺利进行，对问题也可顺利解决。

4）情景性。角色扮演过程中，需要角色之间的配合、交流与沟通，因此可以增加角色之间的感情交流，培养人们的沟通、自我表达、相互认知等社会交往能力。尤其是同事之间一起进行角色扮演时，能够培养员工的集体荣誉和团队精神。

5）情感性。角色扮演教学法在人为环境中复制体验和实际一样的内心情感，让学习者感受与现实工作相近的困境、问题和情绪，所以，学生容易融入使他们产生剧烈转变的情绪中。学习者经历精神的、情感的、认知的领域，这样的学习可以说是涵盖一个人的多方面，包括他的知觉、感觉及肢体反应，学生有深刻的经验，记忆也能维持较久。

三、效果导向的行动教学法

1. 头脑风暴法

（1）头脑风暴法的含义

头脑风暴法出自“头脑风暴”一词，是由美国创造学家 A.F.奥斯本于 1939 年首次提出，于 1953 年正式发表的一种激发性思维的方法。此法经各国创造学研究者的实践和发展，至今已经形成了一个发明技法群，如奥斯本智力激励法、默写式智力激励法、卡片式智力激励法等。如今，头脑风暴法被越来越多地运用于教学当中。

头脑风暴法的核心是高度充分的自由联想。这种方法一般是举行一种特殊的小型会议，与会者可以毫无顾忌地提出各种想法，彼此激励，相互启发，引起联想，导致创意设想的连锁反应，产生众多的创意，其原理类似于“集思广益”。头脑风暴法的激发机理如下：

1）联想反应。联想是产生新观念的基本过程。在集体讨论问题的过程中，每提出一个新的观念，都能引发他人的联想。相继产生一连串的新观念，产生连锁反应，形成新观念堆，为创造性地解决问题提供了更多的可能性。

2）热情感染。在不受任何限制的情况下，集体讨论问题能激发人的热情。人人自由发言、相互影响、相互感染，能形成热潮，突破固有观念的束缚，最大限度地发挥创造性地思维能力。

3）竞争意识。在有竞争意识情况下，人人争先恐后，竞相发言，不断地开动思维机器，力求有独到见解，新奇观念。心理学原理告诉我们，人类有争强好胜心理，在有竞争意识的情况下，人的心理活动效率可增加 50%或更多。

4）个人欲望。在集体讨论解决问题的过程中，个人的欲望自由、不受任何干扰和控制是非常重要的。头脑风暴法有一条原则，不得批评仓促的发言，甚至不允许有任何怀疑的表情、动作、神色。这就能使每个人畅所欲言，提出大量的新观念。

为培养艺术类高技能型人才的发散思维和追求艺术效果职业特质，头脑风暴法也是效果导向的行动教学方法之一。但要注意这种方法只是提出设想的一个步骤，是创造性解决问题的一个阶段，而不是解决问题的完整过程，只能作为教学过程中激发学生创造性思维的辅助形式。另外，头脑风暴法由于其严格的使用原则和复杂性，不宜完全替代传统的讨论法。

（2）头脑风暴法的实施

1）准备阶段。

① 教师确定讨论问题，头脑风暴法最适于解决什么样的问题？首要条件是研究的问题应是特殊的，而不是一般性的问题。教师在确定讨论问题时应具体、明确，不宜过大或过小，不要同时将两个或两个以上的问题混淆讨论。对于那些略复杂的问题，可以将问题分开，并针对每个问题专门召集一次会议。其次，头脑风暴仅能用来解决一些要求探寻设想的问题，不能用来解决那些事先需要做出判断的问题，例如，“是否应对学校的德育教学进行改革”这样的问题就不适用。面对这一问题必须先说明实施改革或者不实施改革的理由，也就是用头脑风暴法来先分析问题，再根据讨论结果决定是否实施。

② 通知学生提前准备。教师应至少提前 5～10 天将所要讨论的问题和资料发放给学生。事先通知的目的是让学生有时间酝酿解决问题的设想。最好在材料后附上几个形成设想的实例，以启发学生。

③ 安排记录员并准备物资。尽可能安排两个设想记录员来记录发言人的设想，同时可以利用录音笔协助记录讨论会的全部过程。可以准备幻灯片来播放讨论的主题和演示头脑风暴法的规则等。最好给每个学生准备一张纸和一支笔 ，让他们及时把想到的设想记下来。头脑风暴法运用于教学中时，要求教师和学生必须做好充分的准备，由于学生要事先酝酿解决问题的设想，所以参与头脑风暴的学生必须具备一定的分析问题的能力。

2）实施阶段。会议一开始，教师可用幻灯片介绍头脑风暴会议的基本原则并补充说明要解决的问题。为使气氛轻松自然，让大家尽快适应规则，教师可提一些极为简单的问题以便于大家尽快进入状态。教师应尤其注意首次参加头脑风暴会议的成员，让他们尽快适应环境。在讨论过程中，教师、学生、记录员应分别注意以下实施要点：

① 对教师的要求。教师在头脑风暴中以主持人的身份出现，教师不但要熟悉问题，而且必须熟练掌握头脑风暴法的处理程序、方法和技巧。教师最好要求学生按座位次序轮流发言，让每个学生都有机会提出设想，如轮到的人当时无新设想，可以跳到下一个。集体头脑风暴的方法可以提出大量设想，当一个与会者提出一种设想的时候，他会自然地将其想像引向另一个设想，但是就在这一瞬间他提出的设想会激发其他成员的联想能力，这就是“连锁反应”。教师应鼓励大家提出一些从已经提出的设想中派生出来的设想，这种连锁反应很有价值。学生每次发言最好只提一条设想，否则就会因为失去许多很好的“辩解”机会而使提出设想的效率明显下降。当举手的人多，教师应让那些积极思维的人先发言。同时，教师可以在会议之前对解决问题的设想做一些准备，若学生一时提不出设想，教师便可以抛出自己的想法来启发大家。

② 对学生的要求。在头脑风暴中学生就是专家，学生应积极思考，尽可能提出设想，不用害怕自己的设想会遭到别人的嘲笑，哪怕是“荒唐”“怪诞”的设想。

无论如何，学生不能照本宣科，如有准备好的设想，应在会议之前交给教师。当有几个人同时举手时，后面发言的学生可能会受前面发言人的影响而忘记当时的设想，所以学生应及时把自己的设想用纸笔记录下来。

③ 对记录员的要求。记录员最好坐在教师身旁，并及时记下学生提出的设想和他们的名字。速记无法做到一字不露，所以记录的内容是设想的基本大意就可以，当然也可以采用录音笔录下会议全过程。同时，记录员应按设想提出的顺序给每个设想编号，让教师随时掌握设想的数量，以把握进度。

（3）头脑风暴法的特点

在群体决策中，由于群体成员心理相互作用的影响，易屈服于权威或大多数人意见，形成所谓的群体思维。群体思维削弱了群体的批判精神和创造力，损害了决策的质量。为了保证群体决策的创造性，提高决策质量，管理上发展了一系列改善群体决策的方法，头脑风暴法是较为典型的一个。头脑风暴法的特点是针对解决的问题，相关专家或人员聚在一起，在宽松的氛围中敞开思路、畅所欲言，寻求多种决策思路，倡导创新思维。具体而言，可归纳为以下几点：

1）自由畅谈。参加的教师和学生不应该受任何条条框框限制，放松思想，让思维自由驰骋，从不同角度、不同层次、不同方位，大胆地展开想象，尽可能地标新立异，与众不同，提出独创性的想法。

2）延迟评判。头脑风暴中，必须坚持当场不对任何设想做出评价的原则。既不能肯定某个设想，又不能否定某个设想，也不能对某个设想发表评论性的意见，一切评价和判断都要延迟到会议结束以后才能进行。这样做，一方面是为了防止评判约束与会者的积极思维，破坏自由畅谈的有利气氛；另一方面是为了集中精力先开发设想，避免把应该在后阶段做的工作提前进行，影响创造性设想的大量产生。

3）禁止批评。绝对禁止批评是头脑风暴法应该遵循的一个重要原则。参加头脑风暴讨论的每个人都不得对别人的设想提出批评意见，因为批评对创造性思维无疑会产生抑制作用。同时，发言人的自我批评也在禁止之列。有些人习惯于用一些自谦之词，这些自我批评性质的说法同样会破坏会场气氛，影响自由畅想。

4）追求数量。头脑风暴讨论的目标是获得尽可能多的设想，追求数量是它的首要任务。参加讨论的每个成员都要抓紧时间多思考、多提设想，至于设想的质量问题，可留到会后的设想处理阶段去解决。在某种意义上，设想的质量和数量密切相关，产生的设想越多，其中的创造性设想就可能越多。

2. 卡片展示法

（1）卡片展示法的含义

卡片展示法（metaplan）是由 G. Eberhard 和 W. Schnelle 开发出来的会议技术。卡片展示法是在展示板上钉上由学生或教师填写的有关讨论或教学内容的卡片，通过添加、移动、拿掉或更换卡片进行讨论、得出结论的研讨班教学方法。卡片展示法的结果总是一张张挂满各种卡片的张贴板，运用卡片展示技术可以通过“书写讨论”的方式将学生引入交流的氛围，最大限度地调动所有学生的学习积极性，使每一位学生积极地加入发现和解决问题的工作中去，并可以有效克服谈话法不能记录交谈信息和传统的黑板上文字内容难以更改、归类和加工整理的缺点。采用卡片展示法的主要工具如下：

1）展示板。可用硬泡沫塑料、软木等制成，一般高度为 1～1.5 米，宽度为 1～2 米。展示板可固定在墙壁上，也可以安置在专门的支架上。

2）盖纸。准备一张面积与张贴板等大的书写用纸，必要时可以在上面书写、画图、制表或粘贴。

3）卡片。卡片可采用多种颜色和形状，如长方形、圆形、椭圆形，甚至云彩和箭头形状等。

4）大头针。大头针的头要比常用的大头针大些，以便插上和拔下。

5）其他。其他工具如记号笔、胶棒和剪刀等。

（2）卡片展示法的实施

1）开题。开题常采用谈话或讨论方式。教师提出要讨论或解决的课题，并将题目写在盖纸、云彩形或特殊的卡片上，用大头针钉在展示板上。

2）收集意见。学生把自己的意见以关键词的形式写在卡片上，并由教师、学生自己或某个学生代表钉在展示板上。一般一张卡片只能写一种意见，允许每个学生写多张卡片。每张卡片的书写应该使其钉在展示板上后使每个与会者都能看清。

3）加工整理。师生共同进行添加、移动、取消、分组和归类等操作，将卡片进行整理合并，进行系统处理，得出必要的结论。

4）总结。教师总结讨论结果，必要时，可用各种颜色的连线、箭头、边框等符号画在盖纸上。

（3）卡片展示法的特点

1）参与性。通过让学生动手写卡片、贴卡片，最大限度地调动所有学生的学习积极性。展示板上的内容既有讨论的过程，又有讨论的结果；既是学生集思广益和系统思维的过程，又是教师教学活动的结果。

2）有效性。在较短的时间里获得最多的信息，有效克服谈话法不能记录交谈信息，以及传统的黑板上文字内容难以更改、归类和加工整理的缺点。

四、多个导向的行动教学法

有些教学方法不但可以用于过程导向、情景导向的行动教学，还可以用于效果导向的行动教学，如引导课文法、心智图法、案例教学法等。

1. 引导课文法

（1）引导课文法的含义

引导课文法是借助于预先准备的引导性文字，引导学习者独立学习和工作的教学方法。引导课文中包括一系列难度不等的引导问题，学生通过阅读引导课文可以明确学习目标，清楚地了解应该完成什么工作。一般引导课文由以下几个部分构成：①任务描述，即工作任务书；②引导问题，学生通过问题的引导，找出独立应对任务的知识和方法；③学习目标描述；④学习质量监控单，避免了盲目性；⑤工作计划（内容和时间）；⑥工具与材料需求表；⑦专业信息；⑧辅导性说明等。

引导课文大致可分为技术类活动过程引导课文、服务类活动情景引导课文和艺术类活动效果引导课文。

（2）引导课文法的实施

引导课文法的实施步骤包括获取信息、制订计划、做出决策、实施计划、检查评估和评价反馈，如图 3-16 所示。

图 3-16 引导课文法的实施步骤

1）获取信息即回答引导问题。关注获得信息的方法、渠道、手段；尽可能多地获取信息；信息的整理、储存；信息的分析、判断、使用（使用正确的、有价值的信息）。

2）制订计划，通常为制订书面工作计划。在给定的信息内进行计划与决策；将任务和目标具体化；对工作进行划分并确定工作步骤；制订时间分配；做出决定。完成前面的工作后，要与教师讨论工作计划和引导问题的答案。

3）做出决策，对计划中的内容进行选择、确定或者修订。

4）实施计划，包括实施的准备、实施各个环节和工作的结束。

5）检查评估，完成工作任务后，需要根据质量监控制单自行或由他人进行工作过程或产品质量控制。包括对完整性和质量的检查；对照目标进行检查与评估；

最后归档。

6）评价反馈是指评价质量，并对检查结果和如何改进等做出反馈。

（3）引导课文法的特点

1）教师为主导。在引导课文教学法中，教师的角色只局限于做好教学准备、提出引导问题、与学生一起讨论问题、编写质量控制单，以及在收尾阶段评价学生的成果。

2）学生为主体。学生的角色则是独立获取信息、独立制订计划、独立实施计划和独立评估、检查自己的成果。

2. 心智图法

（1）心智图法的含义

心智图又称脑图、灵感触发图、概念地图或思维地图，是一种图像式思维的工具，利用图像辅助表达思维。围绕平面上的一个主题，画出与之相关联的对象，就像一个心脏及其周边的血管图，故称为心智图。由于这种表现方式比单纯的文本更加接近人思考时的空间想象，因此广泛应用于记忆和创造性思维过程，以及研究、组织、解决问题和政策制定。

英国人托尼·巴赞（Tony Buzan）于 20 世纪 70 年代开始创建并推动这一方法，但其实心智图（或者是相似概念）在教育学、工程、心理学等领域的应用在此之前已经有几个世纪，以辅助学习、搜集创意、组织记忆、视觉记忆和解决问题，其基础之一即语义的网状结构（semantic network）则有相当久远的历史。实际上，Allan Collins 早在 19 世纪 60 年代早期就对心智图展开研究，在学术、创造力和生动的思考上颇有成果，被称为心智图模型之父。

心智图的中心通常是一个单字或者是一个主题，而环绕在中心外的是相关的思想、言论和概念。用一个中央关键词或想法以辐射线形连接所有的代表字词、想法、任务或其他关联项目，是一张集中了所有关联资讯的语义网路或认知体系图像。所有关联讯息都被辐射线形及非线性图解方式连接在一起，基于头脑风暴（激发灵感）方法，建立一个适当或相关的概念性组织框架。

科学研究已经充分证明，人类的思维特征呈放射性，进入大脑的每一条信息、每一种感觉、记忆或思想（包括每一个词汇、数字、代码、食物、香味、线条、色彩、图像、节拍、音符和纹路），都可作为一个思维分支表现出来，它呈现出来的就是放射性立体结构人类的思维特征示意图，如图 3-17 所示。

这一方法利用色彩、图画、代码和多维度等图文并茂的形式来增强记忆效果，使人们关注的焦点清晰地集中在中央图形上，用相互隶属与相关的层级图表现各级主题的关系，把主题关键词与图像、颜色等建立记忆链接。心智图允许学习者产生无限制的联想，这使得思维过程更具创造性。其原理主要是将人类思考的放射性具体化，利用记忆、阅读、思维的规律，协助人们在科学与艺术、逻辑与想象之间平衡发展，以开发人类大脑的潜能。

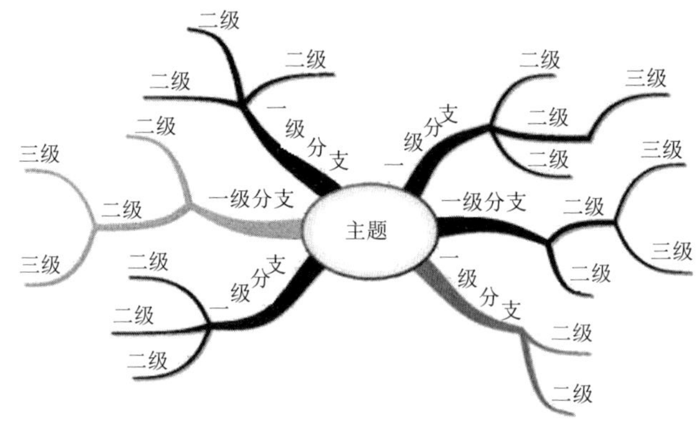

图 3-17 人类的思维特征示意图

心智图的放射性思考方法，一方面可以加速资料的累积量，更重要的则是将数据依据彼此间的关联性分层分类管理，使资料的储存、管理及应用因更有系统化而提高大脑运作的效率。另一方面，借由颜色、图像、符码的使用，不但可以协助记忆、增进创造力，也让思维导图更轻松有趣，且具有个人特色及多面性。

心智图以放射性思考模式为基础的收放自如方式，除作为一个快速的学习方法与工具外，还运用在创意的联想与收敛、项目计划、问题解决与分析、会议管理等方面。它在个人、家庭，教育和业务中得到普遍的应用，包括笔记、集体讨论（想法被放射状地放在中心字词周围的节点，并且不须依阶层或连续安排等的优先级排列，而组织以及分类则是为了后面的阶段做准备）、总结、修正、理清想法。心智图也可以用来整理复杂的想法或者是当作记忆的小技巧，例如，听演讲时可以使用心智图来记下最重要的字词或是重点。

（2）心智图法的实施

1）绘制准备。教师确定教学主题，并指导学生准备绘制工具。绘制工具包括纸和笔，如 A3 或 A4 大小的白纸、书写的笔，最好是四种不同颜色的笔用于区分。

2）进行绘制。在纸的中心列出心智图的中心主题（书名或者某个问题），并且以图形的形式体现出来，称为中央图。中央图要有三种以上的颜色，一个主题一个大分支，即有多少个主要的主题，就会有多少条大的分支，每条分支要用不同的颜色；可运用数字代码代表内容，用箭头的连接说明信息之间的关联，将有关联的部分用箭头连起来，可以很直观地了解到信息之间的联系；也可以运用代码表示特定的关联关系，这样就只需标注代码，就可以知道这些知识之间的联系。只写关键词，并且要写在线条的上方；线条长度就是词语的长度；中央线要粗，心智图可通过线条的粗细来体现的层次，最靠近中间的线会越粗，越往外延伸的线会越细，字体也是越靠近中心图的最大，越往后面的就越小；线与线之间相连，线条上的关键词之间也是互相隶属、互相说明的关系，而且线的走向最好保持平行，这样有利于阅读。

3）绘制评价。通过绘制心智图，对学生思维类型进行分类，并指出不同职业活动需要的最有效的思维模式。

（3）心智图法的特点

1）有效性。心智图法是心智技能训练的有效方法。心智图作为一个可以提高工作学习效率、促进思维扩展的工具，能够发现和培养各种思维模式。

2）趣味性。心智图法可以通过手绘和计算机绘制，具有很强的趣味性。

3. 案例教学法

（1）案例教学法的含义

案例教学法的产生可以追溯到古希腊和古罗马时代。希腊哲学家、教育家苏格拉底在教学中曾采用“问答式”教学法，这可以被看作是案例教学法的雏形。之后，希腊哲学家柏拉图继承了苏格拉底的教育思想，将“问答”积累的内容编辑成书，在书中附加了许多日常生活的小例子小故事，一个例子说明一个原理，这些小例子可被看作是案例的雏形。案例教学法最早应用于法学和医学领域，1908年哈佛商学院正式成立时，案例教学法又被引入商业教育领域。1908年，哈佛大学创立企业管理研究院，开始正式推行案例教学法。案例教学法，即教师选用专业实践中常见的具有一定难度的典型案例，组织学生进行分析和讨论，提出解决问题的建议的一种教学方法。

案例教学法的定义有多种表述。

1）第一种：为了一定的教学目标，在教师的指导下，由学生对选定的具有代表性的典型案例，进行有针对性的分析、审理和讨论，做出自己的判断和评价的教学方法。这是一种具有启发性、实践性，能开发学生思维能力，提高学生判断能力、决策能力和综合素质的新型教学方法。

2）第二种：案例教学法也叫实例教学法或个案教学法，它是在教师的指导下，根据教学目标和内容的需要，组织学生对案例进行学习、研究、锻炼能力的方法。它能创设一个良好的宽松的教学实践情景，把真实的典型问题展现在学生面前，让他们设身处地地去思考、去分析、去讨论，对于激发学生的学习兴趣，培养创造能力及分析、解决问题的能力极有益处。

3）第三种：通过一个具体教育情景的描述，引导学生对这些特殊情景进行讨论的一种教学方法。

我们抽取这三种表述的相同点，可为案例教学法下这样的定义：在教师的指导下，围绕教学目标，学生对呈现的典型案例进行讨论分析、归纳总结，从而培养学生思维能力的一种新型教学方法。

（2）案例教学法的实施

案例教学法的实施一般包含课前准备、课堂实施和课后评估三个步骤。

1）课前准备。课前准备是案例教学法的起点，应从教师备课和学生预习两方面着手。教师的课前准备工作包括如下几个方面：

① 选择教学案例。教师选择教学用的案例是一项重要而有难度的工作，需要从教学目标、案例难度、实用性及学生特点的维度衡量案例。

② 案例内容准备。教师在准备案例时应了解案例的事实，教师要熟悉和精读案例，对案例的情境要有把握，对有关信息进行透彻分析。对于案例思考题要把握难易程度，问题宜由浅入深，由具体到抽象，层层推进，以达到让学生尽快将理论与实践快速融合的效果。

③ 明确教学重点。案例教学的时间有限，应该根据教学目标的不同对案例中重要的讨论题做优先安排。在教学重点的准备过程中，必须考虑教学目标与学生特点等因素，避免凭教师的主观想象确定教学重点，以免造成学生需要的没有作为重点；学生掌握不了的或已经掌握的却被作为重点。

④ 做好教学计划。根据教学目标和教学重点，教师通常需要制订教学实施计划，明确一系列方法步骤。例如，是否需要将学生划分为小组？如何划分？小组成员间应该如何协调？教师希望课堂上发生什么？如何使其发生？讨论按什么顺序进行？案例的每一部分需要讨论多长时间？是对讨论进行控制，还是任其自由发展？

学生在案例教学前也应该按照教师的布置和要求对案例进行阅读和思考，进行个人分析，带着问题和目的进入案例教学法的课堂具体实施环节。

2）课堂实施。案例教学法中，教师与学生是双主体关系。在案例教学中尽管推崇学生作为主角，教师不再是主宰课堂的权威，教师在此时所起的作用类似于“导演”，对学生的分析、讨论不做过多的干预、不做过多的评论，并充分尊重学生的观点、想法，但教师要采用组织引导、激励控制，同时还要对这些观点加以归纳和总结，充分引导学生知识和能力的升华。学生对已掌握的资料进行分析，归纳相似性、寻找差异性，积极参与小组讨论和课堂讨论，通过思想碰撞，引发并记录新发现和新认识。这个过程是案例教学法与传统教学法最显著的差异性所在。传统教学法中，教师讲得很精彩，分析很细致，但学生的主观能动性没有得到充分发挥，学生的主体地位没有得到充分的体现，教师是教学的主体；而在案例教学法中，教师与学生之间是一种“师生互补，教学相辅”的关系，教师将分析案例的“主权”交给了学生，让学生运用所掌握的各种知识，甚至是课外的知识去分析这些问题，讨论解决方法。

3）课后评估。课后评估环节的主要目的在于使学生和教师这两个案例教学的主体都能够获得关于本次案例教学的信息反馈，评估可以从教师评学、学生评教及专家评价几方面展开。课后教师对学生在案例教学中的情况进行总结和评估，可以让学生明确自身的特点、优势和不足，为其进一步学习指明方向。教师在总结时应注意避免空谈，对案例所涉及的问题也不一定给出标准答案，而应通过分析具体问题归纳该案例教学的成功和不足之处，分析学生课前阅读案例、课中跟随案例控制自己的思路和表达的观点。

在案例教学法中，学生是案例教学活动的参与者和教学效果的直接体现者，学生对案例教学内容和实施的评价和反馈是案例教学效果评估中重要的一环。学生对教师的评估也应该更多地关注案例教学的全过程，如可以评价教师课前准备的案例选择是否根据适合课程目标、学生特点；教师对案例的掌握程度以及教学计划的充分性；对教师课堂实施的评价可以从课堂讨论的组织与引导、学生的激励与控制，以及案例的总结几方面进行。

（3）案例教学法的特点

1）明确的目的性。通过一个或几个独特而又具有代表性的典型事件，让学生在案例的阅读、思考、分析、讨论中，建立起一套适合自己的完整而又严密的逻辑思维方法和思考问题的方式，以提高学生分析问题、解决问题的能力，进而提高素质。

2）客观真实性。案例所描述的事件基本上都是真实的，不加入编写者的评论和分析，由案例的真实性决定了案例教学的真实性，学生根据自己所学的知识，得出自己的结论。

3）较强的综合性。原因有两个：一是案例较之一般的举例内涵丰富；二是案例的分析、解决过程也较为复杂，学生不仅需要具备基本的理论知识，而且应具有审时度势、权衡应变、果断决策的能力。案例教学的实施，需要学生综合运用各种知识和灵活的技巧来处理。

4）深刻的启发性。案例教学中不存在绝对正确的答案，目的在于启发学生独立自主地去思考、探索，注重培养学生独立思考能力，启发学生建立一套分析、解决问题的思维方式。

5）突出实践性。学生在校园内就能接触并学习到大量的社会实际问题，实现从理论到实践的转化。

6）学生主体性。在教师的指导下，学生参与案例、深入案例、体验案例角色，通过分析、讨论、交流提高学生独立思考与创造力。

7）过程动态性。在教学过程中存在着教师个体与学生个体、教师个体与学生群体、学生个体与学生个体、学生群体与学生群体交往，也就是师生互动、学生互动。

8）效果多元化。据联合国教科文组织对案例、研讨会、课堂讲授等九种管理教学方法的调查统计发现，在分析能力培养方面，案例教学法位列九种方法之冠；在知识传授、学生接受度及知识留存力这三方面，案例教学法居第二位；在学生态度转变和提高人际技巧方面，案例教学法居第四位。

第八节　职业教育教学媒体

媒体是英文 media 的译名，是指在信息传播过程中，从信息源到接收者之间承载和传递信息的任何载体和工具。教学媒体则是指在教学过程或教学活动中，作为承载和传递教学信息的载体和工具。职业教育由于广泛应用行动教学，对教学媒体提出了更高的要求。

一、教学媒体的教学特性

教学媒体的教学特性可从四个方面进行分析：可适应性、可利用性、低成本性和高效能性。

（一）教学媒体的可适应性

教学媒体的可适应性有三个方面的要求：对教学情境的适应性、对学习者特征的适应性和对学习任务的适应性。教学媒体对教学情境的适应性，指对教学媒体的选择要由教学活动在教学情境中的表现形式来决定，对不同的学习者特征，教学媒体具有不同的适应性。小学生由于抽象思维的水平远不及中学生，因此在选择媒体时，首先考虑那些直观性强、表现手法简单明了、图像画面对比度大、易于分别事物的主要与次要部分的媒体。对学习任务的适应性指根据任务的类型、选择合适的教学媒体，对认知类的学习任务可选择动画、图片模型、超媒体、多媒体计算机交互课件等教学媒体开展教学，即可收到良好的教学效果；而对于情感类的教学内容，应该选用表现手法多样、艺术性和感染力强的媒体，这样的教学有可能对学习者产生强大的吸引力和情感上的震撼力，有利于教学目标的实现；对于技能训练类的教学，应选用电视录像、电影、人工智能、虚拟环境、模拟训练器等表现手法丰富，具有时空突破功能的教学媒体。

（二）教学媒体的可利用性

教学媒体的可利用性主要考虑三个方面的内容：①教师利用媒体时，操作控制的难易程度；②学习者对媒体使用时的参与程度以及学习者本人的操作难易程度；③学习场所、办学单位提供利用该媒体的难易和方便程度。

（三）教学媒体的低成本性

教学媒体的低成本性主要从两方面来认识：①媒体的购置、安装与制作成本；②媒体利用时的使用成本。

（四）教学媒体的高效能性

教学媒体的高效能性与前三个因素密切相关，例如，“低成本、高效能”的媒体选择原则。

二、教学媒体的设计模式

1. 计算机辅助教学设计模式

目前，计算机辅助教学设计的主要模式有训练与实习型、指导型、咨询型、模拟型、游戏型和问题求解型。

2. 计算机网络教学设计模式

目前，计算机网络教学设计的主要模式有讲授式、个别辅导式、讨论式、探索和协作式。

3. 幻灯、投影教学设计模式

目前，幻灯、投影教学设计模式常用的有书写法、图片法、实物投影法、作业法、导引法和声画教学法。

4. 音像教学的设计模式

目前，音像教学的设计模式常用的有演播—设疑法、演播—讨论法、演播—情境法、演播—发现法、演播一实验结合法和演播—操练法。

三、教学媒体的设计过程

选择运用多媒体教学，在设计上一般可以分为：①分析教学内容，确定教学目标；②选择教学模式，确定教学活动（多媒体教学设计常采用的教学模式有支架式教学、抛锚式教学、随机通达教学等）；③选择教学媒体、创设教学情境；④选择评价方式、设计测量工具；⑤整合、调整合优化教学方案等五个步骤。

第九节　职业教育教学模式

教学模式可以定义为是在一定教学思想或教学理论指导下建立起来的较为稳定的教学活动结构框架和活动程序。作为结构框架，突出了教学模式从宏观上把握教学活动整体及各要素之间内部的关系和功能；作为活动程序，则突出了教学模式的有序性和可操作性。

一、教学模式概述

（一）教学模式的概念

“模式”一词是英文 model 的汉译名词。model 还译为“模型”“范式”“典型”等，一般指被研究对象在理论上的逻辑框架，是经验与理论之间的一种可操作性的知识系统，是再现现实的一种理论性的简化结构。美国的乔伊斯（B.Joyce）和韦尔（M.Weil）是最先将“模式”一词引入到教学领域，并加以系统研究的人。教学模式并不是一种计划，因为计划往往显得太具体，太具操作性，从而失去了理论色彩。将“模式”一词引入教学理论中，是想以此来说明在一定的教学思想或教学理论指导下建立起来的各种类型的教学活动的基本结构或框架，表现教学过程的程序性的策略体系。

（二）教学模式的结构

教学模式通常包括以下五个因素，这五个因素之间有规律的联系就是教学模式的结构。

1. 理论依据

教学模式是一定的教学理论或教学思想的反映，是一定理论指导下的教学行为规范。不同的教育观往往提出不同的教学模式。例如，概念获得模式和先行组织模式的理论依据是认知心理学的学习理论，而情境陶冶模式的理论依据则是人的有意识心理活动与无意识的心理活动、理智与情感活动在认知中的统一。

2. 教学目标

任何教学模式都指向和完成一定的教学目标，在教学模式的结构中，教学目标处于核心地位，并对构成教学模式的其他因素起着制约作用，它决定着教学模式的操作程序和师生在教学活动中的组合关系，也是教学评价的标准和尺度。正是由于教学模式与教学目标的这种极强的内在统一性，决定了不同教学模式的个性。不同教学模式是为完成一定的教学目标服务的。

3. 操作程序

每一种教学模式都有其特定的逻辑步骤和操作程序，它规定了在教学活动中师生先做什么、后做什么，以及各步骤应当完成的任务。

4. 实现条件

实现条件是指能使教学模式发挥效力的各种条件因素，如教师、学生、教学内容、教学手段、教学环境、教学时间等。

5. 教学评价

教学评价是指各种教学模式所特有的完成教学任务、达到教学目标的评价方法和标准等。由于不同教学模式所要完成的教学任务和达到的教学目的不同，使用的程序和条件不同，当然其评价的方法和标准也有所不同。目前，除了一些比较成熟的教学模式已经形成了一套相应的评价方法和标准外，有不少教学模式还没有形成自己独特的评价方法和标准。

（三）教学模式的特点

1. 指向性

由于任何一种教学模式都是围绕着一定的教学目标设计的，而且每种教学模式的有效运用也需要一定的条件，因此不存在对任何教学过程都适用的普适性的模式，也谈不上哪一种教学模式是最好的。评价最好教学模式的标准是在一定的情况下达到特定目标的最有效的教学模式。教学过程中在选择教学模式时必须注意不同教学模式的特点和性能，注意教学模式的指向性。

2. 操作性

教学模式是一种具体化、操作化的教学思想或理论，它把某种教学理论或活动方式中最核心的部分用简化的形式反映出来，为人们提供了一个比较抽象的理论具体得多的教学行为框架，具体地规定了教师的教学行为，使得教师在课堂上有章可循，便于教师理解、把握和运用。

3. 完整性

教学模式是教学现实和教学理论构想的统一，所以它有一套完整的结构和一系列的运行要求，体现着理论上的自圆其说和过程上的有始有终。

4. 稳定性

教学模式是大量教学实践活动的理论概括，在一定程度上揭示了教学活动带有的普遍性规律。一般情况下，教学模式并不涉及具体的学科内容，所提供的程序对教学起着普遍的参考作用，具有一定的稳定性。教学模式是依据一定的理论或教学思想提出来的，而一定的教学理论和教学思想又是一定社会的产物，所以教学模式总是与一定历史时期社会政治、经济、科学、文化、教育的水平联系，受到教育方针和教育目的制约，因此这种稳定性又是相对的。

5. 灵活性

作为并非针对特定的教学内容教学，体现某种理论或思想，又要在具体的教学过程中进行操作的教学模式，在运用的过程中必须考虑到学科的特点、教学的内容、现有的教学条件和师生的具体情况，进行细微的方法上的调整，以体现对学科特点的主动适应。

（四）教学模式的功能

1. 中介作用

教学模式的中介作用是指教学模式能为各科教学提供一定理论依据的模式化的教学法体系，使教师摆脱只凭经验和感觉，在实践中从头摸索进行教学的状况，搭起了一座理论与实践之间的桥梁。教学模式的这种中介作用和它既来源于实践，又是某种理论的简化形式的特点分不开的，一方面，教学模式来源于实践，是对一定是具体教学活动方式进行优选、概括、加工的结果，是为某一类教学及其所涉及的各种因素和它们之间的关系提供一种相对稳定的操作框架，这种框架有着内在的逻辑关系的理论依据，已经具备了理论层面的意义；另一方面，教学模式又是某种理论的简化表现方式，它可以通过简明扼要的象征性的符号、图式和关系的解释，来反映它所依据的教学理论的基本特征，使人们在头脑中形成一个比抽象理论具体得多的教学程序性的实施程序。教学模式便于人们对某一教学理论的理解，也是抽象理论得以发挥其实践功能的中间环节，是教学理论得以具体指导教学，并在实践中运用的中介。

2. 方法论意义

教学模式的研究是教学研究方法论上的一种革新。长期以来，人们在教学研究上习惯于采取单一刻板的思维方式，比较重视用分析的方法对教学的各个部分进行研究，而忽视各部分之间的联系或关系；或习惯于停留在对各部分关系的抽象的辨证理解上，而缺乏作为教学活动的特色和可操作性。教学模式的研究指导人们从整体上去综合地探讨教学过程中各因素之间的互相作用和其多样化的表现形态，以动态的观点去把握教学过程的本质和规律，同时对加强教学设计、研究教学过程的优化组合也有一定的促进作用。

二、典型的教学模式

（一）范例教学模式

回顾历史，范例性原则并非是无源之水、无本之木。就古代社会而言，范例性原则已是古希腊、古罗马教育内容的选择准则了。而在近代哲学和教育学范围内，夸美纽斯、康德和胡塞尔等都曾提出在认识、道德和审美能力形成中到范例作用的思想。裴斯泰洛齐的要素教育理论也与范例教育思想息息相通。但是，作为一种理论，范例教学论问世于“二战”之后，这有其深刻的社会背景。面对“二战”后随着科技的迅猛发展出现的前所未有的“知识爆炸”的局面，各国在教育上先是采取“加法”的措施，不断增添教学内容，搞“百科全书”的课程，结果导致了学生负担的加重和教学质量的下降。于是，各国开始探索新的课程教学理论，以应对知识爆炸对教育的挑战。

为了解决教材内容堆积臃肿、陈旧落后的弊端，1951 年在德国蒂宾根召开的会议认为，精神世界的本源现象是可以通过个别地由学生真正理解的事实的例子来加以说明的，此次会议充分肯定了范例教学的思想，为范例教学理论的发展和在实践中的运用奠定了基础。

1. 范例教学的目标和要求

范例教学的目标和要求可以概括为问题解决学习与系统学习的统一、掌握知识和培养能力的统一和主体与客体的统一。

（1）问题解决学习与系统学习的统一

一方面要求针对学生存在的或提出的问题组织教学；另一方面，这些问题是有系统的，通过解决问题习得系统的知识。所以，虽然这种教学从片段出发，但学生学习的知识却不是零碎的、孤立的，仍不失其系统性。

（2）掌握知识和培养能力的统一

这种统一要求把传授知识与培养能力统一在同一个教学过程中，把传授知识与教给科学方法、学习方法、发展能力结合起来。掌握知识和培养能力的统一即是形式教育论和实质教育论的统一，前者偏重知识，后者偏重能力。克拉夫基认为，这两种对立的学派都没有能真正把握教育现象和教育过程的本质核心，只有辩证地把实质教育和形式教育理论统一起来，才能真正把握本质，才能有助于教育实践，克服偏来偏去走极端的现象。由此，克拉夫基提出了教育过程的双重开发性。认为教育过程乃是通过本身经验或理解别人的经验获得客观（实质的、知识的）和主观（形式的、能力的）两方面统一的过程。

（3）主体与客体的统一

主体是指受教育者，客体是指教学对象，它们的统一就是要求教师既要了解和熟悉教材，又要了解和熟悉学生的智能水平和结构。在教学中要把两个主要教学因素结合起来考虑。

2. 范例教学的内容

范例教学主张选取蕴含本质因素、根本因素、基础因素的典型案例，通过对范例的研究，使学生从个别到一般、从具体到抽象、从认识到实践理解，掌握带有普遍性的规律、原理的模式。所谓范例性地阐明“个”案，指用典型事实和现象为例说明事物的本质特征；所谓范例性阐明“类”案，是指用许多在本质上与“个”案一致的事实和现象来阐明事物的本质特征；范例性掌握规律原理是指从大量的“类”案中总结出规律和原理，在总结归纳的过程中，要注意对规律或原理的表述要准确，对规律原理的名称要清楚；掌握规律原理的目的和意义在于运用，因此教师要让学生掌握规律、原理的方法论意义；为了了解学生对规律和原理的掌握程度，从而获得反馈信息，规律原理的运用训练是教学必不可少的环节。

因此，范例教学内容的选择上应遵循“三个性”，即基本性、基础性和范例性。基本性强调教学应教给学生基本的知识，也就是说基本概念、基本科学规律或知识结构；基础性强调教学内容应适应学生的基本经验和生活实际，适应学生的智力发展水平，也就是教学内容对受经验者来说是基础的东西；范例性是指教给学生的是经过精选的，能起到示范作用的典型事例和学习材料，它们将有助于学生举一反三，进行学习迁移和实际应用。所选择的范例必须是整体的一面镜子，可以起到窥一斑而见全豹的作用。

3. 范例教学的过程

范例教学过程遵循人的认知规律，即从个别到一般，从具体到抽象的过程。在教学中，一般从一些范例分析入手感知原理与规律，并逐步提炼进行归纳总结，再进行迁移整合。因此，范例教学的基本过程是：阐明“个”案→范例性阐明“类”案→范例性地掌握规律原理→掌握规律原理的方法论意义→规律原理运用训练。施腾策尔提出了范例教学的四阶段构成：

（1）范例性地阐明“个”的阶段

这个阶段要求以典型事例来说明事物的特征。具体来讲，是学生通过具体的、特殊的、直观的“个”的范例中，掌握事物的本质的特征。

（2）范例性地阐明“类”的阶段

这个阶段通过上一阶段的认识进行归类，推断，认识这一类事物的普遍特征。具体来讲，是将第一阶段里掌握的“个”，依据其本质特征，置于类型概念的逻辑范畴之中进行归类，对于在本质特征上相一致的许多个别现象做出总结。

（3）范例性地理解规律性的阶段

这个阶段要求通过前两个阶段所获得的认识，提高到规律性的认识。具体来讲，是将“个别”抽象为“类型”之后，找出隐藏在“类型”内部的某种本质性和规律性的内容。

（4）范例性地掌握一般经验阶段

这个阶段是在上述三个阶段教学的基础上，获得关于世界的经验和生活的经验。这个阶段的教学目的在于使学生不仅认识了客观世界，也认识了自己，在自己的思想感情上起了作用，提高行为的自觉性。

（二）抛锚式教学模式

抛锚式教学模式是深受目前西方盛行的建构主义学习理论影响、以技术学为基础的一种重要的教学范型。抛锚式教学模式是由温特比尔特认知与技术小组

（CTGV）在约翰·布朗斯福特（John Bransford）的领导下开发的。这种教学要求建立在有感染力的真实事件或真实问题的基础上。确定这类真实事件或问题被形象地比喻为“抛锚”，因为一旦这类事件或问题被确定了，整个教学内容和教学进程也就被确定了（就像轮船被锚固定一样）。它的理论基础是建构主义，建构主义认为，学习者要想完成对所学知识的意义建构，即达到对该知识所反映事物的性质、规律，以及该事物与其他事物之间联系的深刻理解，最好的办法是让学习者到现实世界的真实环境中去感受、去体验（即通过获取直接经验来学习），而不是仅仅聆听别人（例如教师）关于这种经验的介绍和讲解。

1. 抛锚式教学的目标

抛锚式教学的主要目标是使学生在一个完整、真实的问题背景中，产生学习的需要，并通过镶嵌式教学以及学习共同体中成员间的互动、交流，即合作学习，凭借自己的主动学习、生成学习，亲身体验从识别目标到提出和达到目标的全过程，培养学生独立思考的能力、解决问题能力、创新能力和合作能力等。

2. 抛锚式教学的内容

抛锚式教学的理论核心是教学要求建立在有感染力的真实事件或真实问题的基础上。因此，抛锚式教学的内容是典型的情景、事件或者问题。

3. 抛锚式教学的过程

抛锚式教学要创设情境、适时抛出问题，注意情境感染与熏陶作用。因此，抛锚式教学由以下环节组成：

（1）创设情境

教师选择典型的职业情境，使学生能在和企业生产经营实际情况基本一致或相类似的情境中发生。

（2）确定问题

在上述情境下，选择与当前学习主题密切相关的真实性事件或问题作为学习的中心内容。选择的事件或问题就是“锚”，这一环节的作用就是“抛锚”。

（3）自主学习

不是由教师直接告诉学生应当如何去解决面临的问题，而是由教师向学生提供解决该问题的有关线索，并特别注意发展学生的“自主学习”能力。自主学习能力包括：①确定学习内容表的能力，学习内容表是指为完成与给定问题有关的学习任务所需要的知识点清单；②获取有关信息与资料的能力，即知道从何处获取以及如何去获取所需的信息与资料；③利用、评价有关信息与资料的能力。

（4）协作学习

通过小组甚至班级的讨论、交流，通过不同观点的交锋，补充、修正、加深每个学生对当前问题的理解。

（5）效果评价

由于抛锚式教学的学习过程就是解决问题的过程，由该过程可以直接反映出学生的学习效果。因此对这种教学效果的评价不需要进行独立于教学过程的专门测验，只需在学习过程中随时观察并记录学生的表现即可。

（三）探究式教学模式

探究式教学的思想渊源可追溯到古希腊著名教育家苏格拉底的教育思想之中，而明确提出把“探究学习”作为一种重要的教学方式的则是美国著名生物学家施瓦布。探究式教学是融知识传授、能力培养和素质提高为一体的创新教学模式，有助于解决学生在校学习时间的局限性与科学知识增长的无限性之间的矛盾，探索使学生的知识水平、创新能力和综合素质协调发展、全面提高的教学模式。在教学过程中，通过实施以研究为本的学习模式，能为学生提供一个在学习过程中发现世界和探索世界的宽松环境，为学生提供研究问题的时间和空间，激发创新的欲望，并以学生为主体，支持学生个性的发展，同时也促进教师和学生间的相互交流。

1. 探究式教学的目标

探究式教学是一种费时的教学，但如果我们的目标是培养学生能创造性地解决问题和发现理论，那么这是我们所拥有的唯一方法。探究式教学以问题解决为中心的，注重学生的独立活动，着眼于学生的思维能力、民主与合作的精神、自主学习能力的培养。探究式教学建构在小组合作学习的基础之上，以师生互动交流为基本动力，以自主、问题、沟通为基本特征，以高效、愉悦、人道为基本品质，以全面提升学生学业成绩和综合素质为根本目标。

2. 探究式教学的内容

探究式教学的载体与核心是问题，学习活动是围绕问题展开的。探究式教学的出发点是设定需要解答的问题，这是进一步探究的起点。

3. 探究式教学的过程

依据皮亚杰和布鲁纳的建构主义的理论，注重学生的前认知，注重体验式教学，培养学生的探究和思维能力。教学的基本程序是：问题—假设—推理—验证—总结提高。首先创设一定的问题情境提出问题，建立一个民主宽容的教学环境，尊重学生的主体性。然后组织学生对问题进行猜想和做假设性的解释，对那些打破常规的学生予以一定的鼓励，不要轻易地对学生说对或错，教师要以引导为主，切不可轻易告知学生探究的结果，以充分发挥学生的思维能力，再设计实验进行验证。最后，总结规律。

（四）掌握学习教学模式

第二次世界大战以后，随着科技和经济的大发展，世界各国的教育事业也获得了大规模的发展，但是各种各样的问题也随之而来，“差生”问题便是困扰各国教育的问题之一，而同一问题在20世纪60年代的美国表现得尤为突出。美国1958年颁布了《国防教育法》，开始了大规模的教育改革，其目的在于促进学生的智力发展，培养具有高水平科研能力和掌握尖端科学技术的精英人才，以应对来自苏联“人造卫星”的挑战，保持美国的霸主地位。20世纪60年代，以布鲁纳学科结构课程理论为指导的中小学课程改革，由于片面强调课程的深度和难度，致使教材深奥难懂，不能为广大学生所接受，教材内容过于抽象，脱离生活实际，学生缺乏学习兴趣，厌学的情绪普遍存在，其直接后果就是导致了学校大批“差生”的出现。这是与社会和经济发展的要求相背离的。

掌握学习（mastery learning）是美国心理学家和教育学家布卢姆提出的，他认为，只要用于学习的有效时间足够长，所有的学生都能达到课程目标所规定的掌握标准。所以，在集体教学中，教师要为学生提供经常、及时的反馈以及个别化的帮助，给予他们所需要的学习时间，让他们都达到课程的目标要求。掌握学习教学模式的提出主要是为了解决学生的学习效率问题，以大面积提高学习的质量。

1. 掌握学习教学的目标

掌握学习教学模式的提出是与布卢姆的“教育目标分类学”联系在一起的，布卢姆把教育目标分为认知、情感和动作技能三大领域。认知领域的教育目标分成六大类，即识记、理解、应用、分析、综合、评价；情感领域目标分为五大类，即接受、反应、价值评价、组织、由价值或价值复合体形成的性格化。技能领域目标分为七大类，即知觉、定式、指导下的反应、机制、复杂的外显反应、适应、创作。教学目的必须让学习者明确，即学习者必须清楚地理解教学目标。

2. 掌握学习教学的内容

依据学习目标的不同，掌握学习的教学内容可分为各领域的知识、情感和技能。知识是人类经验的固化，来自社会实践，其初级形态是经验知识，高级形态是系统科学理论。按其获得方式可区分为直接知识和间接知识，按其内容可分为自然科学知识、社会科学知识和思维科学知识。哲学知识是关于自然、社会和思维知识的概括和总结。情感是态度这一整体中的一部分，它与态度中的内向感受、意向具有协调一致性，是态度在生理上一种较复杂而又稳定的生理评价和体验。技能是通过练习获得的能够完成一定任务的动作系统，包括心智技能和动作技能。

3. 掌握学习教学的过程

采用掌握学习教学模式，教师和学生都要对“掌握学习”抱有信心，教师要对全体学生都抱有真诚的期望。为了实施掌握学习模式，教师要明确学习内容的范围，明确具体的掌握目标，并编制能够反映目标达成情况的测验。另外，教师要制订达到掌握目标的具体教学计划，包括教学的单元序列、在每个单元上的教学、测验及反馈矫正方案等。实施掌握学习教学模式的一般步骤如下。

（1）为掌握学习确定目标

布卢姆认为，教学是按预期的教学目标改变学习者行为的过程。因此，掌握学习教学的第一步是使学生为掌握定标、定向。定向，首先是让学生明确当前“学习什么”以及“怎样学习”，达到“什么程度”。其次是不断地鼓励学生，帮助他们树立学习的自信心并激发学习动机。

（2）为掌握学习反馈矫正

教师依据教学目标和学生的基础状况进行互为衔接的各个单元（一般是教材的一章、一个专题）教学。

每授毕一教学单元，即用 20～30 分钟时间进行诊断测验（形成性评价）。诊断学生学习上存在的缺陷或发现学生学习进步状况，为师生及时提供教与学的反馈信息。通常由学生自己批阅测验试卷，若学生能掌握 80%～90%的测验内容，便视为达到本单元的掌握学习水平。若学生的成绩低于所规定的掌握水平，就应当重新学习这个单元的部分或全部，然后再测验，直到掌握。掌握学习教学法设置系统的反馈—矫正程序，目的是使绝大多数学生达到掌握学习水平。

（3）为掌握学习分等级

掌握学习教学在每一学科各单元的循环往复的形成性评价的基础上，于学期结束时进行总结性考试（总结性评价），以区分学生掌握学习的等级。评定学习等级以成功地完成各单元学习而不是以在团体测验中的等级为依据，且给达到既定目标的所有学生评定相应的等级。由此可见，该总结性考试和分等级的目的在于使学生最终达到掌握学习水平并受到鼓励而继续进行掌握学习。

三、教学模式的发展

随着科学技术的发展，教育面临着新的科技革命的挑战，促进人们利用新的理论和技术去研究学校教育和教学问题。现代心理学和思维科学对人脑活动机制的揭示，发生认识论对个体认识过程的概括，认知心理学对人脑接受和选择信息活动的研究，特别是系统论、控制论、信息加工理论等的产生，对教学实践产生了深刻的影响，也给教学模式提出了许多新的课题。因此，这一阶段在教育领域出现了许多的教学思想和理论，与此同时也产生了许多新的教学模式。

（一）从归纳型到演绎型

归纳型教学模式重视从经验中总结、归纳，它的起点是经验，形成思维的过程是归纳。演绎型教学模式指的是从一种科学理论假设出发，推演出一种教学模式，然后用严密的实验来验证其效用。它的起点是理论假设，形成思维的过程是演绎。归纳型教学模式来自于教学实践的总结，不免有些不确定性，有些地方还不能自圆其说。而演绎型教学模式有一定的理论基础，能够自圆其说，有自己完备的体系。

（二）从教为主到学为主

传统教学模式都是从教师如何去教这个角度来进行阐述，忽视了学生如何学这个问题。杜威的“反传统”教学模式，使人们认识到学生应当是学习的主体，由此开始了以“学”为主的教学模式的研究。现代教学模式的发展趋势是重视教学活动中学生的主体性，重视学生对教学的参与，根据教学的需要合理设计“教”与“学”的活动。

（三）从传统方法到信息技术

在当代教学模式的研究中，越来越重视信息技术。教学条件的科技含量越来越高，应充分利用可提供的教学条件设计教学模式。

第十节　职业教育教学评价

一、教学评价的意义

教学评价是根据教学目标的要求，按一定的规则对教学效果做出描述和评定的活动，也可以简单地理解为确定教学和学习是否合格的过程。它是教学各环节中必不可少的一环，也是教学设计中极为重要的一个组成部分，其目的是检查和促进教与学。这说明教学效果是教学评价的对象，而教学目标则是制订评价标准的主要依据，评价者按照这个标准来判断教学的价值大小。

二、教学评价的功能

教学理论与学习理论研究表明，教学评价对提高教学效能具有十分重要的作用，为学生就业提供了标准和依据，具体可以概括为以下几个方面。

（一）鉴定功能

职业教育是以服务为宗旨，以就业为导向的教育，职业学校学生需要达到职业资格标准，获得相应的职业资格才能够顺利就业。职业教育教学评价不但要通过职业能力水平评价对教学活动产生导向作用，而且同时要完成了对学生职业能力水平的鉴定。

（二）诊断功能

评价是对教学结果及其成因的分析过程，借此可以了解教学各方面的情况，从而判断它的成效和缺陷、矛盾和问题。全面的评价工作不仅能估计学生的成绩在多大程度上实现了教学目标，而且能解释成绩不良的原因，如学校、家庭、社会和个人中哪方面的因素是主要的，就学生个人来说，主要是由于智力因素，还是学习动机等其他非智力因素的影响，抑或是两者兼而有之。教学评价如同体格检查，是对教学现状进行的一次严谨的科学诊断，以便为教学的决策或改进指明方向。

（三）激励功能

评价对教学过程有监督和控制作用，对教师和学生则是一种促进和强化。通过评价反映出教师的教学效果和学生的学习成绩。经验和研究都表明，在一定限度内，经常进行成绩的测验对学生的学习动机具有很大的激发作用，这是因为较高的评价能给教师、学生以心理上的满足和精神上的鼓舞，可以激发他们向更高目标努力的积极性。即使评价较低，也能催人深思，激起师生奋进的情绪，起到推动和督促作用。

（四）调控功能

在教学系统中，评价的结果是一种反馈信息。这种信息可以使教师及时知道自己的教学情况，也可以使学生得到学习成功和失败的体验，从而为师生调整教与学的行为提供客观依据。教师据此修订教学策略、完善教学指导；学生据此变更学习策略、改进学习方法、增强学习的自觉性。教学评价有利于使教学过程成为一个随时得到反馈调节的可控系统，使教学效果越来越接近预期的目标。

（五）教学功能

评价本身也是一种教学活动，在这种活动中，学生的知识、技能将获得长进，甚至产生飞跃。例如，测验就是一种重要的学习经验，它要求学生事先对教材进行复习，巩固和整合已学到的知识技能，事后对试题进行分析，又可以确认、澄清和纠正一些观念。另外，教师可以在估计学生水平的前提下，将有关学习内容以测试题的形式呈现，使题目包含某些有意义的启示，让学生自己探索、领悟，获得更多的学习经验或达到更高的教学目标。

（六）管理功能

一方面，教学评价的管理功能比一般行政性、经验性的教育管理功能有更大的优越性，因为教学评价所具有的管理功能的发挥是建立在一系列严密操作程序的基础之上的，其言之有据，非一般的行政性狭隘经验所能比。另一方面，教学评价过程中所获得的教育信息、所得出的评价结论，是教育研究不应忽视的重要原始素材。教学评价本身具有教育研究上的价值，教学评价是一种严肃的、科学的探究活动，评价的方法、评价信息的收集与处理、评价结果的处理与反馈等皆与教育研究有诸多相同、相近之处。

三、教学评价的分类

依照不同的分类标准，教学评价可做不同的划分。按照评价基准的不同，可分为相对评价、绝对评价和自身评价；按照评价内容的不同，可分为过程评价和结果评价；按照评价功能的不同，可分为诊断性评价、形成性评价和总结性评价；按照评价分析方法的不同，又可分为定性评价和定量评价。教学评价的分类如表 3-1 所示。

表 3-1 教学评价的分类

分类标准	分类
按评价基准分	相对评价、绝对评价、自身评价
按评价内容分	过程评价、结果评价
按评价功能分	诊断性评价、形成性评价、总结性评价
按评价分析方法分	定性评价、定量评价

（一）相对评价

相对评价是在被评价对象的群体或集合中建立基准，然后把各个对象逐一与基准进行比较，来判断群体中每一成员的相对优劣。对学习成绩的评定通常是以群体的平均水平为基准，以个人成绩在这个群体中所处的位置来判断。而为相对评价而进行的测验一般称作常模参照测验，它的试题取样范围广泛，命题方式直接明确，测验成绩主要表明学生学业的相对等级。由于所谓的常模实际上近似于学生群体的平均水平，所以这种测验的成绩自然形成了正态分布。

利用相对评价来了解学生的总体表现和学生之间的差异，或比较群体学习成绩的优劣，效果是良好的。其缺点是基准会随着群体不同而发生变化，因此易使评价标准偏离教学目标，不能充分反映教学上的问题和为改进教学提供依据。

（二）绝对评价

绝对评价是将教学评价的基准建立在被评价对象的群体或集合之外，把群体中每一成员的某种指标逐一与基准进行对照，从而判断其优劣。教学评价的标准一般是教学大纲以及由此确定的评判细则。为绝对评价而进行的测验一般称作标准参照测验。它的试题取样就是预先规定的教学目标，测验成绩主要表明教学目标的达成度，这种测验的成绩分布通常是偏态的，如低分多高分少则为正偏态；反之，则为负偏态。

绝对评价的优点是评价标准比较客观，如果使用得当，可使每个被评价者都能看到自己与客观标准之间的差距，以便不断向标准靠近。另外，教学管理部门通过这种评价，可以直接鉴别各项教学目标的达成情况，明确今后的工作重点。它的缺点是制订评价标准时，容易受评价者的原有经验和主观意愿的影响，也不易分析出学生之间的学习差异。

（三）自身评价

自身评价既不是在被评价群体之内确立基准，也不是在群体之外确立基准，而是对被评价的个体的过去和现在相比较，或者是对他的若干侧面进行比较。

自身评价的优点是尊重个性特点，照顾个别差异，通过对个体内部的各个方面进行纵横比较，判断其学习的现状和趋势。但由于被评价者没经过与具有相同条件的其他学生的比较，难以判定他的实际水平和差距，激励功能不明显。因此，在实践中常须把自身评价和相对评价结合起来使用。

（四）过程评价

过程评价主要检查用于达到目标的方法和手段如何往往在教学设计和教学过程进行的倾向于完成还需要修改的形成性评价的功能，但是也完成过程中对时间、费用、学生接受情况等方面的总结评价。

（五）结果评价

结果评价（产品评价）主要检查计划实施后的结果或产品使用中的情况，倾向于完成总结性评价的功能，但也可提供形成性评价的信息。

（六）诊断性评价

诊断性评价也称教学前评价或前置评价，一般是在某项教学活动开始之前，对学生的知识和技能、智力和体力，以及情感等状况进行“摸底”。通过了解学生的实际水平和准备状况，判断他们是否具有实现新的教学目标所必需的基本条件，为教学决策提供依据，使教学活动适合学生的需要和背景。教育中的“诊断”是一个范围较大的概念，除了辨认缺陷和问题，还包括对各种优点和特殊才能的识别。因此，诊断性评价的目的是设计出可以满足不同起点水平和不同学习风格的学生所需的教学方案，并分别将学生置于最有益的教学程序中。

（七）形成性评价

形成性评价是在某项教学活动的过程中，为使活动效果更好而不断进行的评价，它能及时了解阶段教学的结果和学生学习的进展情况、存在问题等，以便及时反馈、及时调整和改进教学工作。形成性评价进行得比较频繁，如一个章节或一个单元后的小测验。形成性评价一般又是绝对评价，即着重于判断前期工作的达标情况。

教学设计活动中进行的评价主要是形成性评价，如对新的教学方案进行评价通常是在该方案的试行过程中进行的，目的是为修改该方案收集有力的数据和资料。对于提高教学质量来说，重视形成性评价比重视总结性评价更有实际意义。

（八）总结性评价

总结性评价又称事后评价，一般是在教学活动告一段落时为把握活动最终效果而进行的评价，目的是验明学生的学业是否达到了各科教学目标的要求。总结性评价注重的是教与学的结果，借以对被评价者所取得的较大成果做出全面鉴定，区分等级和对整个教学方案的有效性做出评价。

（九）定性评价

定性评价是对评价做“质”的分析，是运用分析和综合、比较和分类、归纳和演绎等逻辑分析的方法，对评价所获取的数据资料进行思维加工。结果是一种描述性材料，数量化水平较低，甚至没有进行思维加工。定性评价用于对成果或产品的评价分析，更重视对过程和相互关系的动态分析，以评价变量之间相互影响的过程。

（十）定量评价

定量评价是从量的角度运用统计分析、多元分析等数学方法，从复杂的评价数据中总结出归纳性的结论。定量评价的方向、范围必须由定性评价来规定。

四、教学评价的原则

为了做好各种教学评价工作，必须根据教学的规律和特点确立一些基本的要求，作为评价的指导思想和实施准则。具体来说，教学评价应贯彻以下原则。

（一）客观性原则

客观性原则是指在进行教学评价时，从测量的标准和方法，到评价者所持的态度，特别是最终的评价结果，都应符合客观实际，不能主观臆断或掺入个人情感。因为教学评价的目的在于给学生的学和教师的教以客观的价值判断，如果缺乏客观性就会完全失去意义，还会提供虚假信息导致错误的教学决策。贯彻客观性原则，首先应做到评价标准客观，不带随意性；其次应做到评价方法客观，不带偶然性；最后应做到评价态度客观，不带主观性。这就要求以科学可靠的评价技术为工具取得真实可靠的数据资料，以客观存在的事实为基础，实事求是、公正严肃地进行评定。

（二）整体性原则

整体性原则是指在进行教学评价时，要对组成教学活动的各个方面做多角度、全方位的评价，而不能以点代面、以偏概全。由于教学系统的复杂性和教学任务的多样化，使得教学质量往往从不同的侧面反映出来，表现为一个由多因素组成的综合体。因此，要真实反映教学效果，必须对教学活动从整体上进行评价。贯彻整体性原则，首先要评价标准全面，尽可能包括教学目标的各项内容，防止突出一点，不及其余；其次要把握主次，区分轻重，抓住主要矛盾，在决定教学质量的主导因素和环节上花大力气；最后要把定性评价和定量评价结合起来，使其相互参照，以求全面准确地判断评价客体的实际效果。

（三）指导性原则

指导性原则是指在进行教学评价时，不能就事论事，而应把评价和指导结合起来，不仅使被评价者了解自己的优缺点，而且为其以后的发展指明方向。也就是说，要对评价的结果进行认真分析，从不同角度查找因果关系，确认产生的原因，并通过信息反馈，使被评价者明确今后的努力方向。贯彻指导性原则，首先必须在评价资料的基础上进行指导，不能缺乏根据地随意评论；其次要反馈及时、指导明确，切忌耽误时机和含糊其辞，使人无所适从；最后要具有启发性，留给被评价者思考和发挥的余地。

（四）科学性原则

科学性原则是指在进行教学评价时，不能光靠经验和直觉，而要根据科学，只有科学合理的评价才能对教学发挥指导作用。科学性不仅要求评价目标标准的科学化，而且要求评价程序和方法的科学化。贯彻科学性原则，首先要从教与学统一的角度出发，以教学目标体系为依据，确定合理统一的评价标准；其次要推广使用先进的测量手段和统计方法，对获得的各种数据和资料进行严谨的处理；最后要对评价工具进行认真地编制、预试、修订和筛选，达到一定的指标后再付诸使用。

五、教学评价的内容

从教学系统理论的观点来看，教学评价是对教学系统的功能和效能的评价，即教学系统的功能完善与否以及效能的高低。而教学系统的功能完善与否和效能的高低取决于系统的构成要素和系统的结构，因此，教学评价的内容应包括教学系统要素的评价和教学系统结构的评价。教学系统要素评价包括教师的评价、学生的评价、教学内容的评价、教学条件的评价等；教学系统结构的评价包括反映教学系统结构的教学的管理制度、教学流程、各个教学环节的教学方案、教学环境等。

由于系统具有层次的特性，教学评价可分为学校教学系统评价、系部教学系统评价、专业教学系统评价、科目教学系统评价、单节课教学系统评价等。

六、教学评价的过程

教学评价过程一般包括以下步骤：

1）明确评价问题。明确评价是对教学系统的某个要素进行评价还是对教学系统的结构，或者对整个系统进行评价；是对学校教学系统进行评价还是对专业教学系统，或者是对单节课教学进行评价；是对学生学业成就评价还是对教师进行评价，或者是对教学内容进行评价。

2）确定评价目的。确定评价目的是为了更新教学系统要素，调整优化系统的结构。

3）确定评价对象。评价问题和评价目的确定之后，需要确定评价对象，即确定选择谁或者什么作为评价对象，最能反映所评价问题的本质。

4）制订评价方案。根据评价问题、评价目的、评价对象和学校教学实际和可利用的评价资源，设计经济有效的评价方案。

5）组织实施评价。依据评价方案，按计划组织实施，并得出评价结论。

七、教学评价的方法

教学评价的方法很多，可以分为教学系统要素和教学系统结构的评价方法。教学系统要素评价方法包括教师的评价方法、学生学业成就的评价方法、教学内容的评价方法、教学条件的评价方法等。教学系统结构评价方法包括教学流程方案的评价方法、各类教学方案的评价方法、各类教学情境的评价方法、各类教学管理文件的评价方法等。

第四章
职业教育传播理论

传播理论就是运用现代传播学的理念与方法等，对相关信息传送的过程与方式、信息的结构和形式、信息的效果和功能等方面做出相应的解释与说明。职业教育传播理论则是用信息传播理论来分析职业教育教学活动中教育信息传送的过程和方式、信息的结构和形式、信息的效果和功能等各个方面，并对有关问题做出解释。实训过程中，由于有些内容是难以用语言表达的，有人称为隐性知识大量存在，而使得信息传递问题比理论知识教学更为复杂。因此，职业教育实训设计需要职业教育传播理论作为理论支撑。

第一节　职业教育传播的模型和一般规律

人类的传播主要有四种类型：人际传播、组织传播、大众传播和教育传播。其中，人际传播是研究个人与个人之间的传播，以面对面传播为主；组织传播是研究组织与组织之间的传播，以印刷媒体传播为主；大众传播是研究组织对不确定的大众的传播，以印刷媒体、广播、电视、计算机网络等媒体传播为主；教育传播是研究学校对学生的教育传播活动，包括课内、课外，近距离、远距离的教育传播活动。职业教育是教育的一种类型，它有着自身特殊的规律。因此，职业教育也有着自己的传播模式。

一、职业教育传播的模型

职业教育的传播一般包括信源、讯息、通道和受者。职业教育的信源是社会、学生和职业，这些信源提供了社会、学生和职业的需要。职业教育的讯息包括社会、学生和职业需要的内容和对于这些内容的编码，这些内容包括社会、学生和职业需要的知识、技能和态度；对这些内容编码包括逻辑结构与呈现形式。职业教育的通道不外是视觉、听觉、触觉、味觉、嗅觉。职业教育的受者是学生。这样就形成职业教育传播的模型，如图 4-1 所示。

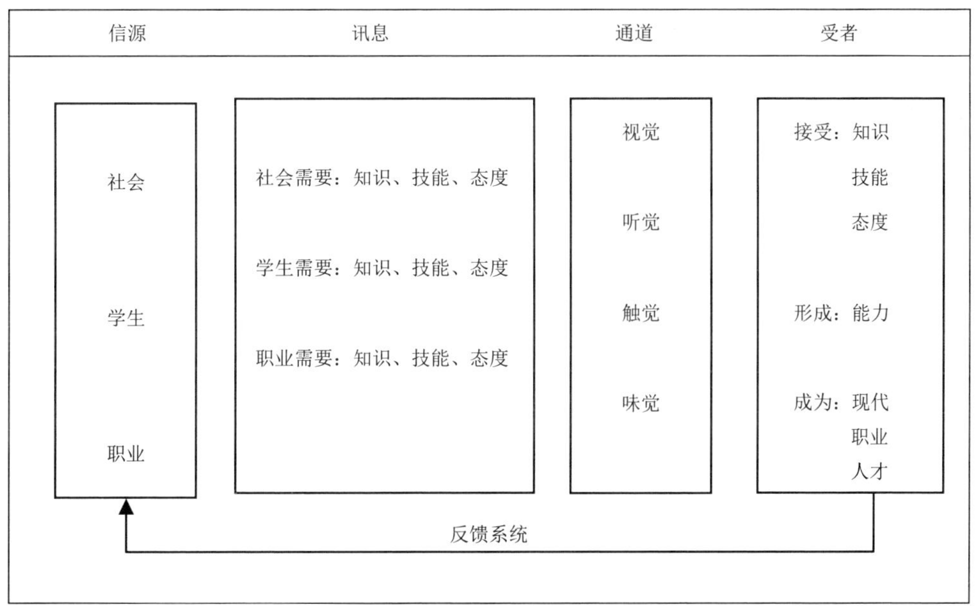

图 4-1 职业教育传播的模型

二、职业教育传播的一般规律

职业教育因为属于教育的范畴，所以教育传播的一般规律也是职业教育的传播规律。教育传播一般归纳为七大规律[①]。

规律一：学习者对教育者发出的信息具有选择性。一种选择是教育者发出的信息量常常和学习者得到的信息量不相等，会发生信息缺损或者失真；另一种选择是不同的学习者，甚至是同一个学习者，对教育者发出的同一个信息常常有不同的理解，这主要取决于接受者的经验和水平。

规律二：学习者对于教育者发出的信息，了解的越少，得到的越多；反之，了解的越多，得到的越少。这条规律要求教育者发出的信息要有新异性。

规律三：教育者发出的信息必须在可以被学习者接受的条件下，通过教育者和学习者之间的信息传递过程才能实现。这条规律要求教育者发出的信息具有可

① 南国农，李运林. 教育传播学[M]. 北京：高等教育出版社，1995.

感受性，是学习者能接受的。按照学习迁移原理，只有当两种学习中存在共同因素时，一种学习才能够影响到另一种学习，即产生迁移。教育者传递的信息，必须与学习者原有知识结构有相同因素才会有可感受性，为学习者所接受。

规律四：在实际的教育传递过程中，一般都具有多余度。多余度又为冗余度，是指在表达和传递信息时除了所必须使用的符号、信号外多余的符号、信息。多余现象在日常的教育传递过程中是常见的，大量的教育传递过程包含着多余度。

规律五：教育传递过程中，通道传信率的提高是有限度的，编码方式不同，信号传递速度也不同。通道传信率与编码方式有着密切的关系，编码方式不同，通道传信率也有所不同。实验研究表明通道传信率的差异：用语言描述使人识别需 2.8 秒；有线条图使人识别需 1.5 秒；用黑白照片使人识别需 1.2 秒；彩色照片使人识别需 0.9 秒；直接看实物使人识别需 0.7 秒。可见，编码方式不同，识别所需时间也不同，编码方式对于传信率有着重要的影响。科学实验证明，人类接受信息主要靠视觉和听觉，占总数接受能力（包括视觉、听觉、触觉、嗅觉）的 85%，除视觉以外，其他感觉接收的信息只占很少比例，这对于我们进行不同媒体形式的教材设计具有指导意义。

规律六：任何实际的教育传播过程中都存在着干扰。干扰是教育信息传递过程中一个几乎不可避免的现象，要采取有力措施，尽量减少语意环境和信息传递过程中的各种干扰，提高传播效率。

规律七：要增强教育传播效果，反馈是必不可少的。反馈对于教育传播过程来说极为重要，它可以使教育传播过程成为双向交流系统，使教育者了解到信息的传递结果，并对学习者的学习状况做出评价，对自身的传播行为做出有针对性的改进，以不断增进教育传播效果。

第二节 职业教育信息的呈现

从职业教育传播模型和传播规律可以发现，职业教育信息的逻辑结构和呈现形式对于提高教育教学效能具有十分重要的作用，而职业教育信息的逻辑结构和呈现形式也恰恰是教材研究的重要内容。

一、信息呈现与符号

符号学研究表明，一个事物可以用三种不同类型的符号表示：图像、标志和象征。图像是由客体的本质决定的符号、图像和它的客体之间总是存在着一定的差距；标志是与它的客体有着事实或因果关系的符号；象征是代表超过自身的含义的、由同一社会上的一个领域的人默认的符号或行为[①]。

（一）文字符号的特点

文字（语言）是象征符号。就象征语言，能指和所指的关系是武断任意的，需要做出统一的规定，并得到大家的承认，共同使用。语言文字是学习者在学习过程中感知的最重要的目标之一，具有以下特点：

1）文字符号的显示可引起心理表象（类似图像）和心理语言。例如，一个中文词或一个外文单词的显示都会引起人的心理表象和心理语言。

2）文字符号保留时间长。文字符号与电视图像一类的图像符号和音响符号相比，印刷的文字（包括插图）符号保留的时间很长，便于应用。因此，印刷材料更适用于需要较长注意的复杂内容的呈现。

3）文字符号系统发展比较完整，加上大量的人工符号，可以描述抽象的概念，并且表达得科学、准确。文字符号比较容易和其他类型的符号结合，尤其重要的是，文字教材的内容（文、图、表等）经过作者的仔细推敲、出版社的编辑加工和严格审查、修改，从而使内容表达科学、准确、统一、规范。

4）文字符号系统比其他符号系统（如形象符号）容易掌握，易教易学。

5）文字符号便于大量复制，易于传播，便于准确地被翻译和编辑，更便于信息加工处理，在人类社会活动中用得最多、最广、最方便。

6）文字符号的排列、组合遵守相应的语法规则，科技汉语还应遵守科学逻辑，用逻辑学规则来规范语言，使之科学化、规范化、标准化。

另外，文字教材使用比较方便，不像影视教材那样呈现时受录放设备和音响设备质量的限制。而且，由于阅读是人类接受教学信息的主要方式，因此，文字教材（印刷媒体中的主题部分）是人类学习的主要媒体。

文字符号的主要不足是只能以线性形式排列，是一维表达形式，不像图像那样以二维形式表达信息，全方位信息的感觉比较强。

（二）图像符号的特点

图像也是学生在学习过程中感知的最重要的目标之一，具有以下特点：

1）图像的显示能引起心理语言和表象，所以图像能传递教学信息。图像是一种二维显示，全方位信息感比较强，有利于开发形象思维。

---

① 范印哲. 教材设计导轮[M]. 北京：高等教育出版社，2003：94.

2）图像只能通过视觉接收，这种感觉上的不同影响教学效果。

3）在技能教学中，用图像符号和文字符号相结合的相识最合适。向学生展示并使之模仿某些技能，如运动技能、操作技能等，图像在其中起到独特的作用。

4）图像和语言具有互补作用，语言能限定和解释图像，图像也有助于定义的阐述，并使语言易于识记。

5）图像是比较具体的显示，具体的东西易于记忆。但是，抽象的东西往往是教学的核心，教学的根本目的是使学生形成概念，所以要把文字符号和图像符号结合起来使用。

6）利用图像易于突出关键信息，对学习更加有效。例如，用知觉（包括视觉）组织方法把图中的信息进行分区设计，对相关的信息用不同颜色加以组织，可突出关键，强化感知，有利于记忆。

7）图像设计是一个创作过程，用图像呈现教学信息，一要正确地了解学科内容，二要正确的构图。正确使用构图画面的基本要素，如点、线、体、色彩、明暗、空间等。

8）在图像设计过程中，正确使用有关学科的图像符号，如电工学、电子学图形符号、地图图例符号、气象学符号、建筑学符号、材料学符号等。

9）在图像设计中要正确使用数字、物理学、化学、生物学、制图学等学科的专门符号，以保证图像内容的科学性、规范性和统一性。图中使用的符号要和文字叙述相一致。

10）图表也是一种想象表示方法。图像是以图形和数字，简明、形象地表达事物的一种形式。图表主要用于表现各种统计数字机极其变化，可以使枯燥、抽象、难以用文字表达的内容一目了然地展示出来。

11）照片也是一种形象表示法。照片应图像清晰正确、构图巧妙、突出主题，与正文能很好地配合。

12）图像的细节难以保证清楚，图像只能通过视觉感知，不像文字那样可通过声音感知。

（三）标志符号的特点

标志符号在文字材料中不太常用，在音像教材中经常使用。标志和事物的关系是具体的、显示的，通常是因果关系。标志符号对其所指的关系是以标志的关系出现的。汽车的喇叭声是汽车来到的标志，火车的汽笛声是火车到来的标志，敲门声是有人到来的标志。

二、信息呈现与媒体

媒体（media）代表信息的载体和传递、加工信息的工具，其有两层含义，一是指承载信息所使用的符号系统，如文字、符号、语言、声音、图形、图像、软件程序等，媒体呈现时采用的符号系统将决定媒体的信息表达功能；二是指存储和加工、传递信息的实体，如书本、挂图、投影片、录像带、微缩胶片、计算机磁盘等以及相关的采集、播放、处理设备。教学媒体是采集、传递、存储和加工教育、教学信息的工具和载体（或中介），包括教与学两方面的媒体，它是在教与学活动中，传递、承载和控制教育、教学信息的载体或中介，是教学系统的重要组成部分。现代教学媒体的运用形式主要有：基于视听媒体技术的教学形式；基于卫星通信技术的远程教学形式；基于多媒体计算机的教学形式；基于计算机网络的教学形式；基于计算机仿真技术的“虚拟现实”教学形式。

教学媒体在教育教学中发挥着重要作用。从微观上讲，教学媒体有助于传递教学信息的标准化，使教学活动生动有趣，有效地运用学习理论和教学理论，提高教学质量和改进教学方法；从中观上讲，教学媒体的应用方式灵活多变、既可以用于学校的教学活动，又可以用于学校的教育教学管理，适用范围非常广泛，将大大改进学校教学条件和学习环境，推动学校教育改革和素质教育的进行；从宏观上讲，教学媒体或信息技术的发展和应用，为业余学习和终身教育提供物质条件，影响传统教师、学校在教育教学中的作用和角色发生改变，并将推动教育内容结构、教育组织结构和教育方式结构的深刻变化。

媒体在教学中的作用主要有：展示事实，形成表象；创设情境，建立共同经验；提供示范，便于模仿；呈现过程，解释原理；设疑思辨，解决问题；提供分析评价等。

选择教学媒体主要考虑其表现力、重现力、接触面、参与性和受控性几个方面。几种常用教学媒体的特性，如表 4-1 所示[①]。

表 4-1　几种常用教学媒体的特性

特性＼种类		录音	投影	电影	广播电视	录像	计算机
表现力	空间特性	−	+	+	+	+	−
	时间特性	+	−	+	+	+	+
	运动特性	−	−	+	+	+	+

① 加涅 RM. 教育技术学基础[M]. 张杰夫译. 北京：教育科学出版社，1992.

续表

特性 \ 种类		录音	投影	电影	广播电视	录像	计算机
重现力	即时重现	+	−	−	−	+	+
	延时重现	+	+	+	−	+	+
接触面	无限接触	−	−	−	+	−	−
	有限接触	+	+	+	−	+	+
参与性	感情参与	+	−	+	+	+	−
	行为参与	−	+	−	−	−	+
受控性	易控	+	+	−	−	+	+
	难控	−	−	+	+	−	−

第五章
职业教育系统理论

如果说职业教育课程理论提供了职业教育实训目标确定、实训内容筛选和实训内容组织的基本理论依据，职业教育学习理论提供了实训活动中学生的学习规律为职业教育实训过程、环境设计提供了基本依据，职业教育教学理论将提供实训活动中教师的教学规律，为职业教育实训设计提供教学策略制订的理论依据，那么系统理论将提供职业教育实训设计的系统思想理论方法。

第一节　系　　统

一、系统的定义与特征

（一）系统的定义

系统论的创始人贝塔朗菲认为，系统是相互联系、相互作用的诸元素的综合体。如果把贝塔朗菲的表述精确化，得到的系统定义是，如果对象集 S 满足两个条件，一是 S 中至少包含两个不同对象；二是 S 中的对象按一定方式相互联系在一起，那么 S 为一个系统①。

元素是构成系统的最小部分或基本单元，即不可再划分的单元。而所谓元素的不可分性，是相对于它所属的系统而言的，离开这种系统，元素本身又成为由更小单元构成的系统。例如，社会系统以人为元素，而人作为生物学系统以细胞为元素，但细胞没有社会性，细胞只有生物学和物理学的作用，不能作为社会系统的元素，研究社会系统，不需要也不能以细胞为元素来讨论。

---

① 苗东生. 系统科学精要[M]. 北京：中国人民大学出版社，1998.

（二）系统的特征

一般来讲，系统具有以下基本特征：

1. 多元性

最小的系统由两个元素组成，称二元素系统。一般系统均由多个元素组成，称为多元素系统。

2. 相关性

同一系统的不同元素之间按一定的方式相互联系、相互作用、相互制约，不存在与其他元素无任何联系的孤立元，不可能把系统划分为若干彼此孤立的部分。元素之间只有偶然联系的多元集不是系统，但具有统计性的偶然联系的多元集是系统，元素之间的联系具有统计确定性。

3. 整体性

多元性加上相关性，产生了系统的整体性和统一性。凡系统都具有整体的形态、整体的结构、整体的特性、整体的功能等。所谓系统的观点，首先是整体的观点，强调考察对象的整体性，从整体上认识和处理问题。但系统与整体不是一个概念，系统必为整体，整体不一定是系统。

二、系统的结构与功能

元素之间一切联系方式的总和，叫作系统的结构。系统的结构有很多种，如空间结构、时间结构、对称结构、母子结构等，其中，母子结构是指母系统与子系统形成的结构关系。

系统的功能是系统行为所引起的环境中某些事物的有益变化，而系统行为是指系统相对于其环境做出的变化。系统的结构对于系统的功能来讲是十分重要的，特别是当系统的构成元素确定之后，但决定系统功能的绝不单单是系统的结构，还包括系统的构成元素。另外，系统行为是描述系统与环境相互作用的概念。系统由于自身的需要，对环境通过输入和输出产生影响；环境对系统也有作用，就是控制系统的输入和输出。

三、系统的秩序与演化

（一）系统的秩序

系统的秩序性问题包括有序和无序，是刻画系统形态特征的重要方面。制造和组织系统、管理和使用系统，甚至观赏系统，关注的中心都是系统的有序性。就人类的价值判断看，一般认为有序胜于无序，高序优于低序。

系统的有序性首先指结构的有序性。组分、元素、子系统之间的联系方式可能是规则的、确定的，也可能是不规则的、不确定的。简单有序，指的是组分在空间分布上的规则排列，如晶体点阵；或为时间延续中的规则变化，如周期运动。简单无序，指的是组分在空间分布上的无规则堆积，如垃圾堆；或为时间延续中的任意变化，如随机运动。

系统的有序性还表现于行为的有序和功能的有序。系统的行为与功能是作为过程而展开的，包括多个阶段、步骤、程序等，需要有序地协调安排，以求行为和功能的优化。行为和功能直接表现的是系统与环境的相互联系，联系方式有规则的与不规则的、较强的规则性与较弱的规则性的区别，但更多地取决于系统内部联系，既结构的有序或无序、高序或低序。

纯粹的有序或无序只是理论抽象，真实系统的有序和无序是相对的，它们相比较而存在，相排斥而演变。一方面，晶体的有序排列中总有缺陷，地月系统的周期运动存在非周期摄动，成熟的法治社会也免不了有违法现象。另一方面，所谓杂乱无章的堆积物也有某种规则联系，随机运动存在系统确定性，也是一种有序结构。至于复杂系统有序与无序总是相伴而生，彼此都有明显的表现，表观的无序掩盖着丰富多彩的精细结构，因此，表观的无序是一种复杂、高级的有序。空间排列上的分形结构、时间演化中的混沌行为，都是这类复杂的有序，或嵌在无序中的有序。

系统的有序性是在其形成过程中通过对组分的整合建立起来的。内部组分的多样性和差异性，环境组分的多样性和差异性，既是滋生混乱无序的土壤，也是建立秩序的客观前提。诸多事情能够被整合成为一个系统整体，必有互补互利、合作共生的需要和可能，这是产生有序的基础。既为差异物，必定在资源占有上有相互妨碍、竞争排斥的一面，这是产生无序的基础。但合作互补可能导致相互依赖、诱发惰性，产生无序性，竞争互碍可能激发主动性、进取性，产生有序性。整合方式合理，合作与竞争、互补与互碍都是形成有序的积极因素；整合方式不合理，它们都是导致无序的消极因素。整合包括被整合者的相互协调，但不限于协调，整合还包括限制、约束甚至压制，因此不能形成有序结构。只讲差异物协调是片面的，差异整合才是系统论的基本原理。

整合作用不仅存在于系统的形成组建阶段，也贯穿于系统生存发展的全过程，活系统尤其如此。形成阶段解决的是从无序到有序的问题，然后才能解决从低序到高序、从不完善到比较完善的发展问题。不同组分之间，系统与环境之间的互碍互斥和矛盾冲突不断产生出破坏系统有序的力量和趋势，必须在系统生存发展过程中不断解决，或者维护现存的有序性，或者创造新的整合方式以改进系统的有序性。

（二）系统的演化

可以说，不管是处于系统的发生过程、系统的维生过程、系统的演变过程，还是系统的消亡过程，系统从发生到消亡一直处于演化的过程之中。

1. 系统的发生过程

一切实际存在的系统都是从无到有的，例如，世界上本来不存在 A，无所谓 A 的内部与外部，在由其他事物或系统组成的环境中，当某种条件具备后，经过一定过程，划分出 A 的内部与外部，系统 A 也就从无到有。系统的从无到有从内外不分到内外有别，就是系统的发生。系统作为差异性与多样性的统一，首先要存在有差异的多种事物彼此吸引、排斥、交往、互动，才可能出现整合过程。整合包含差异物之间的协调和合作，否则无法统一于一个整体中。但整合不限于协调，还包括约束和强制。环境压力就是一种强制力，在既定环境压力下，差异物只有整合为一个系统，产生整体突现性，才能在环境中生存发展。差异物之间必有排斥、竞争、摩擦，需有整体的调控和必要的约束、限制甚至强制，才能成为系统。系统是差异整合的结果，系统发生过程即差异整合过程。整合过程的主要任务是解决组织结构问题，但同时也改变和塑造着系统的组分。一般情况下，整合过程开始时的被整合对象与系统形成后的组分不是一回事，有时甚至面目全非。系统的发生过程也影响和塑造着它的环境，系统形成后的环境与形成前的环境是不同的。系统的发生方式多种多样，例如：①非系统的多元集经过元素会聚和整合成为系统；②从现存多个系统中选择元素按一定结构组成新系统；③从原有系统中分裂出较小的新系统；④若干系统联合成为一个新系统；⑤某个系统经过结构（整合方式）质变转换为另一新系统等。

2. 系统的维生过程

真实系统或多或少都表现出能使自己生存延续的能力，即使内外条件发生许多变化，系统仍能保持其基本结构、特性和行为不变，使人能辨认是“它自己”。系统的维生能力取决于三个因素。元素的存续是系统存续的实在基础，元素存续力强，系统存续力也强。系统存续力还有结构有关。结构良好，不同元素、不同子系统之间相互支持、“合作共事”，能使系统整体长期保持正常运转。结构不合理，结构之间相互冲突，必然导致系统整体运行混乱、故障不断。由于结构的作用，元素可靠性差并不意味着系统必不可靠。早期系统研究已经发现，重复使用大量不那么可靠的元件，可以建造出高度可靠的系统。结构往往是决定系统存续能力强弱的关键因素。系统存续也与环境有关，选择或营造合适的、善于适应变化的环境，能在环境中趋利避害，是系统存续能力的基本表现。

3. 系统的演变过程

任何系统的存续能力都是有限的，不可能永远保持其基本结构、特性、行为不变。

（1）系统演变的动因

系统演变的终极动因在于相互作用。首先是系统内部元素之间、层次之间的相互作用，包括吸引与排斥、合作与竞争等。这是系统演变的内部动因，关键是非线性的相互作用，系统与环境之间的相互作用是演变的外部动因。系统与环境的适应是相对的。系统自身时时在变化，环境在不断变化，导致系统与环境不可能完全适应，有时甚至强烈的不适应。由此产生环境对系统的压力，并转化为内部的相互作用，推动系统改变组分特性和结构关系，获得新的整体特性和行为，达成与环境新的适应。

（2）演变的方向

从演变的始点到终点的向量代表系统演变的方向。总体上讲，系统既有上向的前进的演变，也有下向的后退的演变。系统论视前者为演变的主导方向。一般认为，系统从无序无组织到有序有组织，从低序低组织水平到高序高组织水平，是上向的演变，否则为下向的演变。

（3）系统演变的机制

揭示系统演变的机制、机理和规律是系统演变理论的核心内容。系统是沿着由单层次到多层次、由较少层次到较多层次的方向演变的。复杂性的增加既表现在同一层次上由简单到复杂的演变，也表现在增加层次上，全新的复杂性要求突现出全新的层次。系统演变是复杂化与简约化的统一，高层次的组织往往比低层次的组织要简单。最初形成的系统可能有多余的结构，要在演变中简化掉。总体来说，系统是朝增加复杂性方向演变的，层次的增多总意味着复杂性的增加。

4. 系统的消亡过程

一切系统的寿命都是有限的，系统消亡有两种基本方式和动因。破坏性的环境压力直接导致系统消亡，或者是边界被打破而不能修复，或者是要害子系统被破坏，或者是整个系统被摧毁。但基本的方式是系统逐步老化，包括组分老化和结构老化，整合力衰减，达到临界值时系统消亡。这是内因导致的消亡。有时内外因素综合作用，导致系统发生病变、分裂而消亡。无论哪种情形，系统消亡都是整合能力破坏的结果。

第二节　系统的原理与方法

一、系统的原理

1. 整体突现原理

一堆自行车零件对人出行没有用处，组成自行车就具有交通工具的功能。无生命的原子和分子组织为细胞，就具有了生命。鉴于系统整体与其元素或部分的总和的这种差别是普遍存在的，因此，人们就提出了系统的整体突现原理。具体来讲，系统的整体突现原理是指若干事物按某种方式相互联系而形成一个系统，就会产生出它的组分的总和所没有的新性质（叫作系统质或整体质），这种性质只能在系统整体中表现出来，一旦把系统分解为它的组成部分，便不复存在。这一原理又被称为非加和性原理或非还原性原理。

系统是有组织的群体，组织性表现为元素或部分间存在一定的相互关系。整体突现性是系统的组分之间相互作用、相互激发而产生的整体效应即结构效应或结构增殖。同样一群元素按不同的方式相互作用，激发出来的系统效应也不同，存在着正效应、负效应和零效应。

2. 等级层次原理

在复杂系统中，常常可以看到较低级的系统质与较高级的系统质的差别程度，对系统功能有着重要的影响。描述这类现象需要层次概念。

在复杂系统中，从元素质到系统质的飞跃不是一次完成，而是经过一系列的质变完成的。可以说，每发生一次质变，就形成一个新的层次。因此，层次是从元素到系统整体质的根本质变过程中呈现出来的部分质变序列中的各个阶梯，是一定的部分质变所对应的组织形态。

系统论认为，无论是系统的形成与保持，还是系统的运行与演变，等级层次结构都是复杂系统最合理或最优的组织方式，即最少的空间占有，或最有效的资源利用，或最大的可靠性等。这就是系统的等级层次原理。

3. 互塑共生原理

互塑共生指的是系统与环境的互塑共生。环境对系统有两种作用或输入：给系统提供生存发展所需的空间、资源、激励或其他条件，是积极的作用、有利的输入，统称资源；给系统施加约束、扰动、压力甚至危害系统的生存发展，是消极的作用、不利的输入，统称压力。这就是环境对系统的塑造作用。

系统对环境也有两种相反作用或输出：给环境提供功能服务，是积极的作用、有利的输出，统称为功能，系统自身的行为，与其他系统为争夺资源展开竞争，有破坏环境的作用，即不利的输出，称为对环境的污染。这就是系统对环境的塑造作用。

环境对系统的塑造与系统对环境的塑造是同时存在、同时发生、相互作用的，这种现象被称为系统与环境互塑共生原理。

二、系统的方法

系统方法，就是运用系统理论的观点和方法，研究和处理各种复杂的系统问题而形成的方法，即按照事物本身的系统性把对象放在系统的形式中加以考察的方法。它侧重于系统的整体性分析，从组成系统的各要素之间的关系和相互作用中发现系统的规律性，从而指明解决复杂系统问题的一般步骤、程序和方法。

（一）常见的系统方法

1. 系统分析方法

系统分析方法是在第二次世界大战期间发展起来的，是为确定系统的组成、结构、功能、效用，而对系统各种要素、过程和关系进行考察的方法。首先，系统分析方法要求人们准确地记录下系统各要素和过程各阶段的数据；然后，运用这些数据对系统进行研究，一般是把有关数据排列在流程图上，并在做出初步设计决策前，仔细审核这些数据；最后，根据流程图上的各种数据设计方案和目标的要求，比较、选择方案。

2. 信息方法

信息方法是现代通信理论、控制论、自动化技术、电子计算机技术的综合运用。它运用信息理论，把研究对象抽象为信息及变换过程，通过信息的获取、传输、加工、处理、利用、反馈等过程，来揭示对象的本质和规律，进而认识对象和调控改造对象。应用信息方法要把握信息的传输过程，了解信源、编码器、信道、解码器、信宿的联系，并通过获取、传输、加工、处理和利用信息来认识改造对象。

1）信息的获取，是根据研究目的，运用现代技术手段，取得研究对象的信息。我们可以根据不同的研究目的，提取不同的信息。

2）信息的传输，包括空间传输和时间传输两种形式。空间传输可以跨越地域界限，将人们联系起来；时间传输可以通过文字、照片、录音、录像，进行“信息储存”，让信息沿时间箭头传递下去。

3）信息加工处理，是把信息纯化、净化，并对信息进行归纳演绎、分析综合的理论加工，从而找出本质的规律性的东西。采用信息方法须通过信息反馈，反复地获取、检测、加工信息，从而不断深入地认识和改造世界。

3. 反馈控制方法

反馈控制方法也是系统科学和系统工程中常用的方法。反馈是指系统的输出反过来作用于输入，从而影响再输出。在实际过程中，往往采用反馈手段对系统进行调节，这种方法称为反馈控制方法。使用反馈控制方法，要由控制器、执行机构、控制对象、反馈装置等四个主要部分构造成一个系统，并采用信息技术不断地对系统进行调整，从而使系统达到某种特定的状态，或按规律运行。

4. 黑箱方法

黑箱又称黑系统，指内部要素和结构尚不清楚的系统。对于黑箱，人们只能了解它的输入和输出，而不能或不便直接剖析内部。黑箱方法就是通过探索功能而推测结构的方法，它通过考察黑系统的输入和输出的动态过程，即研究其功能或行为方式，以推测和探求系统内部结构和运动规律。黑箱方法的根据是结构与功能的内在联系。通过研究系统的功能，可以推测或模拟其结构，进而认识其结构。因此，黑箱方法实质上是由功能探索结构的方法与模型方法的联合运用。它通过研究系统的输入与输出来考察黑箱，模拟建立几个可能的模型，从中择优而用。黑箱方法既可用以说明原型的结构和规律，也可对原黑箱的模拟模型加以实际应用。使用黑箱方法时主要采取以下步骤：①通过研究输入和输出研究黑箱；②系统分析功能，确定几个可供选择的黑箱模型，对黑箱模型进行检验和选择；③阐明黑箱的结构和运动规律并加以应用。黑箱方法提供了研究复杂系统和不能打开或不便打开的黑系统的研究方法。

5. 功能模拟方法

探索系统的结构与功能并加以实际应用的又一方法是功能模拟法。所谓功能模拟法，是指在暂不考虑系统内部组成要素及结构的条件下，应用模型来再现原型功能的方法。采用功能模拟法，要尽量做到使模型与原型在功能上相似，但不必去追求模型在结构上与原型相似。为此，①要系统研究原型的功能，把握其主要内容；②确立与原型功能相似的模型；③进行模拟，成功以后用以说明原型的功能，并加以应用。功能模拟法应用很广，可以模拟不能接触的事物的功能，可以进行脑科学与思维科学的研究，还可用于仿生学研究、发展新型技术。由于功能模拟法对结构的忽视，使之有一定的局限性，因此，需要与其他方法共同运用，综合研究，才能更好地发挥其作用。

6. 系统规划方法

人们在进行科学研究、技术开发、工程设计和规划时，也应采用系统方法来考虑其全过程。常用的具体方法有以下几种：

（1）PER 方法与 PDCA 方法

PER 方法即计划（plan)、选择（elect)、修订（revise）是指科学研究计划的选择修订方法。这一方法是统筹兼顾、系统循环、不断完善提高的方法，也是系统方法的一种。PDCA 是指计划(plan)、执行(do)、检查(check)、总结处理(action)，采用这种方法可以不断地完善计划方案内容，提高水平。具体是指在完成 PER 的工作后，制订出满意的计划；执行计划，与实际对照，检查执行情况；总结处理。

（2）DP 方法

DP 方法也是保证科研中计划优化和计划执行优化的方法，指动态（dynamic）和计划（plan）的缩写。运用动态规划时，要收集科学事实如观测记录、调研报告、由近及远的多分支文献系统（即文献树）；制订研究计划；调整充实计划，采用运筹学、线性规划等方法，使计划充实修改和优化。

系统方法还有许多种，如我国著名数学家华罗庚创立的优选法（0.618 法），系统分析和系统综合联合运用的分解协调方法等。在诸多系统方法中，有定量的、半定量的、定性的多种形式，在研究和运用时可以根据研究对象和研究目的进行选择。诸多的系统方法各有所长、各有所短、各有所用，要通过具体问题具体分析选择合适的方法。

（二）系统方法的使用原则

整体性原则、动态性原则、最优化原则和模型化原则是运用系统方法的基本原则。前两个是基础，第三个是目标，第四个是手段。

1. 整体性原则

系统科学方法的整体性原则是基于要素对系统的非加和性关系。当要素之间存在相干性、协同性的条件下，会有新质的突现。这种新质不是单个要素所具有的，而是系统整体才具有的。因此，在研究这类系统时，必须从整体出发，立足于整体来分析其部分以及部分之间的关系，再通过对部分的分析而达到对整体的深刻理解，整体性原则是系统方法的首要原则。它把研究对象视为有机整体，探索其组成、结构、功能及运动变化的规律性。它要求我们，无论是认识、研究、控制自然对象，还是设计制造人工系统，都必须从系统的整体出发，探索系统内外环境中和内外环境间的辩证关系。正如爱因斯坦说的："如果人体的某一部分出了毛病，那么，只有很好地了解整个复杂机体的人才能医好他；在更复杂的情况下，只有这样的人才能正确地理解病因。"系统方法要求从种种联系和相互作用中认识和考察对象，使系统分析与系统综合、归纳和演绎、局部和整体、个别和一般都协调一致起来。

2. 动态性原则

动态性原则是指系统方法的历时性原则。系统方法不能把系统看成是"静态的死系统"或"死结构"，而应看成是动态的"活系统"。在科学研究中，人们经常采用理想的"孤立系统"或"闭合系统"的抽象，但是实际存在的系统，无论在其内环境的各要素（或子系统）之间，还是在其内环境与外环境之间，都有物质、能量、信息的交换与流通。从原则上说，实际系统都是活系统，所以系统总是动态的，永远处于运动变化之中。系统要随着时间而演化，大至太阳系、银河系、河外星系，小至"基本粒子"，都有一个产生和消灭的过程，所以任何系统都经历着实在的历史。因此，在研究系统时，应当把系统发展的各个阶段统一加以研究，以把握其过程与未来趋势。

3. 最优化原则

最优化原则亦称整体优化原则，这是使用系统方法的目的和要求。这一原则要求在研究解决问题时，应统筹兼顾，大力协同，多中择优。采用时间、空间、程序、主体、客体等方面的峰值佳点，本着“多利相衡取其重，多害相衡取其轻”的原则进行综合优化和系统筛选，运用线性规划、动态规划、决策论、博奕论等有效方法，达到整体优化的目的。例如，统筹法中的网络图、关键路线，技术设计方案的可行性研究，效益经济学、效益管理学中最佳效益的追求等，都要运用最优化原则。

4. 模型化原则

采用系统科学方法，需要把真实系统模型化，即把真实系统抽象为模型，如放大或缩小了的实物模型、数学模型、符号系统模型或其他形式化的模型等。在采用系统的模型化原则时，除了遵循模型方法的一般原则以外，还应使模型的形式和尺度符合人的需要和可能，适合人的选择。对于复杂系统，需在系统分析的基础上，适当地采用模糊方法，经适当简化和理想化，才能建立起系统模型。一旦建立起系统模型，就可以进行模拟实验，运用电子计算机进行系统仿真模型化原则是采用系统方法时求得最优化的保证。

（三）系统方法的主要步骤

1. 从需求分析中确定问题

通常需求分析都是对现状和希望的结果之间的差异分析。这种需求分析应提供两方面的情况：第一是对于系统内部状况的描述，通常应当以严格的可以相互交流沟通的术语来进行描述；第二是对系统与其外部矛盾的对立的描述。可以确切地说，应用系统方法都是从需求分析评定开始的，评定分析需求是一个极为重要的过程，所以一般应用系统方法的第一个步骤通常称为根据需求评定分析鉴定存在的问题的过程。

2. 确定解决问题的方案和可替换的解决方案

在需求分析过程中，已确定了所要解决的问题，并且也提供了所有的对于解决问题的需求。通过对问题的现状和产出之间的比较，系统的设计者就能发现发展的方向，以及如何陈述所要达到的目标。

3. 从多种可能的解决方案中选择问题解决的策略

这一步骤在系统方法中是关于“怎样去做”的一个步骤。在这一步骤里，要选择完成目标的工具和方法。通常选择方法和工具的标准是“费用—效果”的比值。这种选择必须把整个系统的分析作为基础，通常采用模型化和模拟的方法来确定满足各种要求的最有效果的方法。

4. 实施问题求解的策略

在系统方法的第四个步骤中，对产生出的计划和选择的解决问题的方法与策略要具体的加以实施，并采纳、应用或者修正上面系统分析中提到的方法和手段。

5. 确定实施的效率

在实施的过程中，收集的信息包括两部分：过程信息和系统的产出信息。把这些信息同在需求分析评定和在系统分析中所得到的各种详尽的需求信息相比较，现实的系统同所要求的理想化的系统之间的差异性便一目了然。这就为下一步考虑修正，给出了诊断性的信息。

6. 对系统加以修正

根据实践实施得出的具体的执行信息，所构造问题的解决系统的执行情况应很快地反映到研究者那里。在这个过程中，我们一方面要注意研究过程本身的内在运行机制，另一方面还要不断地研究和分析各种问题的变化情况。应着重考虑以下两点：①它是否有能力满足适应各种需求、出现的问题，以及能否对各种要求和实际的问题做出相应的反应；②是否能连续地同原问题和解决问题的要求相适应。这种系统方法的自我修正的特征，保障了应付问题的有效性。

第三节 实训系统

一、实训系统的定义

实训系统是根据学习者实训需要，将教师、学习者、设备、资源等元素，通过某种结构组织在一起，形成的一个有机整体。为了便于研究问题，实训系统可分为广义的实训系统和狭义的实训系统。广义的实训系统是指学校使用一切可用于实训系统的资源，无论是自己的，还是社会的，全部考虑进去，建立的一个实训系统，这个系统不但提供实训，还提供学习者实习、实践、见习等形式的学习。狭义的实训系统专指为学习者提供实训的系统。

二、实训系统的功能

（一）职业导向功能

职业教育具有职业工作内容的导向性、职业工作过程的导向性和职业工作情景的导向性。所谓职业工作内容的导向性是指职业教育的内容要针对职业工作内容的需要来确定，内容应包括将从事此职业工作的学生个人发展的需要、职业生涯发展的需要和所处的社会发展的需要；职业工作过程的导向性和职业工作情景的导向性是指职业教育实施的过程和环境要与职业工作的实际过程和环境尽量一致。职业教育具有的这三个导向性应该体现在职业教育的各项活动当中，才能保证职业教育“以服务为宗旨，以就业为导向”办学方针的实现。鉴于实训系统在职业教育教学系统中的地位，它更需具备职业工作内容、工作过程和工作情景的职业导向功能。

（二）训练整合功能

训练整合功能是实训系统的主要功能。因为职业教育是“以能力为本位的教育”，学生能力的形成需要在掌握理论知识的基础上，通过技能训练、态度养成，最终整合形成。这里，训练整合形成的能力不单纯是专业能力，还包括创新等通用能力。

（三）素质养成功能

素质养成功能是实训系统设计过程中应给予特别重视的功能。职业教育虽然是“以能力为本位的教育”，但其前提是“以全面素质为基础”，这样，学生的职业意识、职业情感、职业意志、职业道德和职业行为习惯都应在实训过程中伴随着职业能力的训练整合形成得以教育和培养。

（四）技能鉴定功能

根据国家制定的就业准入制度，学生通过实训需要获得职业资格，这样实训系统还应具备技能鉴定功能。所以，实训系统的设计需要满足国家劳动与社会保障部对技能鉴定人员、场所和设备等各个方面的要求。

总之，实训是人的全面发展教育的一个组成部分，对人的全面发展有促进功能。设计实训系统时，应充分挖掘其功能，使学生通过实训得到全面发展。

三、实训系统的要素

要实现实训系统的功能，需依靠实训系统的组成要素和系统的具体结构。实训系统的基本要素一般包括实训内容、学生、教师、实训条件和实训手段。

（一）实训内容

实训作为实训系统的构成要素具有三个基本的特点：

1）实训内容的选择性。实训是人类经验传承的一种形式，在人类经验传承的过程中，存在着人类经验的无限丰富性与个人学习经验的时间、精力的有限性之间的矛盾。这一矛盾的存在，决定了实训内容不可能包括人类社会的所有经验，人们只能选择那些对于个体的成长和社会化来说是最有价值的、最基本的和最需要的经验。

2）实训内容的加工性。人类经验往往以知识体系、技术体系和规范体系（价值体系）的形式存在，不一定能为学生直接理解和掌握，人类文明成果只有通过加工、改造才适合学生学习。也就是说，人类文明成果的表现形式和组织方式，必须符合学生的心理结构水平和特点。从教育角度出发加工、改造人类文明成果的过程，是依据教育目的和学生身心发展规律，确定实训内容的具体过程。

3）实训内容的有效性。实训能否对学生的发展产生积极的促进作用，与实训内容的性质和特征是分不开的。这是因为，实训内容对学生的活动具有内在的制约性，规定着学生学习的范围、层次和方式，限定着学生的主体活动。只有那些能够提供全面构建学生主体活动机会的实训内容，才能有效地引导学生展开智力活动和非智力活动，才能有效地促进学生的全面发展。

（二）学生

学生是有学习需要并参与到实训活动中的人，是实训系统的基本构成要素之一。学生身心的发展具有内在的规律性，例如，心理发展存在着年龄特征、阶段性、顺序性，存在着发展的关键期等。同时，每个具体学生又是千差万别的，存在着个体差异性。作为实训系统的基本要素，学生的生理、心理和社会特征，学生的积极性和主体能力，直接影响着实训活动进行的方式、效率和结果。

（三）教师

教师代表着社会、阶级或民族的意志，负责指导学生掌握人类经验，具体承担着设计、组织和管理实训活动的职责。从总体来看，教师的参与提高了学生掌握人类经验的自觉性，使实训教学更为有效。教师水平的高低，直接影响着实训的水平和质量。因此，教师是实训系统存在和发展不可或缺的基本要素之一。但教师自身的能力又是有限的，他需要借助良好的实训条件和有效的实训手段来提高实训的效能。

（四）实训条件

实训条件包括实训环境和实训设备。为了达到实训目的，需要对实训内容加以选择，而实训内容的实施需要实训环境和实训设备。可以说，实训环境和实训设备提供了实训的可能性，但实训环境和实训设备常常受到各个方面的限制。

（五）实训手段

为了打破实训环境和实训设备等造成的各种限制，提高实训效能，就不得不设计出各种各样的实训手段。在实训系统各个要素中，实训手段常常得到人们特别的重视。

四、实训系统的结构

为了使得实训系统具备相应的功能和具有较高的效能，除了实训系统的组成要素要达到一定的要求外，实训系统的结构设计是十分关键的。

任何职业活动都是在一定空间内进行的，任何职业活动都是在一定的时间内进行的，任何职业活动都符合一定的逻辑，因此，一个实训系统的结构设计必然包括空间结构、顺序结构和逻辑结构。

中篇

职业教育实训分析设计

职业教育实训基础理论的研究，为开展职业教育实训设计提供了理论指导。职业教育课程理论在明确职业教育课程目标的同时，为实训目标的确立提供了理论依据和具体方法；职业教育学习理论在明确了职业教育学习的本质是构建学生心理结构的同时，为实训过程设计提供了能力形成的一般规律；职业教育教学理论在明确了职业教育教学一般规律的基础上，为实训设计提供了教学策略；职业教育系统理论在明确系统优化原理的基础上，提供了实训设计的系统优化思想。

本篇将运用上篇理论研究的成果，来讨论职业教育实训设计的基本概念、基本原则和基本模式，并针对不同专业，对其进行整体实训解决方案的设计。

第六章 职业教育实训设计概述

职业教育实训设计是职业教育教学设计的重要组成部分。实训设计是为了实现能力本位教学，以及理论知识学习与技能训练一体化而对职业院校的实训进行的设计。但由于职业教育实训设计一直没得到人们的足够重视，所以有关职业教育实训设计的一些基本概念、基本特征和基本模式等，也很少有人论及。

第一节　实训的定义与特征

一、实训的定义

在教育教学过程中，常用到实验、实践、实习、见习等术语。实验是为了检验某种科学理论或者假设而进行的某种操作或从事的某种活动。实践是人们改造自然和改造社会的有组织的活动。实习是把学到的理论知识拿到实际工作中去应用和检验，以锻炼工作能力。见习是初到工作岗位的人在现场实习。这四种教育教学活动在职业教育教学过程中都不同程度地发挥着作用，但对职业教育来讲是很不够的。目前，社会提出了职业准入的制度要求，职业准入制度要求职业教育培养的毕业生能够取得相应的职业资格，而有些职业资格的取得依靠实验、实践、实习、见习等方式都是低效的，有的甚至是不可能的。

实验只是验证性的，多用于学科教育，目的是使学生相信理论所描述的规律是客观存在的。实践，作为学生去参加一些社会实践还可，但参加生产实践是需要上岗资格的。根据实践的定义，实践是学生去现场开展真实的改造自然和改造社会的活动。实习也是在工作现场进行的，一般很难在较短的实习时间内，在不同岗位、工种间轮换，设定各种训练机会，完成多方面的多次训练。而见习是学生毕业后的事情。

为了弥补实验、实践、实习、见习等的不足，需要建立一个能够在较短的时间内，在不同岗位、工种间轮换，设定各种训练机会，完成多方面的多次训练，与企业工作现场十分贴近的环境。学生在这个学校可控的、与企业工作现场十分贴近的环境中，具有各种训练机会，在不同岗位、工种间轮换，完成多方面多次训练的同时，能够熟悉企业各种制度，得到企业文化的熏陶，形成优良的职业素质，这就是实训。因此，可以给实训这样一个定义：实训是指在学校控制状态下，按照人才培养规律与目标，对学生进行职业能力训练的教学过程。

二、实训的特征

（一）真实性

实训来自真实，超越真实。

1）实训环境要具有真实性。如果实训环境模拟企业的真实工作环境，以工位模式区别于学校传统教室授课方式，学生实训会有一种进入企业工作的感觉，这有助于他们缩短日后进入工作环境的心理适应期。因此，实训环境的真实性，可以帮助实现实训系统的职业工作环境导向功能。

2）管理制度要具有真实性。学生实训期间要从学校的教学管理转变成完全的公司管理。学生以实习岗位职员的身份开展工作，并接受管理和考核。学生要组成班组或项目小组，小组之间的沟通和协作以及工作分配调试等完全贯彻正规公司的企业管理制度，在工作中严格贯穿执行国家或者国际标准规范。

3）学生的任务要具有真实性。学生面对的工作任务要源于工作实际，无论是任务还是项目，都应是企业实际的案例，并要紧随目前本行业技术发展动向，时刻保持教学内容和教学工具的“新”和“实用性”，所有技术点的传递和开发工具的使用都与目前企业项目实际操作所要求的保持一致和同步。

（二）重复性

重复性是指在较短时间内可以重复设置学生实训需要的环境以及各方面的条件，保证学生能够反复进行训练。这是可控制性，即学校、教师甚至学生，都可以根据需要随时设置或者调整实训的环境，安排需要的实训项目。而实习则做不到这一点，实习时学生只有根据企业生产或者管理周期等待锻炼机会。

（三）科学性

1）要符合职业教育教学规律。实训教学过程要按照任务或者项目完成的过程进行设计。这样，不但能够提高个人的技能水平，还为培养个人的团队合作精神和与其他成员沟通协作能力提供了条件。

2）要符合职业活动规律。不同的职业活动，其活动规律有所不同。有的职业活动按时间顺序进行，有的则是按逻辑顺序或者空间顺序进行。

（四）规范性

在设计实训项目时应明显区别于实验。例如，电工实验一般采用软导线连接，测量线路中的相关物理量，以验证某个定理或公式的正确性。而电工实训则不然，一般它给出的线路应有明确的功能应用性，如多层民宅的通道照明线路、抢答器的线路、机床控制箱某一部位的线路，让学生了解各类电路的实际应用，并要求学生按照电工操作规范，进行导线、辅料的选择及布线。

（五）经济性

实训成本较高，为了降低成本，模拟实训是人们的首选，它一般有下列优点：

1）节约经费。一个数控机床仿真软件仅需几千元人民币，而一台国产的数控机床至少要十几万元。

2）减少占地。一个电子线路设计自动化的软件只需电脑及工作台，软件中存放了大量先进的测量仪器设备、器件和元件，无需堆放空间。

3）更加安全。对使用大型重装备设施的实训项目，通过软件系统仿真运行后再使用实体系统，既能避免设施的损坏，更能有效地保护师生的人身安全。

4）增强自信力。一道数控加工工序可由不同的程序完成，一个电子产品的功能可由不同的线路来实现，采用仿真、模拟软件能较快证明学生这些不同构思的可行性。

第二节　实训的分类

一、按实训的内容分类

接受职业教育的学习者需要形成两种类型的能力：一种是不随专业变化而变

化的能力，或者说不随变化而变化的能力，称为通用能力；另一种是从事不同专业或者职业而不同的能力，称为专业能力。因此，实训按其内容可分为通用能力实训和专业能力实训。

这种分类方式并不意味着在专业能力实训中不能进行通用能力实训，实际上，对通用能力的训练往往融入专业能力实训项目中进行。当然，按实训内容可以有更为详细的分类，如通用能力实训又可分为沟通能力实训、自我管理能力实训、处理信息能力实训等；而专业能力实训也可进一步细分为多种实训。

二、按实训的功能分类

学习理论研究表明，知识学习、技能形成、态度养成、单项能力形成、综合能力形成是能力形成过程的几个十分关键的环节。其中，学习者需要通过实训才能形成的有技能、单项能力和综合能力。所以，实训可分为技能实训、单项能力实训和综合能力实训三类。

这只是一种分类形式，并不是说对所有的技能、单项能力和综合能力都要设立单独的实训项目。只是对那些学习者花费时间较长的，需要设立单独实训项目的技能实训、单项能力实训和综合能力实训才设立实训项目；对于那些形成较为容易的技能，可以放到单项能力实训中进行训练；对于那些形成较为容易的单项能力，也可以放到综合能力实训中进行训练，甚至对那些形成较为容易的综合能力，也可放到更综合的能力实训中进行训练。

三、按实训的形式分类

按实训的形式可分为岗位实训、项目实训和任务实训。如果把每天的工作分解开来，是一项项的工作任务。为了便于学习者学习，需要学习者首先掌握完成一个个任务的能力。完成一项任务的能力训练称为任务实训。一组任务往往构成更大的一项任务，这样的任务需要几个人合作才能完成，为了区别单一任务，这样一组任务称为项目。完成项目能力的能力训练称为项目实训。学习者最终都要到岗位上工作，因此，岗位实训是任何一个学习者必须经历的一种实训形式。岗位实训一般安排在单项实训合格之后，因为岗位实训的重点不再是完成某项任务能力训练，也不是完成某个项目的能力训练，而是熟悉适应岗位的工作环境、工作节奏与氛围以及所用工具设备的实训。目的在于使学习者通过在工作岗位上独立进行业务工作，具体分析和解决实际问题，感受实际工作条件，提高适应实际工作的能力，包括组织能力、协调能力、合作能力和管理能力等。

第三节　实训设计的理论与发展

一、实训设计的理论

“设计”是指人们在创造某种具有实效性的新事物或解决所面临的新问题之前，所进行的探究性的系统计划过程。从这个意义上说，设计注重的是规划和组织，即设计着重对计划的对象进行分析，明确相关的因素，并对其进行有效的控制。实训设计是一个系统化规划实训系统的过程，可以从以下几个方面认识和理解实训设计：①实训设计的最终目的是为了提高实训效率和实训质量，使学生的能力得以形成；②实训设计的研究对象是实训系统；③实训设计必须以学习者的特征为出发点，强调运用系统方法；④实训设计的过程是问题解决的过程，应重视对实训效果的评价。

实训设计理论可分为理论基础、基本原则和基本模式三个层次，其方法体系如图 6-1 所示。

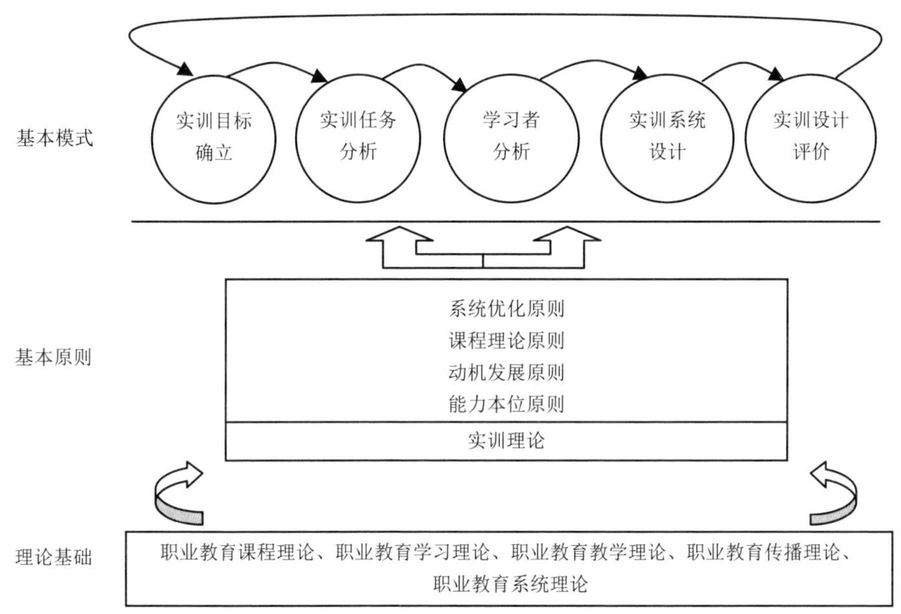

图 6-1　职业教育实训设计理论方法体系

理论基础包括职业教育课程理论、职业教育学习理论、职业教育教学理论、职业教育传播理论、职业教育系统理论，这些理论为职业教育实训设计奠定了理论基础。

基本原则包括建立在职业教育课程理论、职业教育学习理论、职业教育教学理论、职业教育传播理论、职业教育系统理论基础之上的职业教育实训设计的系统优化原则、课程理论原则、动机发展原则和能力本位原则。

基本模式则为实训目标确立、实训任务分析、学习者分析、实训系统设计（实训软件系统设计、实训硬件系统设计）和实训设计评价共五个基本阶段。

二、实训设计的发展

（一）实训设计的历史轨迹

1. 实训设计的提出

对于学校来说，由于不可能根据教学的需要随时安排学习者训练，学习者也不能在企业管理、生产或服务的设备上，不考虑企业管理、生产和服务是否需要，反复进行训练，而职业技术院校的学习者需要这种随时的反复训练，所以才有了实训的需要。这种需要，起初并没有很快让人们意识到实训的设计问题，而是启发了职业技术院校去购买生产设备，安装在学校的某处，成为实训中心。

随着实训中心的建立和院校投入资金的增加，出现了两个问题，一是购买设备的资金数目惊人，二是设备运行成本较高。于是，人们考虑使用模拟实训，用仿真手段来解决设备购买资金数额太大和设备运行成本太高的问题，就出现了实训模拟软件、硬件设计的问题。至此，可以说实训设计的问题被提出，并开始了实训设计的初步尝试。

2. 教学理论对实训设计的影响

实训模拟软件、硬件的出现并没有使人们理解实训设计的最终目的。有些人常常为只能买模拟设备而不是生产实际用的设备而苦恼，随着实训实践，人们慢慢意识到实训中心和生产车间在根本功能上是不同的，因此实训中心设计与生产车间设计应有区别。

实训中心的首要功能是培养人，而生产车间的首要功能是生产产品。既然实训中心的首要功能是培养人，那么它应在教学思想理论的指导下进行设计，反映教学的基本规律。当然，这并不否定实训要求的真实性，而是在真实的基础上，形成能力训练教学所要求的原则、过程和环境。

在这种思想指导下，实训设计有了极大的发展，人们开始重视实训设计的教学效能，出现了一些典型的实训设计。例如，一个用于实训的4S店，门口注明了学习目标，墙壁上张贴着4S店组织机构、岗位职责、工作流程、操作标准，资料柜里除了设备手册，还有技能学习指导书，其中描述了学习目标、学习途径以及考核内容形式标准等。

由于这些实训设计不是由实训设计专业人员设计，而多是由学校教学管理人员设计，所以，教学理论在实训设计中也没有系统地落实。

（二）实训设计理论发展的趋势

1. 系统科学的影响

实训设计的根本目的是为解决实训问题创设一个有效的实训系统，而创设这样一个系统需要用系统的思想理论方法。因此，系统科学对实训设计的理论发展必然产生重要影响。

目前，国家和地方教育行政主管部门投入资金设立了一些区域实训中心，各个学校也在为各个专业设立实训中心。这些工作需要在系统思想的指导下开展，作为学校应在国家和地方教育行政主管部门设立的全国性实训系统下，统筹学校各专业实训需要，做出统一规划，形成学校实训系统，并应用系统理论对实训系统的各个要素、结构和功能进行整体研究，揭示实训要素之间必然的、规律性的联系，做到实训效果最佳和最经济。

2. 学习理论的影响

实训设计是为了促进学习者能力形成而设计的，因此，应广泛了解及学习人类行为，以及为什么有的学习有效，有的学习无效，并且必须以学习理论作为其理论基础。学习理论提供了能力形成的条件和形成的一般过程及其特点，提供了学习动机形成条件和发展过程及特点。这些对于实训设计具有十分直接的指导意义。

“学习理论的发展使教学设计从萌芽到诞生，从起步走向发展”[①]，而对于起步很晚的实训设计更是这样。一种有效的教学设计理论是建立在有关的学习理论的基础上，而一种有效的实训设计理论也必然是建立在某种学习理论之上的。

3. 科学技术的影响

科学技术的发展，已经使实训手段发生巨大变化，特别是信息与网络技术的发展，更是为实训系统的设计提供了广泛的空间。由于建构主义学习理论突出了以学生为中心的思想，这种新的实训设计理论是以“练”为中心而设计，都是围绕如何帮助学生的“练”而展开，其核心内容包括实训环境的设计和自主训练策略的设计，以信息与网络技术为基础的现代教学媒体为实训环境的构建提供了极为丰富的支持。

---

① 乌美娜. 教学设计[M]. 北京：高等教育出版社，1994.

第七章
职业教育实训设计的基本原则

第一节　课程理论原则

一、职业教育实训规划整体化原则

职业教育各专业的实训项目设置形式如图 7-1 所示。由图 7-1 可以看出，职业

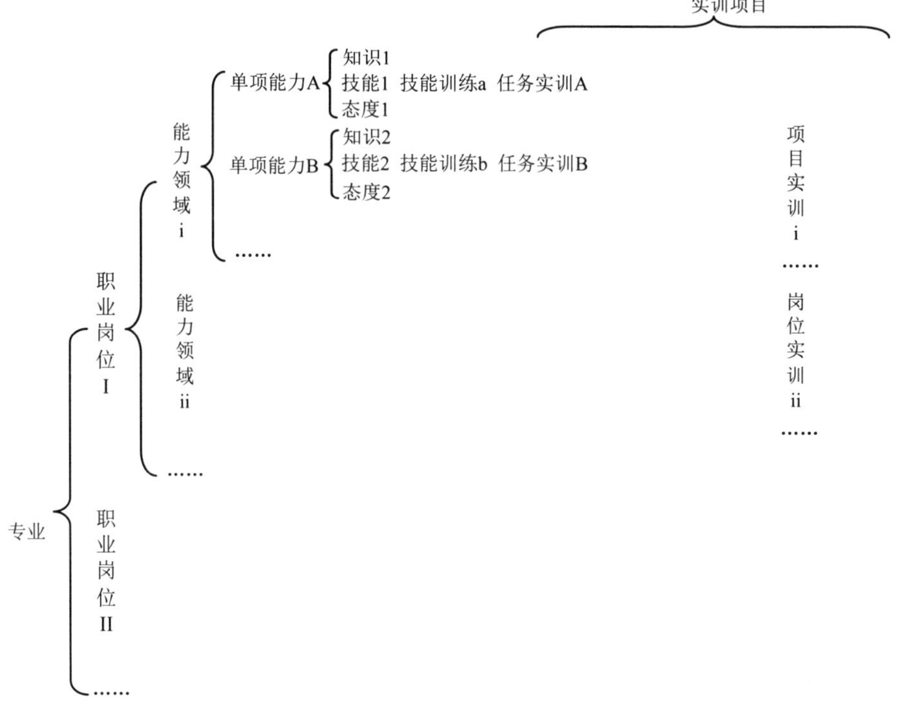

图 7-1　职业教育各专业的实训项目设置示意图

教育各个专业的实训项目是从专业服务的职业岗位、能力领域、单项能力和技能逐级推演出来的。当然，并不是推演出来的所有技能训练项目、任务实训项目、项目实训项目、岗位实训项目都被列为实际教学计划中的实训项目，而是需要进一步论证哪些实训项目最终列为教学计划中的实训项目，但职业教育实训项目规划应按这样的整体化原则进行规划。专业的实训项目确定后，系部和学校的实训项目可依据这些要求，设计出学校、系部和专业的实训系统。

二、职业教育实训目标一体化原则

职业教育实训项目规划的整体化原则落实了实训项目体系，在一定的程度上保证了专业培养目标的落实，但专业培养目标的切实落实还需进一步分析确定。职业教育实训项目的目标设计需要遵守一体化原则，如图 7-2 所示。

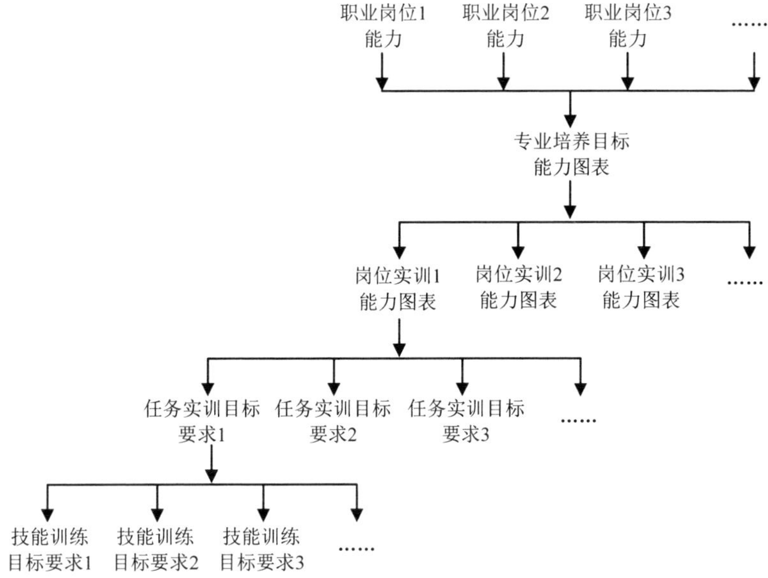

图 7-2 职业教育实训目标设计一体化示意图

三、职业教育实训内容结构化原则

职业教育实训项目内容为了保证实训项目目标能力的形成，需要根据能力的形成条件及其过程进行结构化设计，如图 7-3 所示。

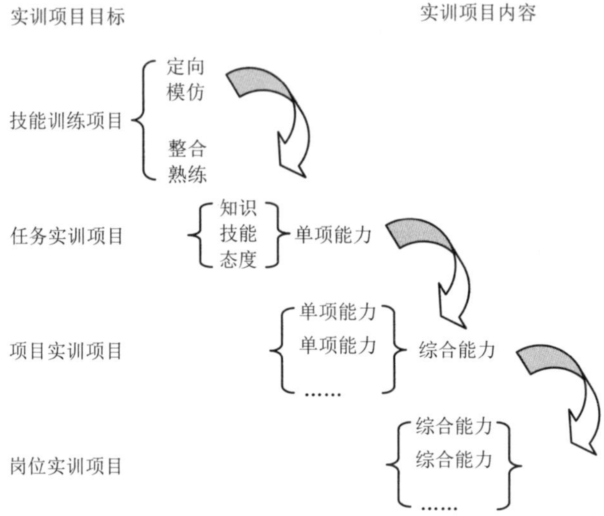

图 7-3　职业教育实训项目内容结构化

第二节　职业活动导向原则

为了实现职业教育教学活动的价值，使学生形成所从事职业需要的思维、行为、语言、情感等职业特质，职业教育教学设计应遵循职业活动的导向原则。

一、过程导向原则

任何一项职业活动的完成都需要经过一个完整的职业活动过程，因此职业教育的教学设计需要运用好这一职业活动的逻辑顺序特点。在教学过程中，为了使学生熟悉职业活动过程，首先把职业活动过程介绍给学生，然后按职业活动的先后顺序开展教学活动。这就是教学设计的职业活动过程导向原则。

这项原则对于职业教育的任何一个专业的教学设计都具有指导意义，特别是学习机械加工、维护维修等技术类专业的学生。由于他们每天面对的是一些固定的职业环境和过程，因此职业活动过程可以作为教学设计的主线。

二、情景导向原则

职业活动除了有过程，又都是在一定职业情景下进行，有时这些职业情景随机发生着各种各样的变化，而随着这些变化，从事这些职业活动的人员需要针对已经变化了的职业情景，调整职业活动的先后顺序或增减职业活动。对于具有这种特点的职业活动，在教学设计时，需要设定可能出现的各种职业情景，以先易后难的顺序和过程顺序开展教学活动。这就是教学设计的职业活动情景导向原则。

这项原则对于职业教育的任何一个专业的教学设计也都具有指导意义，尤其对于金融服务、商业服务、旅游服务等各类服务专业，由于这些专业从业人员每天面对的是随机变化的职业情景和过程，职业活动过程在教学设计中就变得不具有决定意义。这时职业活动的情景将成为更为重要的影响教学设计的要素。礼仪课程是典型的情景导向课程。这类专业教学需要注重培养学生敏感和灵活的特质。

三、效果导向原则

有些职业活动的过程和情景都不那么重要，重要的是职业活动的效果。对于这类职业活动，在教学设计中，首先展示各种效果，然后尝试不同的职业活动过程、情景，去达到或者超越学习开始时所展示的效果。这就是教学设计的职业活动效果导向原则。这项原则适用于艺术类专业或其他类专业中涉及艺术的教学内容。

第三节 学习动机原则

一、学习目标先行

关于学习目标先行对学生学习动机的影响，美国心理学家耐特（Knight）和瑞莫斯（Remmers）曾做过一个实验。通过实验发现，如果被试者认清学习目标，那么就会产生强烈的学习动机。若被试者搞不清楚他们要学做什么，即学习目标不明确，则学习动机和兴趣都处于较低水平。明确的目标是指学习目标要完整、系统、具体，而且学习者必须能够理解它的价值和意义；学习者明确了学习目标的价值和意义，学习目标的诱因性将大大增加。研究还表明，让学生及时了解自己的学习结果（即反馈），可以加强其进一步学习的动机[①]。除学习目标先行可以激发学生的学习动机之外，职业教育学习观和教学观研究还表明，教学的目标结构还为学生学习确立了心理结构构建的目标，为学习活动指明了方向。因此，教学的目标结构设计是实训设计的关键环节。

为了使学习目标具体明确，根据教育传播理论的研究成果，职业教育实训目标应采用图表的形式，这样可以使学生对学习目标一目了然。CBE 理论教改实践

---

① 李洪玉. 学习动力[M]. 武汉：湖北教育出版社，1999：115.

证明：用能力图表表现实训目标，具有系统、明确、具体的特点，能够做到一目了然，并充分发挥学生和教师的主动性，使实训效能得到显著提高。

二、学习兴趣诱发

学习动机研究表明，学习兴趣的诱发可以分为设趣、激趣、诱趣、扩趣四个阶段，实训设计中也要充分体现这四个阶段。设趣是实训指导教师通过分析学生本身的个体需要或者可能的外部诱因，为学生的学习设定实训目标和创设新异的实训情境。激趣是激发学生的好奇心和求知欲。在实训教学中，要注意促使学生好奇心尽快地向求知欲发展，最终通过激趣，使学生对实训产生良好的兴趣。诱趣是诱导学生“生疑—思疑—释疑、再生疑—再思疑—再释疑”的过程。这就需要对实训内容进行精心组织、科学安排，一环扣一环提出问题，诱发学生“生疑—思疑—释疑”，不仅要学生会做，更要他们思考怎样做更好。学生每解决一个问题，就有一种战胜难点的兴奋，就会多一份自信。扩趣是引导学生不断探究，培养创造思维，引发创新精神。实训过程设计要做到进一步引导学生主动去发现问题，养成质疑问难的习惯。

第四节　能力本位原则

一、具备能力形成的条件

职业学校学生能力形成是有条件的。根据职业教育学习理论中能力的条件定义，单项能力形成的条件包括知识、技能和态度，而综合能力的形成条件是具备相关单项能力。在教学设计中，应注意不要出现缺少能力形成条件的现象，以避免因为能力形成条件的缺失而影响能力的形成。具体形式如图 7-4 所示。

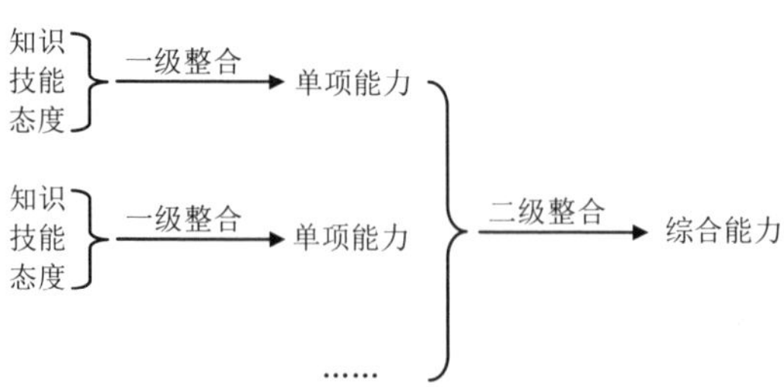

图 7-4　能力形成条件示意图

二、遵循能力形成的过程

职业学校学生能力形成，根据职业教育学习理论对能力的过程定义，具有一个由多个环节，每个环节又具有不同特点的较为复杂的过程[①]。具体过程如图 7-5 所示。在教学设计中，应注意遵循能力形成的一般过程及其特点，保证教学心理逻辑顺序得到贯彻。避免因出现能力形成过程环节的缺失，而影响学生能力的形成，最终影响教学的教学效能。

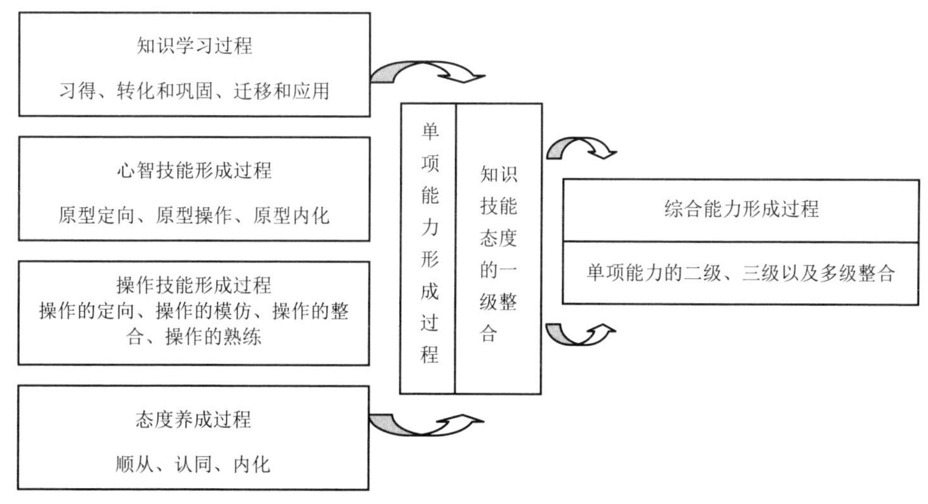

图 7-5 能力形成过程示意图

第五节 教育传播原则

实训设计作为一个系统化规划实训系统的过程，需要遵循教育传播的一般规律。目前，教育传播理论研究一般认为，教育传播具有以下基本原理[②]，这些原理是实训设计时需要注意遵循的。

一、基于共同经验原理的原则

教育技术学认为，在学习过程中，知识结构有三种表现形式：讲授的知识结构、信息显示与传递结构和学习者的认知结构（也称为认知图式）。在实训设计时，

① 邓泽民. 职业学校职业能力形成与教学模式研究[M]. 北京：高等教育出版社，2002.

② 南国农，李运林. 教育传播学[M]. 北京：高等教育出版社，1995.

要注意使这三种表现形式相互协调，关键是把信息显示与传递的结构设计好，才能获得最好的教学效果。从这一原理可以得到以下实训设计的原则。

1. 实训内容排列顺序原则

实训内容按照工作过程和能力形成过程的逻辑顺序排列，尽可能保证讲授、显示和认知的结构一致性。

2. 概念及其术语、符号规范化和统一原则

概念、术语和符号的规范与统一，是进行学习和交流的前提和必要条件，不然就会造成交流困难、甚至产生误解、歧义等问题。

3. 媒体辅助原则

学习者不可能对每一件事都能获得直接经验，我们可以运用多种媒体形式进行教学，提高实训效果和效率，重要的一点是媒体的选择与设计必须充分考虑到学生的经验。

二、基于抽象层次原理的原则

教育技术学认为，在学习过程中，抽象是人类通过对事物的比较、分析、综合和概括等活动得出一类事物的共同性的本质特征，并用概念、范畴、规律等形式固定下来的过程。抽象有不同的层次，一般来讲，可分为三个层次：第一层次为从个别事物中抽出的特征；第二层次为从一类事物中抽出的共同特征；第三层次为从几类事物中抽出的共同特征。抽象层次原理主要应体现在实训设计的以下几项原则：

1）实训所用的语言、术语、图像等所有呈现信息的符号，都必须在学生能明白的范围内的各抽象层次上使用，具体与抽象相结合。

2）实训内容的编排符合循序渐进原则。实训内容要考虑到学习者的预备知识与技能，也就是一个实训项目的设置不仅要有前面的实训或者课程做准备，而且要和后续实训或课程相衔接。每一项综合能力都是在单项能力形成基础上形成的，而单项能力又是在技能形成、并掌握相关知识和养成相应态度基础上形成的。

3）恰当运用感性概括和理性概括。在实训中，感性概括主要运用在对现象的描述上。理性概括是在感性概括的基础上，主要通过分析、综合、比较、抽象的一系列的信息加工，进一步揭示一类事物的共同本质特征与内在联系。需要指出的是，感性概括不能自发地转变成理性概括，而必须经过学习者自觉的科学思维，

才能完成这种转变，从而达到对事物本质的理想认识。

三、基于重复作用原理的原则

教育技术学认为，在学习过程中，重复作用是指将一个概念在不同的场合或用不同的方式重复呈现。例如，一个单词在不同场合的应用；用声音、图像、文字呈现同一个概念；同一个概念在不同理论层次上，从不同角度进行阐述，以不断深化。

人们认识一个事物，学习一个概念，掌握一种技能，一般都不可能是一次完成的，需要经历一个反复的认识过程。一方面需要从各个不同的角度、不同的理论层次上去认识；另一方面需要在发展中去认识。外语教学的经验表明，一个外语单词必须在不同的场合重复 8 次才能在大脑中形成长时记忆。重复作用的另一个含义是将一个概念用不同的方式重复呈现，例如，用文字、声音、图像来呈现同一个概念，通过多种感观得到的信息会使人的记忆深刻、长久。

对实训也是如此，由生手到成手，都是重复作用的结果。这里的重复是指有意义重复，而不是简单重复。一个优秀运动员的任何一个动作都是经过成千上万次的重复训练才练习成功的。根据重复作用原理得到的实训设计原则如下：

1）“伏笔”重复作用原则。选择实训案例，除了本实训要求学生掌握的能力之外，还要考虑为后面的实训埋下“伏笔”，即提出有的能力在下面的实训中练习。

2）“在不同场合出现”的重复作用原则。有些技能或者单项能力乃至综合能力，在不同场合重复运用，既能增强其迁移性，还不会使学生感到厌倦。

3）“以不同方式呈现”的重复作用原则。这一原则是说，以不同的呈现方式来呈现同一个概念，如利用文字符号方式、图像方式或声音方式相配合呈现，可增强感知，加深记忆。在实训过程中，利用幻灯、投影、电视、电影、CAI 课件等多媒体配合，为技能进行定向，所得到的良好实训效果已得到广泛证明。

4）“在不同理论层次”重复作用原则。这是“在不同场合出现”原则的推广，是说同一个概念可从深浅不同的理论层次上去阐述，或从不同的理论角度（如在不同的课程中阐述同一个概念）去阐述。这一般取决于阐述中所用相关知识的理论深度。

5）“在不同的实训环节”重复作用原理。为了指导学习者全面掌握、灵活运用所具备的能力，任务实训项目中训练的技能或能力在不同岗位实训中重复运用。

四、基于最小代价原理的原则

教育技术学认为，在学习过程中，最小代价原理是指用最少的篇幅、最少的语言、最少的时间、最经济的设备完成教学任务。不同类型的媒体具有不同的教学功能，一般来讲是不可互相代替的，只能互相补充。在实训设计过程中，确定使用媒体的种类，争取实训效果最佳且又最经济。

五、基于信息来源原理的原则

教育技术学认为，在学习过程中，有权威、有信誉的人说的话容易被听众接受，知名的专家或教授讲的课、写的书、编制的软件容易被人们接受。根据这一原理，在实训设计中，要选择各方面的权威人士组成专家小组，对实训系统进行设计。这样才能保证实训的质量，这是实训的权威性特征。

六、基于知觉组织原理的原则

知觉组织原理是指学习的过程始于知觉，而知觉是大脑将感观获得的信息转化为有组织的整体的过程。因此，实训设计必须符合“组织化原理”才便于感知和理解。实训设计中，有很多难以用语言描述的动作、技巧等，有人称之为隐性知识。对于这些隐性知识，通过什么手段、什么版式或格式设计，才能突出重要的内容，是十分重要的。知觉组织原理在实训设计中，主要是信息呈现所用符号的选择与配合的问题，应注意声音、影像、颜色和动态显示等的选择与配合。

知觉组织原理在实训设计中的应用可概括为以下几项原则：

1）运用各种标示方法把关键信息与背景（其他信息）区别开来，以引起和增强注意和感知。

2）所用信息标示方法和信息呈现方式要适合学习者的特点，即文化水平、年龄特征和经验范围，否则起不到强化感知的作用。

3）所用信息标示方法和信息呈现方式要适合实训内容及其特点。

4）任何形式的实训都要确定所使用的一种基本符号类型，并辅以其他类型的符号，而任何符号的使用都必须保证信息显示的科学性、规范性和统一性。

5）实训内容的组织排列应具有逻辑性和系统性，层次清楚、条理分明，这样有利于感知、记忆和理解。

第六节　教学理论原则

一、实训程序设计的原则

实训包括技能训练、任务实训、项目实训和岗位实训，每种训练或实训的目的不同，其实训程序就有一定区别，如图 7-6 所示。

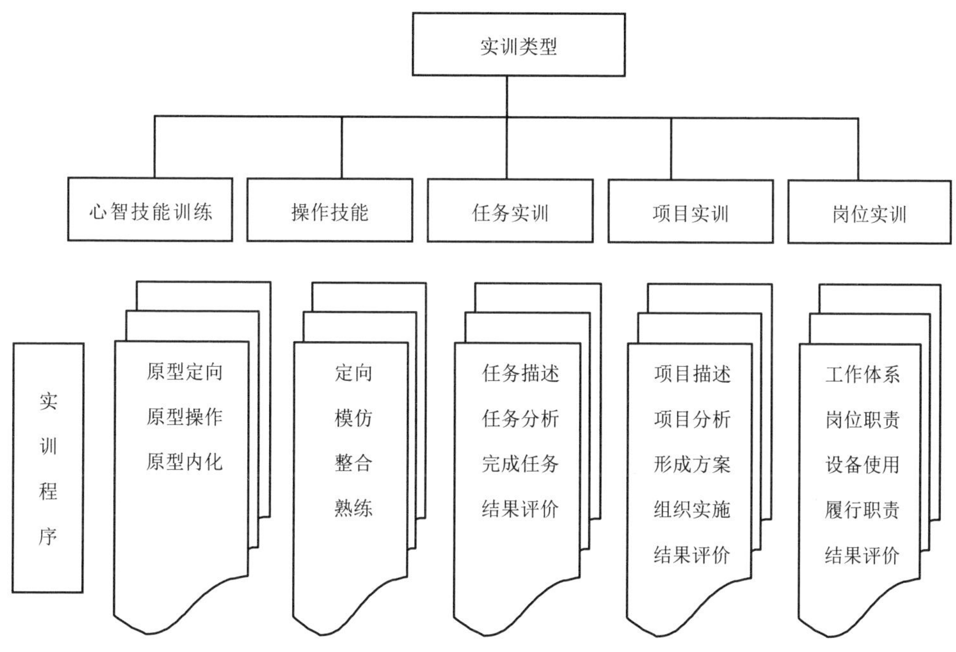

图 7-6　职业教育实训程序设计原则

二、实训方法选择的原则

技能训练的目的是使学习者通过训练，其技能规范标准、达到一定的熟练程度。因此，实训方法应采用标准驱动或过程导向的方法。任务实训一般是在技能达到一定水平后，形成完成一项独立任务能力的训练，可用任务驱动的方法。项目实训担负着能力整合形成更为综合能力和通用能力培养的任务，可用项目驱动的实训方法。岗位实训目的是学习者在进入企业实习或上岗前，熟悉工作环境、适应工作氛围、掌握工作标准的重要环节，应采用环境模拟实训的方法。

所以，实训方法选择一般遵循以下原则：①符合实训目的和任务；②符合学习理论原则；③符合实训的内容；④符合学生的学习可能性，包括年龄的（生理的、心理的）可能性、知识水平（教养、教育和发展水平），以及班集体的特点；⑤符合现有的条件和所规定的实训时间；⑥符合教师本身的可能性。

三、实训媒体选择的原则

媒体选择的依据主要有实训目标、实训内容、实训对象、实训条件和所需代价。在我国，职业院校的实训教学对象一般是初中或高中毕业生，实训对象已经具备了一定的学习能力。媒体可分为两大类：一类是传统媒体，如教科书、黑板、挂图、实物、标本和模型等；另一类是现代媒体，如幻灯机、投影仪、录音机、录像机和计算机等。随着计算机和数码技术的发展，多媒体计算机将在媒体中发挥主要作用。图 7-7 所示为根据学习对象，选择实训媒体的示例。

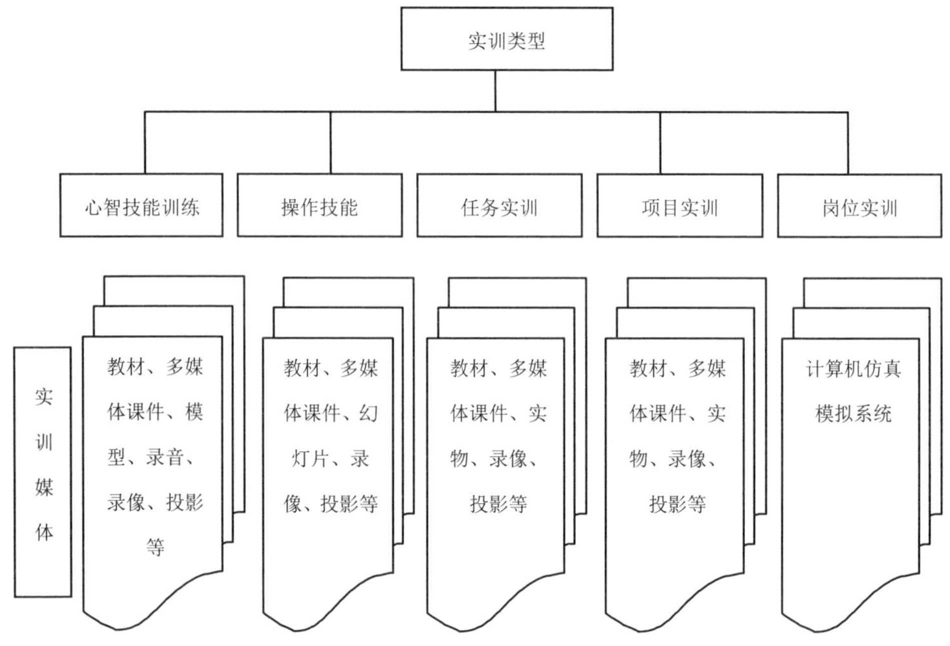

图 7-7　职业教育实训媒体选择示意图

四、实训组织设计的原则

实训组织形式要遵循能力形成的每个环节的特点，确定实训组织的形式。例如，在技能训练中，如果学生处于模仿阶段，为了尽快发现技能操作出现的偏差，给予纠正，就需要采用小组实训组织的形式。但在熟练阶段，则可以采用大班实训的组织形式。图 7-8 给出了职业实训组织的一些具体形式。

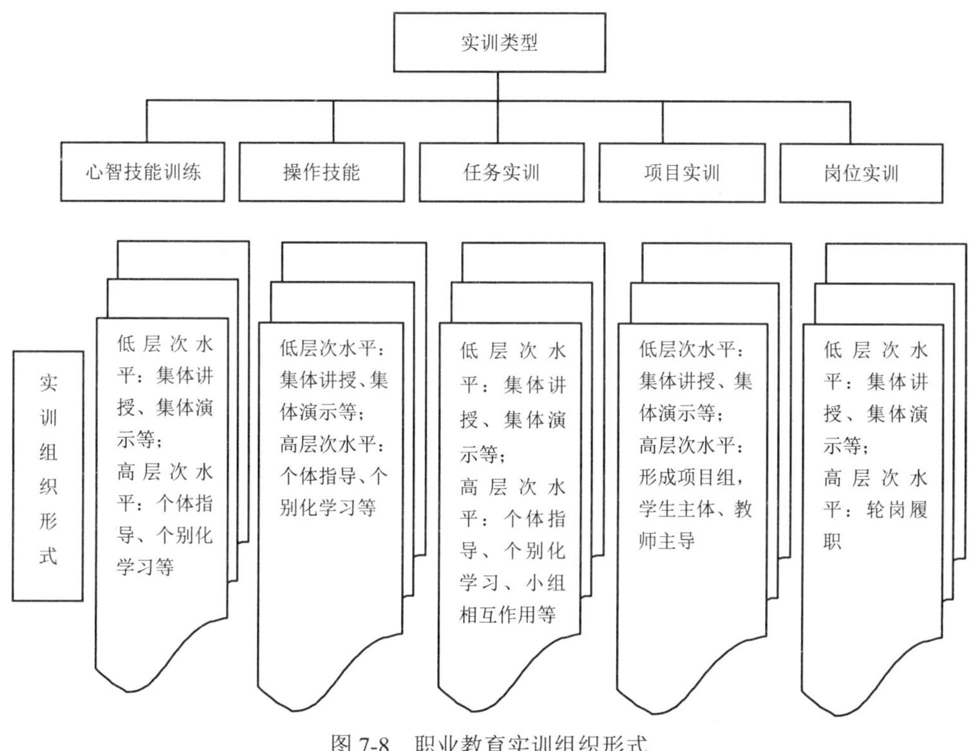

图 7-8　职业教育实训组织形式

第七节　系统优化原则

系统优化原则是以系统整体目标的优化为准绳，协调系统构成要素间的相互关系和系统动态过程中各个环节的程序，将各个构成要素和各个环节放到系统的整体中去权衡，以整体系统总目标最优化来协调各个构成要素和各个环节，形成最佳的实训结构，从而使实训系统的功能得到增强和充分发挥，以克服实训中的低效现象。

一、整体突现原则

整体突现性是系统的组分之间相互作用、相互激发而产生的整体效应，即结构效应或结构增殖。同样一群元素按不同的方式相互作用，激发出来的系统效应也不同。当要素之间存在相干性、协同性的条件下，会有新质的突现，应该说，存在着正效应、负效应和零效应。作为职业院校的实训系统，在设计过程中，必须从整体出发，立足于整体来分析其组成部分以及各组成部分之间的关系，再通过对部分的分析而达到对整体的深刻理解，注意实训系统各组成部分之间的相互支持、相互制约，保证系统正效应，避免零效应、甚至负效应的出现。

二、等级层次原则

在复杂系统中，常常可以看到较低级的系统质与较高级的系统质的差别程度，对系统功能有着重要的影响。为了使设计的实训系统形成需要的功能，职业院校实训系统应分层研究、挖掘实训系统组成元素的潜力，使其形成一个层次的系统。这样，通过等级层次结构演变，形成最合理或最优的组织方式：最少的空间占有、最有效的资源利用、最大的可靠性、最低实训成本、最高的实训效果等。

三、互塑共生原则

互塑共生是指系统与环境的互塑共生。环境对系统有着两种作用或输入，给系统提供生存发展所需的空间、资源、激励或其他条件，是积极作用、有利的输入，统称资源。给系统施加约束、扰动、压力甚至危害系统的生存发展，是消极的作用、不利的输入，统称压力。这就是环境对系统的塑造作用。

实训系统的设计要充分利用这种互塑共生作用，与行业企业紧密合作，提供功能服务，以赢得企业对实训系统构建的支持。

四、系统模型化原则

为了进行深入研究，需要采用系统科学方法把真实系统模型化。职业院校的实训系统设计，可以通过对实训系统模型的研究，求得系统的优化。

第八章
职业教育实训设计的基本模式

模式是理论联系实际的桥梁，模式构建是理论指导实践的有效手段。因此，在职业教育实训理论研究的基础上，构建职业教育实训设计基本模式，对于指导职业教育实训设计工作是十分必要的。对于职业院校的一个专业来说，其实训设计一般包括实训项目的规划、实训项目的设计、实训设备的配置、实训场所的设计等，本章主要对前三个方面进行介绍。

第一节　实训项目的规划

职业教育实训项目的规划与其他类型的教育不同，应以专业为基本单位进行考虑，以学校为整体进行规划建设。这主要是因为职业教育不是学科教育，不能以一门课程科目来进行实训的规划设计，即职业教育实训项目的设立与规划，需要遵循职业教育实训规划的整体化原则，要依据已确定的专业培养目标进行。职业教育实训项目设立程序与方法如图 8-1 所示。

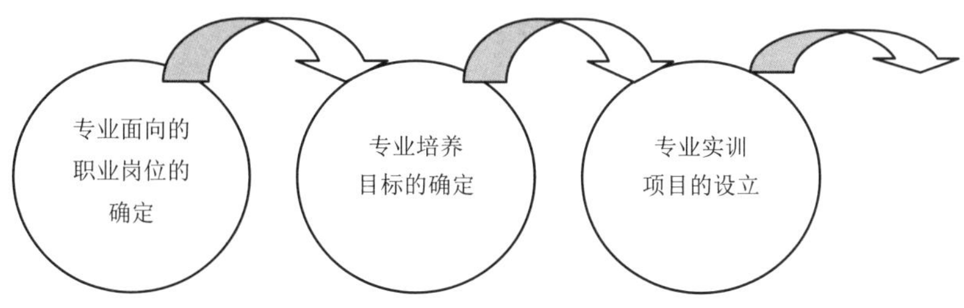

图 8-1　职业教育实训项目设立的程序与方法

一、专业面向的职业岗位的确定

职业教育的专业面向的职业岗位和某一所职业院校的一个专业面向的职业岗位不一定完全一致。职业教育某专业的职业面向包括专业可覆盖的全部的职业岗位；而一所职业院校的某个专业，其职业面向则是学校根据市场的需求、自身的师资和设备等条件，选定的其中几个职业岗位。例如，职业教育的商务英语专业可以为很多职业岗位培养职业人才，但作为某所职业院校的这个专业，也可以专门为跨国公司的商务代表处培养首席代表助理。因此，一所职业院校的专业实训规划首先需要确定这个专业培养学生的职业岗位。

二、专业培养目标的确定

专业所面向的职业岗位的确定为专业培养目标的确定提供了前提。职业教育专业培养目标包括通用能力和专业能力两部分，一般分别予以确定。

1. 通用能力的确定

通过对德国、加拿大、澳大利亚、英国和我国职业教育学生关键能力、核心能力或通用能力的比较研究，结合我国职业教育实际，我国职业院校学生通用能力目标一般可设置为自我管理与发展、社会交往与合作、外语应用、计算机应用、管理项目与解决问题、创业与创新等六项。每项通用能力可以进一步分解，形成单项通用能力的能力图表。例如，通用能力中，计算机应用能力就可分解为图 8-2 所示的能力图表，共包括 8 个能力领域和 53 个单项能力。这为专业实训目标的确定奠定更翔实的基础，以保证专业实训目标确定的准确性。

2. 专业能力的确定

数控技术应用专业的学生毕业后从事数控车削加工、数控铣削加工以及相关机械冷加工等工作，取得国家职业资格四级“数控车工”“数控铣工”“加工中心操作工”证书，就业岗位包括普通机床操作、数控车床操作、数控铣床操作、加工中心操作、数控加工程序编制、机械零件检测、机械工程图绘制、数控特种加工等。图 8-3 所示为“中等职业教育数控技术应用专业”的专业能力图表（此能力图表参考上海市教育委员会制定的教学标准[①]和国家紧缺人才培养培训工程指导方案[②]）。

---

① 上海市教育委员会．数控技术应用专业教学标准[M]．上海：华东师范大学出版社，2006．

② 中华人民共和国教育部．国家紧缺人才培养培训工程指导方案[M]．北京：高等教育出版社，2006．

A 选择安装硬件	A1 选择安装主板	A2 选择安装 CPU	A3 选择安装内存条	A4 选择安装硬盘
	A5 选择安装软驱和光驱	A6 选择安装显卡和声卡	A7 安装电源、连接信号线及其他外设	
B 选择安装软件	B1 设置 CMOS 参数	B2 配置硬盘	B3 安装操作系统	B4 安装硬件驱动程序
	B5 安装办公组件	B6 安装常用程序设计语言	B7 安装图形图像、动画制作软件	B8 安装常用工具软件
C 管理计算机	C1 查找文件	C2 管理硬盘资源	C3 维护计算机	C4 配置打印机
	C5 看图片、听音乐、看电影			
D 编辑 word 文档	D1 文字录入	D2 插入图片和艺术字	D3 制作表格	D4 编辑排版
	D5 页面设置	D6 打印文档		
E 处理电子表格	E1 录入表格内容	E2 编辑表格格式	E3 数据运算	E4 编辑图表
	E5 编辑排版	E6 打印表格		
F 制作演示文稿	F1 录入幻灯片内容	F2 插入图形、表格和图表	F3 插入图片、影片和声音	F4 编辑幻灯片效果
	F5 放映幻灯片			
G 网上冲浪	G1 使用 IE 浏览器	G2 资料查询下载	G3 软件下载与解压	G4 收发电子邮件
	G5 休闲与娱乐	G6 网络安全	G7 网上求职	G8 网上购物
H 网页制作	H1 建立网站	H2 编辑网页文字与图片	H3 制作表格	H4 制作表单
	H5 设置超链接	H6 制作动态网页	H7 管理网站	H8 上传网站

图 8-2　计算机应用通用能力图表①

① 邓泽民. 计算机通用能力教程[M]. 北京：中国铁道出版社，2005.

能力领域	单项能力			
0 识读、绘制零件图与装配图	01 识读零件图	02 识读装配图	03 手工绘制零件图	04 手工绘制装配图
	05 计算机绘制零件图	06 计算机绘制装配图		
A 钳工基本技能	A1 平面划线	A2 錾削	A3 锯割	A4 锉削平面、倒角、倒圆等
	A5 钻削通孔、平底孔、台阶孔	A6 攻丝、套丝	A7 铰孔	
B 轴类零件车削	B1 识读绘制轴类零件图	B2 读懂轴类车削工艺文件	B3 编制轴类零件出车削程序	B4 加工轴类零件
	B5 检测轴类零件	B6 维护保养车床	B7 诊断常见设备故障	
C 盘套类零件车削	C1 识读绘制盘套类零件图	C2 读懂盘套类车削工艺文件	C3 编制盘套类零件出车削程序	C4 加工盘套类零件
	C5 检测盘套类零件	C6 维护保养车床	C7 诊断常见设备故障	
D 特形面车削	D1 识读绘制含特形面零件图	D2 读懂含特形面车削工艺文件	D3 编制含特形面零件车削程序	D4 加工含特形面零件
	D5 检测特形面	D6 维护保养车床	D7 诊断常见设备故障	
E 螺纹车削	E1 识读绘制螺纹	E2 读懂螺纹车削工艺文件	E3 编制螺纹车削程序	E4 加工螺纹
	E5 检测螺纹	E6 维护保养车床	E7 诊断常见设备故障	
F 平面铣削	F1 识读绘制平面铣削零件图	F2 读懂零件平面铣削工艺文件	F3 编制零件平面铣削程序	F4 加工平面铣削零件
	F5 检测平面铣削零件	F6 维护保养车床	F7 诊断常见设备故障	

图 8-3 “中等职业教育数控技术应用专业”专业能力图表

G 二维轮廓加工	G1 识读绘制零件图	G2 读懂二维轮廓零件铣削工艺文件	G3 编制二维轮廓零件铣削程序	G4 二维轮廓加工
	G5 检测二维轮廓零件	G6 维护保养车床	G7 诊断常见设备故障	
H 孔系加工	H1 识读绘制零件图	H2 读懂孔系零件铣削工艺文件	H3 编写孔系零件铣削程序	H4 加工孔系零件
	H5 检测孔系零件	H6 维护保养车床	H7 诊断常见设备故障	
I 曲面铣削加工	I1 识读绘制零件图	I2 读懂曲面零件铣削工艺文件	I3 编写曲面零件铣削程序	I4 铣削加工曲面零件
	I5 检测曲面零件	I6 维护保养车床	I7 诊断常见设备故障	
J CAD/CAM	J1 轴类零件车削自动编程	J2 盘套类零件车削自动编程	J3 特形面车削自动编程	J4 螺纹车削自动编程
	J5 平面铣削自动编程	J6 二维轮廓铣削自动编程	J7 孔系加工自动编程	J8 曲面铣削自动编程

图 8-3（续）

三、专业实训项目的设立

依据实训项目规划的整体化原则，各级各类实训项目的设置需要满足专业培养目标中各级各类技能或者能力目标的要求。依据技能、单项能力、综合能力的形成条件，一个专业的技能和能力训练或培养需要技能训练、任务实训、项目实训和岗位实训四类实训项目。其中，技能训练、任务实训、项目实训在学校进行，岗位实训在学校模拟岗位进行，然后到企业进行岗位实习。因此，职业教育实训项目可设置为技能训练、任务实训、项目实训和岗位实训四种类型。

（一）实训项目设立的原则

1. 岗位实训项目设立原则

岗位实训项目的确立是最为方便的。在专业的职业面向几个职业岗位，就需要设立几个岗位实训项目。因为职业岗位的工作环境、使用的设施设备、工作程序等都有较大的差别，学习者熟悉了某职业岗位的工作，并不能保证在其他职业岗位顺利工作。

2. 项目实训项目设立原则

一般职业岗位的工作分为两类。一类是由一个人单独完成，另一类需和他人一起合作才能完成。在和他人合作完成的工作中，有的是比较复杂的，需要组成团队、在有效的协调、沟通和配合下才能完成，这些工作可以称为项目。对于这样的项目，应设立实训项目，一是可以培养学习者的通用能力，如组织、协调、沟通能力等；二是为岗位实训扫清障碍，使岗位实训重点更加突出。

3. 任务实训项目设立原则

如果职业岗位的工作由自己单独完成，而且完成起来也很复杂，那么这样的工作放在岗位实训项目中解决，会使得岗位实训目标太杂，岗位实训时间也会太长，此时应设立独立的实训项目，称为任务实训。

4. 技能训练项目设立原则

有的技能训练需要的时间较长，安排在任务实训、项目实训、岗位实训中完成，将使得这些实训项目重点不突出，这些技能的训练应单独进行。

（二）实训项目设立与规划的方法

实训项目规划的目的，不仅使各类实训项目充分发挥各自的优势，而且使各实训项目间不会产生不必要的重复。为此，为实训项目设立与规划设计了一张实训项目设立与规划分析表，如表 8-1 所示。利用实训项目规划分析表，一是可以明确专业培养目标中每一项通用能力或者专业能力在哪一个实训项目训练，从而有针对性地确立实训项目；二是能清楚地表明每项能力在几个实训项目中得到了重复训练或使用，以防止过多的重复训练或训练次数不足。

（三）实训项目设立与规划的示例

1. 通用能力实训项目设立与规划

下面以计算机应用通用能力实训项目为例，进行实训项目设立与规划分析，如表 8-1 所示。

表 8-1 计算机应用通用能力实训项目规划分析表

能力领域	单项能力	操作步骤	设备工具材料	技能训练	任务实训	项目实训	岗位实训
选择安装硬件	选择安装主板	1. 了解主板性能指标； 2. 选择主板； 3. 准备工具和主机机箱； 4. 安装主板； 5. 检查安装	主板说明书、螺丝刀、镊子、万用表		为组装一台家用多媒体计算机选择安装主板	组装一台家用多媒体计算机	
	选择安装 CPU	1. 熟悉 CPU 性能指标； 2. 选择 CPU； 3. 设置主板跳线开关； 4. 安装 CPU； 5. 安装 CPU 散热风扇； 6. 检查安装	CPU 说明书、螺丝刀、镊子、万用表		为组装一台家用多媒体计算机选择安装 CPU		
	选择安装内存条	1. 熟悉内存条的性能指标； 2. 选择内存条； 3. 安装内存条； 4. 检查安装	内存条、说明书		为组装一台家用多媒体计算机选择安装内存条		
	选择安装硬盘	1. 熟悉硬盘的性能指标； 2. 选择硬盘； 3. 安装硬盘； 4. 检查安装	硬盘说明书、螺丝刀		为组装一台家用多媒体计算机选择安装硬盘		
	选择安装光驱	1. 熟悉光驱的性能指标； 2. 选择光驱； 3. 安装光驱； 4. 检查安装	光驱说明书、驱动程序、螺丝、螺丝刀		为组装一台家用多媒体计算机选择安装光驱		
	选择安装显卡和声卡	1. 熟悉显卡和声卡性能指标； 2. 选择显卡和声卡； 3. 安装显卡和声卡； 4. 检查安装	声卡显卡说明书、螺丝刀		为组装一台家用多媒体计算机选择安装显卡和声卡		
	安装电源连接信号线及外设	1. 熟悉电源上各电源线的作用； 2. 安装电源； 3. 连接主板信号线； 4. 连接各种外设； 5. 检查安装	电源说明书、电源线、信号线、螺丝刀、万用表		为组装一台家用多媒体计算机安装电源连接信号线及外设		
选择安装软件	设置 CMOS 参数	1. 标准 CMOS 功能设置； 2. 高级 BIOS 功能设置； 3. 载入 BIOS 安全预设值选项； 4. 载入优化预设值选项； 5. 存储并退出选项	鼠标、键盘、显示器		设置一台家用多媒体计算机的 CMOS 参数		

续表

能力领域	单项能力	操作步骤	设备工具材料	技能训练	任务实训	项目实训	岗位实训
选择安装软件	配置硬盘	1. 硬盘分区； 2. 硬盘高级格式化	操作系统软件		配置一台家用多媒体计算机的硬盘	组装一台家用多媒体计算机	
	……						
	安装常用工具软件	1. 安装压缩/解压软件； 2. 安装多媒体播放软件	多媒体软件、视频音频设备		安装一台家用多媒体计算机的常用工具软件		
编辑Word文档	文字录入	1. 了解不同的录入法； 2. 选择录入法； 3. 录入		录入技能训练		编辑打印一个典型文档	
	插入图片和艺术字	1. 插入图片； 2. 插入艺术字			为一个文档插入图片、艺术字		
	制作表格	1. 创建表格； 2. 调整表格； 3. 表格自动套用			根据需要制作一张表格		
	编辑文字	1. 文字格式化； 2. 段落格式化； 3. 边框和底纹； 4. 项目符号与编号； 5. 分栏； 6. 设置页眉与页脚			编辑一个文档		
	页面设置	1. 设置页边距； 2. 选择纸型； 3. 设置字符和行数			设置页面		
	打印文档	1. 打印预览； 2. 打印					

通过上述分析，可以明确计算机应用通用能力培养需要设立的各类实训项目。这些实训项目包括技能训练（文字录入）、任务实训（选择安装主板、选择安装CPU、选择安装内存条等）和项目实训（组装一套家用多媒体计算机、使用Word编辑一篇文章等）。

其他通用能力，如沟通能力、自我管理与发展能力等，可以结合到专业能力培养中，可不另设实训项目。如果不能结合到专业能力实训中去，则应使用与计算机应用通用能力实训项目设立相同的方法设立。

2. 专业能力实训项目设立与规划

以“数控技术应用专业”的专业能力实训项目设立与规划为例，进行实训项目设立与规划分析，如表8-2～表8-13所示。

表 8-2 "识绘机械图纸"实训项目规划分析表

能力领域	单项能力	操作步骤	设备工具材料	技能训练	任务实训	项目实训	岗位实训
识绘机械图纸	识读零件图	1. 通过图纸标题栏了解零件的名称、材料、数量、比例等相关重要信息，了解零件的功用； 2. 根据投影关系，从主视图入手，综合各个视图形状和特征，理清它们之间的相对位置，并通过其他辅助视图来分析了解零件关键部位的结构，最终确定零件整体结构形状； 3. 从零件图的标注尺寸找出各个方向的主要基准，各部分定形和定位尺寸； 4. 由零件图中所注写的技术要求和说明，了解零件的加工精度、公差与配合、形位公差等文字及符号	各类零件图纸		1. 了解零件的名称、材料、数量、比例、功用等相关重要信息； 2. 确定零件结构形状； 3. 找出基准，各部分定形和定位尺寸； 4. 了解加工精度、公差与配合、形位公差	识读零件图	
	识读装配图	1. 从标题栏中了解零件的名称和用途，从明细栏中了解零件的数量和种类； 2. 根据装配图表达的主要装配干线，理清相关零件间的装配连接关系，并分析传动路线和工作原理，提出装配干线的装拆顺序； 3. 根据投影关系，分析并弄懂装配图中主要零件的结构形状； 4. 按装配图中标注尺寸的功用分类，分析规格尺寸、配合尺寸、安装尺寸等	各类装配图纸		1. 了解零件的名称和用途，零件的数量和种类； 2. 提出装配干线的装拆顺序； 3. 分析规格尺寸、配合尺寸、安装尺寸等	识读装配图	
	手工绘制零件图	一、画图前的准备 1. 了解零件的用途、结构、特点、材料及相应的加工要求； 2. 分析零件的结构形状，确定零件的视图表达方案 二、画图方法和步骤 1. 定图幅； 2. 画出图框和标题栏； 3. 布置视图； 4. 画底稿（a. 先画主要形体，后画次要形体；b. 先定位置，后定形状；c. 先画主要轮廓，后画细节）； 5. 加深； 6. 完成零件图（标注尺寸、表面粗糙度、尺寸公差等，填写技术要求和标题栏）	圆规，H、HB、B 铅笔，三角板，橡皮擦，圆规，分规，A0、A1、A3、A4 图板，丁字尺，擦图片，小刀，曲线板		1. 定图幅； 2. 画图框和标题栏； 3. 布置视图； 4. 画底稿并加深； 5. 完成零件图	手工绘制零件图	

续表

能力领域	单项能力	操作步骤	设备工具材料	技能训练	任务实训	项目实训	岗位实训
识绘机械图纸	手工绘制装配图	一、分析 首先理清所绘部件的用途、工作原理、零件间装配关系、主要零件基本结构和部件安装情况等；然后合理运用各种表达方法，按照装配图的视图选择步骤，确定视图表达方案。 二、画图 1. 布局； 2. 画各视图轮廓底稿； 3. 完成全图（标注尺寸、编排零件序号，填写技术要求、标题栏、零件明细栏）； 4. 全面校核	圆规，H、HB、B铅笔，三角板，橡皮擦，圆规，分规，A0、A1、A3、A4图板，丁字尺，擦图片，小刀，曲线板		1. 布局并画各视图轮廓底稿； 2. 标注尺寸； 3. 编排零件序号； 4. 完成全图并全面校核	手工绘制装配图	
	CAD绘制零件图	1. 加载样板； 2. 样板中应包括图层的设置、文字样式、尺寸样式、图框、标题栏及各种符号等内容； 3. 按比例绘制视图； 4. 标注尺寸； 5. 标注表面粗糙度，书写技术要求； 6. 插入图框和标题栏并填写； 7. 保存图形到用户文件夹下			1. 加载样板； 2. 按比例绘制视图； 3. 标注尺寸表面粗糙度、书写技术要求； 4. 插入图框和标题栏并填写； 5. 保存图形	CAD绘制零件图	
	CAD绘制装配图	1. 打开零件图，制成图块文件； 2. 加载样板； 3. 插入零件图块； 4. 修剪被遮挡的投影； 5. 修改剖面线的方向和间距； 6. 添加简单零件或未做图块零件投影； 7. 添加标准件投影； 8. 整理点划线； 9. 插入图框和标题栏，平移各个视图，使各个视图在图框内布置匀称； 10. 绘制零件序号和引线； 11. 绘制零件明细栏； 12. 最后写技术要求，填写标题栏，保存			1. 打开零件图，制成图块文件并加载样板； 2. 插入零件图块、修剪被遮挡投影、修改剖面线方向和间距； 3. 添加零件或未做图块零件投影、添加标准件投影； 4. 整理点画线； 5. 绘制零件序号和引线； 6. 绘制零件明细栏，写技术要求，填写标题栏，保存	CAD绘制装配图	

表 8-3 "钳工制作"实训项目规划分析表

能力领域	单项能力	操作步骤	设备工具材料	技能训练	任务实训	项目实训	岗位实训
钳工制作	平面画线	1. 分析图样； 2. 确定工艺方案； 3. 清理工件； 4. 涂色； 5. 选定画线基准； 6. 画线从基准开始，按照图样标注的尺寸完成画线； 7. 检查画线的准确性以及是否有漏画的线； 8. 在所画线条上打上冲眼，做上标记	1. 常用的工具有划针、划针盘、划规（圆规）、中心冲（样冲）和平板； 2. 常用的量具有钢尺、直角尺、量角器、厚薄规、高度尺		1. 分析图样； 2. 确定工艺方案； 3. 清理工件、涂色； 4. 选定画线基准； 5. 画线； 6. 检查； 7. 打冲眼，做标记	平面画线	
	錾削	1. 分析图样； 2. 确定工艺方案； 3. 选择錾子； 4. 錾削操作	1. 常用的工具有手锤和各种錾子； 2. 常用的量具有钢尺、游标卡尺		1. 分析图样； 2. 确定工艺方案； 3. 选择錾子	錾削	
	锯割	1. 分析图样； 2. 确定工艺方案； 3. 选择工具； 4. 锯条安装； 5. 工件装夹； 6. 正常锯割； 7. 拆卸工件	1. 常用的工具有台虎钳、锯弓和锯条； 2. 常用的量具有直角尺、量角器、钢尺		1. 分析图样； 2. 确定工艺方案； 3. 选择工具； 4. 锯条安装； 5. 工件装夹； 6. 正常锯割； 7. 拆卸工件	锯割	
	锉削平面、倒角、倒圆等	1. 分析图样； 2. 确定工艺方案； 3. 选择工具； 4. 装夹工件； 5. 锉削平面、倒角、倒圆； 6. 拆卸工件	1. 常用的工具有各种锉刀； 2. 常用的量具有内外卡尺、游标卡尺		1. 分析图样； 2. 确定工艺方案； 3. 选择工具； 4. 装夹工件； 5. 锉削平面、倒角、倒圆； 6. 拆卸工件	锉削平面、倒角、倒圆	
	钻削通孔平底孔台阶孔	1. 分析图样； 2. 确定工艺方案； 3. 选择工具； 4. 装夹工件； 5. 钻削通孔、平底孔、台阶孔： （1）钻孔前一般先画线，确定孔的中心，在孔中心先用冲头打出较大中心眼； （2）钻孔时应先钻一个浅坑，以判断是否对中； （3）钻削大于 ϕ30mm 的孔应分两次钻，第一次先钻一个直径较小的孔（为加工孔径的 0.5～0.7 倍），第二次用钻头	1. 常用的工具有台钻、工装夹具、麻花钻、各种锪钻； 2. 常用的量具有内外卡尺、游标卡尺		1. 分析图样； 2. 确定工艺方案； 3. 选择工具； 4. 装夹工件； 5. 钻削通孔、平底孔、台阶孔； 6. 拆卸工件	钻削通孔、平底孔、台阶孔	

续表

能力领域	单项能力	操作步骤	设备工具材料	技能训练	任务实训	项目实训	岗位实训
	钻削通孔平底孔台阶孔	将孔扩大到所要求的直径； （4）在钻削过程中，特别钻深孔时，要经常退出钻头以排出切屑和进行冷却。 6．拆卸工件					
	攻丝	1．确认底孔直径、深度； 2．孔口倒角； 3．装夹工件； 4．工具选择； 5．攻丝： （1）根据工件上螺纹孔的规格，正确选择丝锥，先头锥后二锥，不可颠倒使用； （2）用头锥攻螺纹时，先旋入1～2 圈后，要检查丝锥是否与孔端面垂直。 6．拆卸工件	1．常用的工具有各种丝锥、板牙、铰手； 2．常用的量具有内外卡尺、三用游标卡尺、螺规		1．确认底孔直径、深度； 2．孔口倒角； 3．装夹工件； 4．工具选择； 5．攻丝； 6．拆卸工件	攻丝	
钳工制作	套丝	1．确认圆杆直径； 2．圆杆端部倒角； 3．清除板牙排屑槽内及螺纹内废屑； 4．套丝： （1）板牙端面应与圆杆垂直，操作时用力要均匀； （2）转动板牙时，要稍加压力，套入3～4 牙后，可只转动而不加压，并经常反转，以便断屑； （3）在钢制圆杆上套螺纹时要加机油润滑	1．常用的工具有各种丝锥、板牙、铰手； 2．常用的量具有内外卡尺、三用游标卡尺、螺规		1．确认圆杆直径； 2．圆杆端部倒角； 3．清除板牙排屑槽内及螺纹内废屑； 4．套丝	套丝	
	铰孔	1．分析图样，确认孔深、孔径； 2．工具的选择，铰孔按使用方法分为手用铰刀和机用铰刀两种； 3．铰孔。铰刀不能倒转，否则会卡在孔壁和切削刃之间，而使孔壁划伤或切削刃崩裂	1．常用的工具有各种铰刀； 2．常用的量具有内外卡尺、游标卡尺		1．确认孔深、孔径； 2．工具的选择； 3．铰孔	铰孔	

表 8-4 “轴类零件车削”实训项目规划分析表

能力领域	单项能力	操作步骤	设备工具材料	技能训练	任务实训	项目实训	岗位实训
轴类零件车削	识读绘制轴类零件图	1. 通过图纸标题栏了解轴类零件的名称、材料、数量、比例、预处理等相关重要信息，了解零件的功用； 2. 根据投影关系，从主视图入手，综合各个视图形状和特征，理清它们之间的相对位置，并通过其他辅助视图来分析了解零件关键部位的结构，最终确定零件整体结构形状； 3. 从零件图的标注中找出基准，各部分定形和定位尺寸； 4. 由零件图中所注写的技术要求和说明，了解零件的加工精度、公差与配合、形位公差等文字及符号	轴类零件的图纸		1. 了解零件的名称、材料、数量、比例、预处理、功用等重要信息； 2. 确定零件整体结构形状； 3. 找出基准，各部分定形和定位尺寸； 4. 了解零件的加工精度、公差与配合、形位公差等	轴类零件车削	数控车床操作
	读懂轴类车削工艺文件	1. 材料选择； 2. 刀具选择； 3. 工装夹具选择； 4. 切削三要素选择； 5. 确认工艺文件是否符合图纸要求	轴类车削工艺文件		读懂轴类车削工艺文件		
	编制轴类零件车削程序	1. 分析图样； 2. 确定工艺方案（确定机床类型、机床规格、工装夹具、刀具、加工路线、切削三要素、换刀、冷却）； 3. 数据处理； 4. 编写加工程序单； 5. 制作控制介质，输入程序信息； 6. 程序校验			编制轴类零件出车削程序		
	加工轴类零件	1. 选择刀具（端面刀、外圆刀、内圆刀、钻头、丝锥、割刀、螺纹刀等）； 2. 装夹工件； 3. 装夹刀具； 4. 对刀； 5. 运行程序	1. 车床； 2. 各类刀具		加工轴类零件		
	检测轴类零件	1. 使用游标卡尺外径千分尺检测每个外圆尺寸； 2. 使用内径千分尺检测内圆尺寸； 3. 使用量角器检测倒角； 4. 检测两端同轴度与跳动； 5. 出检测单	1. 游标卡尺； 2. 外径千分尺； 3. 内径千分尺量角器		检测轴类零件		

续表

能力领域	单项能力	操作步骤	设备工具材料	技能训练	任务实训	项目实训	岗位实训
轴类零件车削	维护保养车床	1. 检查机床运转后是否出现异常噪音； 2. 主轴以最高转速的一半转动 30 分钟，是否出现异常温升； 3. 检查操作面板的指示灯是否正常，各按钮、开关是否处于正确位置，显示屏是否有报警，检查 X、Z 轴的行程开关，急停开关动作是否正常； 4. 检查润滑泵排油量是否符合要求，润滑油管路是否损坏，管接头是否有松动、漏油现象等，检查润滑油是否充足； 5. 将系统断电，机床处于无工作状态，检查刀具是否正确夹紧在刀架上，刀具是否有损伤； 6. 每天工作完毕后，将废屑、废液清理干净，检查润滑油箱是否有足够的润滑脂，并将机床防护门、电柜门关闭； 7. 定期检查滚珠丝杠，清洗丝杆上旧的润滑脂，涂上新的润滑脂，安全防护装置是否正常	机床/刀具		维护保养车床		
	诊断常见设备故障	1. 电源无法接通，检查电源连线； 2. 定位精度、重复定位精度差； 3. 参数丢失，产生报警，重新设置参数或通过系统的通信接口将参数传入系统； 4. 主轴不正常，检查系统输出信号及变频器的功能端子；若为伺服主轴，检查该轴指令信号、使能及使能应答信号并排除故障； 5. 进给轴不正常，检查进给轴电机、编码器、驱动器，检查系统的指令输出信号并排除故障； 6. 超程、急停等报警，检查行程开关及急停开关等电气回路并排除故障； 7. 刀架运行不正常，检查相关刀位信号回路及刀架控制回路并排除故障； 8. 冷却、润滑系统故障，检查冷却、润滑控制回路并排除故障			1. 定位精度差； 2. 重复定位精度差； 3. 参数丢失，产生报警； 4. 主轴不正常； 5. 进给轴不正常； 6. 超程、急停等报警； 7. 刀架运行不正常； 8. 冷却、润滑系统故障		

表 8-5 “盘套类零件车削”实训项目规划分析表

能力领域	单项能力	操作步骤	设备工具材料	技能训练	任务实训	项目实训	岗位实训
盘套类零件车削	识读绘制盘套类零件图	1. 通过图纸标题栏了解盘套类零件的名称、材料、数量、比例、预处理等相关重要信息，了解零件的功用； 2. 根据投影关系，从主视图入手，综合各个视图形状和特征，理清它们之间的相对位置，并通过其他辅助视图来分析了解零件关键部位的结构，最终确定零件整体结构形状； 3. 从零件图的标注中找出基准，各部分定形和定位尺寸； 4. 由零件图中所注写的技术要求和说明，了解零件的加工精度、公差与配合、形位公差等文字及符号	盘套类零件的图纸		1. 了解零件的名称、材料、数量、比例、预处理、功用等重要信息； 2. 确定零件整体结构形状； 3. 找出基准，各部分定形和定位尺寸； 4. 了解零件的加工精度、公差与配合、形位公差等	盘套类零件车削	加工中心操作
	读懂盘套类车削工艺文件	1. 刀具选择； 2. 材料选择； 3. 工装夹具选择； 4. 切削三要素选择； 5. 确认工艺文件是否符合图纸要求	盘套类车削工艺文件		读懂盘套类车削工艺文件		
	编制盘套类零件出车削程序	1. 分析图样； 2. 确定工艺方案（确定机床类型、机床规格、工装夹具、刀具、加工路线、切削三要素、换刀、冷却）； 3. 数据处理； 4. 编写加工程序单； 5. 制作控制介质，输入程序信息； 6. 程序校验			编制盘套类零件出车削程序		
	加工盘套类零件	1. 选择刀具（端面刀、外圆刀、内圆刀、螺纹刀、钻头、丝锥等）； 2. 夹工件； 3. 装夹刀具； 4. 对刀； 5. 运行程序； 6. 检测工件； 7. 拆卸工件	1. 车床； 2. 各类刀具		加工盘套类零件		
	检测盘套类零件	1. 使用游标卡尺外径千分尺检测每个外圆尺寸； 2. 使用内径千分尺检测内圆尺寸； 3. 使用量角器检测倒角； 4. 检测两端平行度； 5. 出检测单	1. 游标卡尺； 2. 外径千分尺； 3. 内径千分尺； 4. 量角器		检测盘套类零件		

续表

能力领域	单项能力	操作步骤	设备工具材料	技能训练	任务实训	项目实训	岗位实训
盘套类零件车削	维护保养车床	1. 检查机床运转后是否出现异常噪音； 2. 主轴以最高转速的一半转动 30 分钟，是否出现异常温升； 3. 检查操作面板的指示灯是否正常，各按钮、开关是否处于正确位置，显示屏是否有报警，检查 X、Z 轴的行程开关，急停开关动作是否正常； 4. 检查润滑泵排油量是否符合要求，润滑油管路是否损坏，管接头是否有松动、漏油现象等，检查润滑油是否充足； 5. 将系统断电，机床处于无工作状态，检查刀具是否正确夹紧在刀架上，刀具是否有损伤； 6. 每天工作完毕后，将废屑、废液清理干净，检查润滑油箱是否有足够的润滑脂，并将机床防护门、电柜门关闭； 7. 定期检查滚珠丝杠，清洗丝杆上旧的润滑脂，涂上新的润滑脂，安全防护装置是否正常	机床/刀具		1. 是否有异常噪音； 2. 异常温升； 3. 检查操作面板的指示灯； 4. 各按钮、开关； 5. 显示屏是否有报警； 6. 检查 X、Z 轴的行程开关，急停开关动作是否正常； 7. 检查润滑系统； 8. 结束工作保养		
	诊断常见设备故障	1. 电源无法接通，检查电源连线； 2. 定位精度、重复定位精度差； 3. 参数丢失，产生报警，重新设置参数或通过系统的通信接口将参数传入系统； 4. 主轴不正常，检查系统输出信号及变频器的功能端子；若为伺服主轴，检查该轴指令信号、使能应答信号并排除故障； 5. 进给轴不正常，检查进给轴电机、编码器、驱动器，检查系统的指令输出信号并排除故障； 6. 超程、急停等报警，检查行程开关及急停开关等电气回路并排除故障； 7. 刀架运行不正常，检查相关刀位信号回路及刀架控制回路并排除故障； 8. 冷却、润滑系统故障，检查冷却、润滑控制回路并排除故障			1. 定位精度差； 2. 重复定位精度差； 3. 参数丢失，产生报警； 4. 主轴不正常； 5. 进给轴不正常； 6. 超程、急停等报警； 7. 刀架运行不正常； 8. 冷却、润滑系统故障		

表 8-6 “螺纹车削”实训项目规划分析表

能力领域	单项能力	操作步骤	设备工具材料	技能训练	任务实训	项目实训	岗位实训
螺纹车削	识读绘制螺纹零件图	1. 通过图纸标题栏了解螺纹零件的名称、材料、数量、比例等相关重要信息，了解零件的功用； 2. 根据投影关系，从主视图入手，综合各个视图形状和特征，理清它们之间的相对位置，并通过其他辅助视图来分析了解零件关键部位的结构，最终确定零件整体结构形状； 3. 从零件图的标注中找出基准，各部分定形和定位尺寸； 4. 由零件图中所注写的技术要求和说明，了解零件的加工精度、公差与配合、形位公差等文字及符号	含螺纹零件的图纸		1. 了解零件的名称、材料、数量、比例、预处理、功用等重要信息； 2. 确定零件整体结构形状； 3. 找出基准，各部分定形和定位尺寸； 4. 了解零件的加工精度、公差与配合、形位公差等		
	读懂螺纹车削工艺文件	1. 选择刀具（螺纹刀）； 2. 装夹工件； 3. 装夹刀具； 4. 对刀； 5. 运行程序； 6. 检测工件； 7. 拆卸工件	含螺纹类车削工艺文件		读懂螺纹类车削工艺文件		
	编制螺纹车削程序	1. 分析图样； 2. 确定工艺方案（确定机床类型、机床规格、工装夹具、刀具、加工路线、切削三要素、冷却）； 3. 数据处理； 4. 编写加工程序单； 5. 制作控制介质，输入程序信息； 6. 程序校验			编制螺纹类零件出车削程序		
	加工螺纹	1. 选择刀具； 2. 装夹工件； 3. 装夹刀具； 4. 对刀； 5. 运行程序； 6. 检测工件； 7. 拆卸工件	1. 车床； 2. 各类刀具		加工螺纹类零件		
	检测螺纹	1. 使用游标卡尺、内外径千分尺检测螺纹外径； 2. 使用螺纹规检测牙型角、螺距、螺纹外径、螺纹底径； 3. 出检测单	1. 游标卡尺； 2. 外径千分尺； 3. 内径千分尺； 4. 螺纹规		检测螺纹类零件		

续表

能力领域	单项能力	操作步骤	设备工具材料	技能训练	任务实训	项目实训	岗位实训
螺纹车削	维护保养车床	1. 检查机床运转后是否出现异常噪音； 2. 主轴以最高转速的一半转动 30 分钟，是否出现异常温升； 3. 检查操作面板的指示灯是否正常，各按钮、开关是否处于正确位置，显示屏是否有报警，检查 X、Z 轴的行程开关，急停开关动作是否正常； 4. 检查润滑泵排油量是否符合要求，润滑油管路是否损坏，管接头是否有松动、漏油现象等，检查润滑油是否充足； 5. 将系统断电，机床处于无工作状态，检查刀具是否正确夹紧在刀架上，刀具是否有损伤； 6. 每天工作完毕后，将废屑、废液清理干净，检查润滑油箱是否有足够的润滑脂，并将机床防护门、电柜门关闭； 7. 定期检查滚珠丝杠，清洗丝杆上旧的润滑脂，涂上新的润滑脂，安全防护装置是否正常	机床/刀具		1. 是否有异常噪音； 2. 异常温升； 3. 检查操作面板的指示灯； 4. 各按钮、开关； 5. 显示屏是否有报警； 6. 检查 X、Z 轴的行程开关，急停开关动作是否正常； 7. 检查润滑系统； 8. 结束工作保养		
	诊断常见设备故障	1. 电源无法接通，检查电源连线； 2. 定位精度、重复定位精度差； 3. 参数丢失，产生报警，重新设置参数或通过系统的通信接口将参数传入系统； 4. 主轴不正常，检查系统输出信号及变频器的功能端子，若为伺服主轴，检查该轴指令信号、使能及使能应答信号并排除故障； 5. 进给轴不正常，检查进给轴电机、编码器、驱动器，检查系统的指令输出信号并排除故障； 6. 超程、急停等报警，检查行程开关及急停开关等电气回路并排除故障； 7. 刀架运行不正常，检查相关刀位信号回路及刀架控制回路并排除故障； 8. 冷却、润滑系统故障，检查冷却、润滑控制回路并排除故障			1. 定位精度差； 2. 重复定位精度差； 3. 参数丢失，产生报警； 4. 主轴不正常； 5. 进给轴不正常； 6. 超程、急停等报警； 7. 刀架运行不正常； 8. 冷却、润滑系统故障		

表 8-7　“特形面车削”实训项目规划分析表

能力领域	单项能力	操作步骤	设备工具材料	技能训练	任务实训	项目实训	岗位实训
特形面车削	识读绘制含特形面零件图	1. 通过图纸标题栏了解特形面零件的名称、材料、数量、比例、预处理等相关重要信息，了解零件的功用； 2. 根据投影关系，从主视图入手，综合各个视图形状和特征，理清它们之间的相对位置，并通过其他辅助视图来分析了解零件关键部位的结构，最终确定零件整体结构形状； 3. 从零件图的标注中找出基准，各部分定形和定位尺寸； 4. 由零件图中所注写的技术要求和说明，了解零件的加工精度、公差与配合、形位公差等文字及符号	含特形面零件的图纸		1. 了解零件的名称、材料、数量、比例、预处理、功用等重要信息； 2. 确定零件整体结构形状； 3. 找出基准，各部分定形和定位尺寸； 4. 了解零件的加工精度、公差与配合、形位公差等	含特形面类零件车削	加工中心操作
	读懂含特形面车削工艺文件	1. 刀具选择； 2. 工装夹具选择； 3. 切削三要素选择； 4. 确认工艺文件是否符合图纸要求	含特形面类车削工艺文件		读懂含特形面类车削工艺文件		
	编制含特形面零件出车削程序	1. 分析图样； 2. 确定工艺方案（确定机床类型、机床规格、工装夹具、刀具、加工路线、切削三要素、换刀、冷却）； 3. 数据处理； 4. 编写加工程序单； 5. 制作控制介质，输入程序信息； 6. 程序校验			编制含特形面类零件出车削程序		
	加工含特形面零件	1. 选择刀具（端面刀、外圆刀、内圆刀、钻头、丝锥、割刀等）； 2. 装夹工件； 3. 装夹刀具； 4. 对刀； 5. 运行程序； 6. 检测工件； 7. 拆卸工件	1. 车床； 2. 各类刀具		加工含特形面类零件		

续表

能力领域	单项能力	操作步骤	设备工具材料	技能训练	任务实训	项目实训	岗位实训
特形面车削	检测特形面	1. 使用游标卡尺外径千分尺检测每个外圆尺寸； 2. 使用内径千分尺检测内圆尺寸； 3. 使用量角器检测倒角； 4. 使用样板检测； 5. 出检测单	1. 游标卡尺； 2. 外径千分尺； 3. 内径千分尺； 4. 量角器		检测含特形面类零件		
	维护保养车床	1. 检查机床运转后是否出现异常噪音； 2. 主轴以最高转速的一半转动 30 分钟，是否出现异常温升； 3. 检查操作面板的指示灯是否正常，各按钮、开关是否处于正确位置，显示屏是否有报警，检查 X、Z 轴的行程开关，急停开关动作是否正常； 4. 检查润滑泵排油量是否符合要求，润滑油管路是否损坏，管接头是否有松动、漏油现象等，检查润滑油是否充足； 5. 将系统断电，机床处于无工作状态，检查刀具是否正确地在刀架上夹紧，刀具是否有损伤； 6. 每天工作完毕后，将废屑、废液清理干净，检查润滑油箱是否有足够的润滑脂，并将机床防护门、电柜门关闭； 7. 定期检查滚珠丝杠，清洗丝杆上旧的润滑脂，涂上新的润滑脂，安全防护装置是否正常	机床/刀具		1. 是否有异常噪音； 2. 异常温升； 3. 检查操作面板的指示灯； 4. 各按钮、开关； 5. 显示屏是否有报警； 6. 检查 X、Z 轴的行程开关，急停开关动作是否正常； 7. 检查润滑系统； 8. 结束工作保养		
	诊断常见设备故障	1. 电源无法接通，检查电源连线； 2. 定位精度、重复定位精度差； 3. 参数丢失，产生报警，重新设置参数或通过系统的通信接口将参数传入系统； 4. 主轴不正常，检查系统输出信号及变频器的功能端子，若为伺服主轴，检查该轴指令信号、使能及使能应答信号并排除故障； 5. 进给轴不正常，检查进给轴电机、编码器、驱动器，检查系统的指令输出信号并排除故障； 6. 超程、急停等报警，检查行程开关及急停开关等电气回路并排除故障； 7. 刀架运行不正常，检查相关刀位信号回路及刀架控制回路并排除故障； 8. 冷却、润滑系统故障，检查冷却、润滑控制回路并排除故障			1. 定位精度差； 2. 重复定位精度差； 3. 参数丢失，产生报警； 4. 主轴不正常； 5. 进给轴不正常； 6. 超程、急停等报警； 7. 刀架运行不正常； 8. 冷却、润滑系统故障		

表 8-8 “平面零件铣削”实训项目规划分析表

能力领域	单项能力	操作步骤	设备工具材料	技能训练	任务实训	项目实训	岗位实训
平面零件铣削	识读绘制平面铣削零件图	1. 通过图纸标题栏了解平面铣削零件的名称、材料、数量、预处理、比例等相关重要信息，了解零件的功用； 2. 根据投影关系，从主视图入手，综合各个视图形状和特征，理清它们之间的相对位置，并通过其他辅助视图来分析了解零件关键部位的结构，最终确定零件整体结构形状； 3. 从零件图的标注找出基准，各部分定形和定位尺寸； 4. 由零件图中所注写的技术要求和说明，了解零件的加工精度、公差与配合、形位公差等文字及符号	含平面铣削零件的图纸		1. 了解零件的名称、材料、数量、比例、预处理、功用等重要信息； 2. 确定零件整体结构形状； 3. 找出基准，各部分定形和定位尺寸； 4. 了解零件的加工精度、公差与配合、形位公差等		数控铣床操作
	读懂零件平面铣削工艺文件	1. 刀具选择； 2. 材料选择； 3. 工装夹具选择； 4. 平面铣削三要素选择； 5. 确认工艺文件是否符合图纸要求	含平面铣削类车削工艺文件		读懂平面铣削类车削工艺文件		
	编制零件平面铣削程序	1. 分析图样； 2. 确定工艺方案（确定机床类型、机床规格、工装夹具、刀具、加工路线和方式、切削三要素、冷却）； 3. 数据处理； 4. 编写加工程序单； 5. 制作控制介质，输入程序信息； 6. 程序校验			编制平面铣削类零件出车削程序		
	加工平面铣削零件	1. 选择刀具（平铣刀、面铣刀等）； 2. 装夹工件及模具； 3. 装夹刀具； 4. 对刀； 5. 运行程序； 6. 检测工件； 7. 拆卸工件	1. 车床； 2. 各类刀具		加工平面铣削类零件		
	检测平面铣削零件	1. 使用跳动表检测零件的平面度； 2. 使用样板对比粗糙度； 3. 使用游标卡、万能角尺检测平行度、垂直度、位置精度； 4. 出检测单	1. 跳动表，游标卡尺； 2. 样板，外径千分尺； 3. 万能角尺		检测平面铣削类零件		

续表

能力领域	单项能力	操作步骤	设备工具材料	技能训练	任务实训	项目实训	岗位实训
平面零件铣削	维护保养车床	1. 检查机床运转后是否出现异常噪音； 2. 主轴以最高转速的一半转动30分钟，是否出现异常温升； 3. 检查操作面板的指示灯是否正常，各按钮、开关是否处于正确位置，显示屏是否有报警，检查X、Y、Z轴的行程开关，急停开关动作是否正常； 4. 检查润滑泵排油量是否符合要求，润滑油管路是否损坏，管接头是否有松动、漏油现象等，检查润滑油是否充足； 5. 每天工作完毕后，将废屑、废液清理干净，检查润滑油箱是否有足够的润滑脂，并将机床防护门、电柜门关闭； 6. 定期检查滚珠丝杠，清洗丝杆上旧的润滑脂，涂上新的润滑脂，安全防护装置是否正常	机床/刀具		1. 是否有异常噪音； 2. 异常温升； 3. 检查操作面板的指示灯； 4. 各按钮、开关； 5. 显示屏是否有报警； 6. 检查X/Y/Z轴的行程开关，急停开关动作是否正常； 7. 检查润滑系统； 8. 结束工作保养		
	诊断常见设备故障	1. 电源无法接通，检查电源连线； 2. 定位精度、重复定位精度差； 3. 参数丢失，产生报警，重新设置参数或通过系统的通信接口将参数传入系统； 4. 主轴不正常，检查系统输出信号及变频器的功能端子，若为伺服主轴，检查该轴指令信号、使能及使能应答信号并排除故障； 5. 进给轴不正常，检查进给轴电机、编码器、驱动器，检查系统的指令输出信号并排除故障； 6. 超程、急停等报警，检查行程开关及急停开关等电气回路并排除故障； 7. 冷却、润滑系统故障，检查冷却、润滑控制回路并排除故障			1. 定位精度、重复； 2. 定位精度差； 3. 参数丢失，产生报警； 4. 主轴不正常； 5. 进给轴不正常； 6. 超程、急停等报警； 7. 刀架运行不正常； 8. 冷却、润滑系统故障		

表 8-9 “二维轮廓加工”实训项目规划分析表

<table>
<tr><th>能力领域</th><th>单项能力</th><th>操作步骤</th><th>设备工具材料</th><th>技能训练</th><th>任务实训</th><th>项目实训</th><th>岗位实训</th></tr>
<tr><td rowspan="4">二维轮廓加工</td><td>识读绘制零件图</td><td>1. 通过图纸标题栏了解二维轮廓零件的名称、材料、数量、预处理、比例等相关重要信息，了解零件的功用；
2. 根据投影关系，从主视图入手，综合各个视图形状和特征，理清它们之间的相对位置，并通过其他辅助视图来分析了解零件关键部位的结构，最终确定零件整体结构形状；
3. 从零件图的标注找出基准，各部分定形和定位尺寸；
4. 由零件图中所注写的技术要求和说明，了解零件的加工精度、公差与配合、形位公差等文字及符号</td><td>二维轮廓零件的图纸</td><td></td><td>1. 了解零件的名称、材料、数量、比例、预处理、功用等重要信息；
2. 确定零件整体结构形状；
3. 找出基准，各部分定形和定位尺寸；
4. 了解零件的加工精度、公差与配合、形位公差等</td><td></td><td rowspan="4">数控铣床操作</td></tr>
<tr><td>读懂二维轮廓零件铣削工艺文件</td><td>1. 刀具选择；
2. 材料选择；
3. 工装夹具选择；
4. 二维轮廓铣削三要素选择；
5. 确认工艺文件是否符合图纸要求</td><td>二维轮廓类车削工艺文件</td><td></td><td>读懂二维轮廓类车削工艺文件</td><td></td></tr>
<tr><td>编制二维轮廓零件铣削程序</td><td>1. 分析图样；
2. 确定工艺方案（确定机床类型、机床规格、工装夹具、刀具、加工路线和方式、切削三要素、冷却）；
3. 数据处理；
4. 编写加工程序单；
5. 制作控制介质，输入程序信息；
6. 程序校验</td><td></td><td></td><td>编制二维轮廓类零件出车削程序</td><td></td></tr>
<tr><td>二维轮廓加工</td><td>1. 选择刀具（平铣刀、面铣刀等）；
2. 装夹工件及模具；
3. 装夹刀具；
4. 对刀；
5. 运行程序；
6. 检测工件</td><td>1. 车床；
2. 各类刀具</td><td></td><td>二维轮廓铣削类零件</td><td></td></tr>
</table>

续表

能力领域	单项能力	操作步骤	设备工具材料	技能训练	任务实训	项目实训	岗位实训
二维轮廓加工	检测二维轮廓零件	1. 使用跳动表检测零件的平面度； 2. 使用样板对比粗糙度； 3. 使用游标卡、万能角尺检测平行度、垂直度、位置精度； 4. 出检测单	1. 跳动表、游标卡尺； 2. 样板； 3. 游标卡； 4. 万能角尺		检测二维轮廓类零件		
	维护保养车床	1. 检查机床运转后是否出现异常噪音； 2. 主轴以最高转速的一半转动30分钟，是否出现异常温升； 3. 检查操作面板的指示灯是否正常，各按钮、开关是否处于正确位置，显示屏是否有报警，检查X、Y、Z轴的行程开关，急停开关动作是否正常； 4. 检查润滑泵排油量是否符合要求，润滑油管路是否损坏，管接头是否有松动、漏油现象等，检查润滑油是否充足； 5. 每天工作完毕后，将废屑、废液清理干净，检查润滑油箱是否有足够的润滑脂，并将机床防护门、电柜门关闭； 6. 定期检查滚珠丝杠，清洗丝杆上旧的润滑脂，涂上新的润滑脂，安全防护装置是否正常	机床/刀具		1. 是否有异常噪音； 2. 异常温升； 3. 检查操作面板的指示灯； 4. 各按钮、开关； 5. 显示屏是否有报警； 6. 检查X/Y/Z轴的行程开关，急停开关动作是否正常； 7. 检查润滑系统； 8. 结束工作保养		
	诊断常见设备故障	1. 电源无法接通，检查电源连线； 2. 定位精度、重复定位精度差； 3. 参数丢失，产生报警，重新设置参数或通过系统的通信接口将参数传入系统； 4. 主轴不正常，检查系统输出信号及变频器的功能端子，若为伺服主轴，检查该轴指令信号、使能及使能应答信号并排除故障； 5. 进给轴不正常，检查进给轴电机、编码器、驱动器，检查系统的指令输出信号并排除故障； 6. 超程、急停等报警，检查行程开关及急停开关等电气回路并排除故障； 7. 冷却、润滑系统故障，检查冷却、润滑控制回路并排除故障			1. 定位精度差； 2. 重复定位精度差； 3. 参数丢失，产生报警； 4. 主轴不正常； 5. 进给轴不正常； 6. 超程、急停等报警； 7. 刀架运行不正常； 8. 冷却、润滑系统故障		

表 8-10　“孔系加工”实训项目规划分析表

能力领域	单项能力	操作步骤	设备工具材料	技能训练	任务实训	项目实训	岗位实训
孔系加工	识读孔系绘制零件图	1. 通过图纸标题栏了解孔系零件的名称、材料、数量、比例等相关重要信息，了解零件的功用； 2. 根据投影关系，从主视图入手，综合各个视图形状和特征，理清它们之间的相对位置，并通过其他辅助视图来分析了解零件关键部位的结构，最终确定零件整体结构形状； 3. 从零件图的标注找出基准，各部分定形和定位尺寸； 4. 由零件图中所注写的技术要求和说明，了解零件的加工精度、公差与配合、形位公差等文字及符号	孔系零件的图纸		1. 了解零件的名称、材料、数量、比例、预处理、功用等重要信息； 2. 确定零件整体结构形状； 3. 找出基准，各部分定形和定位尺寸； 4. 了解零件的加工精度、公差与配合、形位公差等		数控铣床操作
	读懂孔系零件铣削工艺文件	1. 刀具选择； 2. 材料选择； 3. 工装夹具选择； 4. 孔系零件加工三要素选择； 5. 确认工艺文件是否符合图纸要求	孔系类车削工艺文件		读懂孔系类车削工艺文件		
	编写孔系零件铣削程序	1. 分析图样； 2. 确定工艺方案（确定机床类型、机床规格、工装夹具、刀具、加工路线和方式、切削三要素、冷却）； 3. 数据处理； 4. 编写加工程序单； 5. 制作控制介质，输入程序信息； 6. 程序校验			编制孔系类零件出车削程序		
	加工孔系零件	1. 选择刀具（钻头、丝锥、镗刀等）； 2. 装夹工件及模具； 3. 装夹刀具； 4. 对刀； 5. 运行程序； 6. 检测工件	1. 车床； 2. 各类刀具		孔系类零件		
	检测孔系零件	1. 使用内径千分尺、百分表检测内圆尺寸； 2. 使用螺规检测螺纹； 3. 使用游标卡尺、万能角尺检测垂直度、位置精度； 4. 出检测单	1. 内径千分尺； 2. 百分表； 3. 螺规		检测孔系类零件		

续表

能力领域	单项能力	操作步骤	设备工具材料	技能训练	任务实训	项目实训	岗位实训
孔系加工	维护保养车床	1. 检查机床运转后是否出现异常噪音； 2. 主轴以最高转速的一半转动30分钟，是否出现异常温升； 3. 检查操作面板的指示灯是否正常，各按钮、开关是否处于正确位置，显示屏是否有报警，检查X、Y、Z轴的行程开关，急停开关动作是否正常； 4. 检查润滑泵排油量是否符合要求，润滑油管路是否损坏，管接头是否有松动、漏油现象等，检查润滑油是否充足； 5. 每天工作完毕后，将废屑、废液清理干净，检查润滑油箱是否有足够的润滑脂，并将机床防护门、电柜门关闭； 6. 定期检查滚珠丝杠，清洗丝杆上旧的润滑脂，涂上新的润滑脂，安全防护装置是否正常	机床/刀具		1. 是否有异常噪音； 2. 异常温升； 3. 检查操作面板的指示灯； 4. 各按钮、开关； 5. 显示屏是否有报警； 6. 检查X、Y、Z轴的行程开关，急停开关动作是否正常； 7. 检查润滑系统； 8. 结束工作保养		
	诊断常见设备故障	1. 电源无法接通，检查电源连线； 2. 定位精度、重复定位精度差； 3. 参数丢失，产生报警，重新设置参数或通过系统的通信接口将参数传入系统； 4. 主轴不正常，检查系统输出信号及变频器的功能端子，若为伺服主轴，检查该轴指令信号、使能及使能应答信号并排除故障； 5. 进给轴不正常，检查进给轴电机、编码器、驱动器。检查系统的指令输出信号并排除故障； 6. 超程、急停等报警，检查行程开关及急停开关等电气回路并排除故障； 7. 冷却、润滑系统故障，检查冷却、润滑控制回路并排除故障			1. 定位精度差； 2. 重复定位精度差； 3. 参数丢失，产生报警； 4. 主轴不正常； 5. 进给轴不正常； 6. 超程、急停等报警； 7. 刀架运行不正常； 8. 冷却、润滑系统故障		

表 8-11　“曲面铣削加工”实训项目规划分析表

能力领域	单项能力	操作步骤	设备工具材料	技能训练	任务实训	项目实训	岗位实训
曲面铣削加工	识读绘制零件图	1. 通过图纸标题栏了解曲面零件的名称、材料、数量、预处理、比例等相关重要信息，了解零件的功用； 2. 根据投影关系，从主视图入手，综合各个视图形状和特征，理清它们之间的相对位置，并通过其他辅助视图来分析了解零件关键部位的结构，最终确定零件整体结构形状； 3. 从零件图的标注找出基准，各部分定形和定位尺寸； 4. 由零件图中所注写的技术要求和说明，了解零件的加工精度、公差与配合、形位公差等文字及符号	曲面零件的图纸		1. 了解零件的名称、材料、数量、比例、预处理、功用等重要信息； 2. 确定零件整体结构形状； 3. 找出基准，各部分定形和定位尺寸； 4. 了解零件的加工精度、公差与配合、形位公差等		数控铣床操作
	读懂曲面零件铣削工艺文件	1. 刀具选择； 2. 材料选择； 3. 工装夹具选择； 4. 曲面零件加工三要素选择； 5. 确认工艺文件是否符合图纸要求	曲面类车削工艺文件		读懂曲面类车削工艺文件		
	编写曲面零件铣削程序	1. 分析图样； 2. 确定工艺方案（确定机床类型、机床规格、工装夹具、刀具、加工路线和方式、切削三要素、冷却）； 3. 数据处理； 4. 编写加工程序单； 5. 制作控制介质，输入程序信息； 6. 程序校验			编制曲面类零件出车削程序		
	铣削加工曲面零件	1. 选择刀具（球刀、象鼻刀等）； 2. 装夹工件及模具； 3. 装夹刀具； 4. 对刀； 5. 运行程序； 6. 检测工件	1. 车床； 2. 各类刀具		曲面类零件		

续表

能力领域	单项能力	操作步骤	设备工具材料	技能训练	任务实训	项目实训	岗位实训
曲面铣削加工	检测曲面零件	1. 使用游标卡尺、万能角尺检测垂直度、位置精度； 2. 使用样板检测曲面； 3. 使用三坐标测量机检测空间位置尺寸； 4. 出检测单	1. 游标卡尺； 2. 万能角尺； 3. 样板； 4. 三坐标测量机		检测曲面类零件		
	维护保养车床	1. 检查机床运转后是否出现异常噪音； 2. 主轴以最高转速的一半转动30分钟，是否出现异常温升； 3. 检查操作面板的指示灯是否正常，各按钮、开关是否处于正确位置，显示屏是否有报警，检查X、Y、Z轴的行程开关，急停开关动作是否正常； 4. 检查润滑泵排油量是否符合要求，润滑油管路是否损坏，管接头是否有松动、漏油现象等，检查润滑油是否充足； 5. 每天工作完毕后，将废屑、废液清理干净，检查润滑油箱是否有足够的润滑脂，并将机床防护门、电柜门关闭； 6. 定期检查滚珠丝杠，清洗丝杆上旧的润滑脂，涂上新的润滑脂，安全防护装置是否正常	机床/刀具		1. 是否有异常噪音； 2. 异常温升； 3. 检查操作面板的指示灯； 4. 各按钮、开关； 5. 显示屏是否有报警； 6. 检查X、Y、Z轴的行程开关，急停开关动作是否正常； 7. 检查润滑系统； 8. 结束工作保养		
	诊断常见设备故障	1. 电源无法接通，检查电源连线； 2. 定位精度、重复定位精度差； 3. 参数丢失，产生报警，重新设置参数或通过系统的通信接口将参数传入系统； 4. 主轴不正常，检查系统输出信号及变频器的功能端子，若为伺服主轴，检查该轴指令信号、使能及使能应答信号并排除故障； 5. 进给轴不正常，检查进给轴电机、编码器、驱动器。检查系统的指令输出信号并排除故障； 6. 超程、急停等报警，检查行程开关及急停开关等电气回路并排除故障； 7. 冷却、润滑系统故障，检查冷却、润滑控制回路并排除故障			1. 定位精度差 2. 重复定位精度差； 3. 参数丢失，产生报警； 4. 主轴不正常； 5. 进给轴不正常； 6. 超程、急停等报警； 7. 刀架运行不正常； 8. 冷却、润滑系统故障		

表 8-12　“CAD/CAM”实训项目规划分析表

能力领域	单项能力	操作步骤	设备工具材料	技能训练	任务实训	项目实训	岗位实训
CAD/CAM	轴类零件车削自动编程	1. 将构造好的轴类零件图形导入到 CAM 软件中； 2. 确定毛坯尺寸； 3. 根据实际机床规格选择合适工件坐标系、工件原点及加工换刀点、加工起始点、加工终点； 4. 刀具选择； 5. 粗精加工的加工工艺确定； 6. 轴类零件轮廓车削方法及走刀路径设计（纵向进刀、横向进刀等）； 7. 使用 CAM 软件进行加工仿真，检查加工程序的正确性与合理性； 8. 后处理，生成程序			1. 将构造的轴类零件图形导入 CAM 软件中； 2. 确定毛坯尺寸； 3. 选择工件坐标系、工件原点及加工换刀点、加工起始点、加工终点； 4. 刀具选择； 5. 加工工艺确定； 6. 车削方法及走刀路径设计； 7. 使用 CAM 软件进行加工仿真，检查程序的正确性与合理性； 8. 后处理，生成程序	轴类零件车削自动编程	数控加工程序编制
	盘套类零件车削自动编程	1. 将构造好的盘套类零件图形导入到 CAM 软件中； 2. 确定毛坯尺寸； 3. 根据实际机床规格选择合适工件坐标系、工件原点及加工换刀点、加工起始点、加工终点； 4. 刀具选择； 5. 粗精加工的加工工艺确定； 6. 盘套类零件轮廓车削方法及走刀路径设计（纵向进刀、横向进刀等）； 7. 使用 CAM 软件进行加工仿真，检查加工程序的正确性与合理性； 8. 后处理，生成程序			1. 将构造的盘套类零件图形导入 CAM 软件中； 2. 确定毛坯尺寸； 3. 选择工件坐标系、工件原点及加工换刀点、加工起始点、加工终点； 4. 刀具选择； 5. 加工工艺确定； 6. 车削方法及走刀路径设计； 7. 使用 CAM 软件进行加工仿真，检查程序的正确性与合理性； 8. 后处理，生成程序	盘套类零件车削自动编程	
	特形面车削自动编程	1. 将构造好的特形面车削零件图形导入到 CAM 软件中； 2. 确定毛坯尺寸； 3. 根据实际机床规格选择合适工件坐标系、工件原点及加工换刀点、加工起始点、加工终点； 4. 刀具选择； 5. 粗精加工的加工工艺确定； 6. 特形面零件轮廓车削方法及走刀路径设计（纵向进刀、横向进刀等）； 7. 使用 CAM 软件进行加工仿真，检查加工程序的正确性与合理性 8. 后处理，生成程序			1. 将构造的特形面零件图形导入 CAM 软件中； 2. 确定毛坯尺寸； 3. 选择工件坐标系、工件原点及加工换刀点、加工起始点、加工终点； 4. 刀具选择； 5. 加工工艺确定； 6. 车削方法及走刀路径设计； 7. 使用 CAM 软件进行加工仿真，检查程序的正确性与合理性； 8. 后处理，生成程序	特形面车削自动编程	

续表

能力领域	单项能力	操作步骤	设备工具材料	技能训练	任务实训	项目实训	岗位实训
CAD/CAM	螺纹车削自动编程	1. 将构造好的螺纹车削零件图形导入到CAM软件中； 2. 确定毛坯尺寸； 3. 根据实际机床规格选择合适工件坐标系、工件原点及加工换刀点、加工起始点、加工终点； 4. 刀具选择； 5. 粗精加工的加工工艺确定； 6. 螺纹零件轮廓车削方法及走刀路径设计（纵向进刀、横向进刀等）； 7. 使用CAM软件进行加工仿真，检查加工程序的正确性与合理性； 8. 后处理，生成程序			1. 将构造的螺纹零件图形导入CAM软件中； 2. 确定毛坯尺寸； 3. 选择工件坐标系、工件原点及加工换刀点、加工起始点、加工终点； 4. 刀具选择； 5. 加工工艺确定； 6. 车削方法及走刀路径设计； 7. 使用CAM软件进行加工仿真，检查程序的正确性与合理性； 8. 后处理，生成程序	平面铣削自动编程	
	平面铣削自动编程	1. 将构造好的平面铣削零件图形导入到CAM软件中； 2. 确定毛坯尺寸； 3. 根据实际机床规格选择合适工件坐标系、工件原点及加工安全点、加工起始点、加工终点； 4. 刀具选择； 5. 粗精加工的加工工艺确定； 6. 平面铣削方法及走刀路径设计； 7. 使用 CAM 软件进行加工仿真，检查加工程序的正确性与合理性； 8. 后处理，生成程序			1. 将构造的平面零件图形导入CAM软件中； 2. 确定毛坯尺寸； 3. 选择工件坐标系、工件原点及加工换刀点、加工起始点、加工终点； 4. 刀具选择； 5. 加工工艺确定； 6. 车削方法及走刀路径设计； 7. 使用CAM软件进行加工仿真，检查程序的正确性与合理性； 8. 后处理，生成程序	平面铣削自动编程	
	二维轮廓铣削自动编程	1. 将构造好的二维轮廓铣削零件图形导入到CAM软件中； 2. 确定毛坯尺寸； 3. 根据实际机床规格选择合适工件坐标系、工件原点及加工安全点、加工起始点、加工终点； 4. 刀具选择； 5. 零件外形粗精加工的加工工艺确定； 6. 二维轮廓走刀路径设计（补正方向，进刀、退刀方式）； 7. 使用 CAM 软件进行加工仿真，检查加工程序的正确性与合理性； 8. 后处理，生成程序			1. 将构造的二维轮廓铣削零件图形导入 CAM软件中； 2. 确定毛坯尺寸； 3. 选择工件坐标系、工件原点及加工换刀点、加工起始点、加工终点； 4. 刀具选择； 5. 加工工艺确定； 6. 车削方法及走刀路径设计； 7. 使用CAM软件进行加工仿真，检查程序的正确性与合理性； 8. 后处理，生成程序	二维轮廓铣削自动编程	

续表

能力领域	单项能力	操作步骤	设备工具材料	技能训练	任务实训	项目实训	岗位实训
CAD/CAM	孔系加工自动编程	1. 将构造好的孔系加工零件图形导入到CAM软件中； 2. 确定毛坯尺寸； 3. 根据实际机床规格选择合适工件坐标系、工件原点及加工安全点、加工起始点、加工终点； 4. 刀具选择； 5. 钻孔/镗孔/攻丝工艺确定； 6. 钻孔/镗孔/攻丝路径设计； 7. 使用 CAM 软件进行加工仿真，检查加工程序的正确性与合理性； 8. 后处理，生成程序			1. 将构造的孔系加工零件图形导入CAM软件中； 2. 确定毛坯尺寸； 3. 选择工件坐标系、工件原点及加工换刀点、加工起始点、加工终点； 4. 刀具选择； 5. 加工工艺确定； 6. 车削方法及走刀路径设计； 7. 使用CAM软件进行加工仿真，检查程序的正确性与合理性； 8. 后处理，生成程序	孔系加工自动编程	
	曲面铣削自动编程	1. 将构造好的曲面零件图形导入到CAM软件中； 2. 确定毛坯尺寸； 3. 根据实际机床规格选择合适工件坐标系、工件原点及加工安全点、加工起始点、加工终点； 4. 刀具选择； 5. 设计粗加工的加工工艺（平行铣削、放射、投影、曲面流线、等高外形、残料加工、钻削式、挖槽式等）； 6. 设计精加工的加工工艺（平行铣削、陡斜面、放射、投影、曲面流线、等高外形、浅平面、交线清角、残料清角、环绕等距、熔接等）； 7. 设计曲面加工走刀路径，使用CAM软件进行加工仿真，检查加工程序的正确性与合理性； 8. 后处理，生成程序			1. 将构造的曲面零件图形导入CAM软件中； 2. 确定毛坯尺寸； 3. 选择工件坐标系、工件原点及加工换刀点、加工起始点、加工终点； 4. 刀具选择； 5. 加工工艺确定； 6. 车削方法及走刀路径设计； 7. 使用CAM软件进行加工仿真，检查程序的正确性与合理性； 8. 后处理，生成程序	曲面铣削自动编程	

表 8-13　综合能力实训项目规划分析表

能力领域	单项能力	操作步骤	设备工具材料	技能训练	任务实训	项目实训	岗位实训
综合能力	识读绘制中等复杂程度的零件图	1. 通过图纸标题栏零件的名称、材料、数量、比例、预处理等相关重要信息，了解零件的功用； 2. 根据投影关系，从主视图入手，综合各个视图形状和特征，理清它们之间的相对位置，并通过其他辅助视图来分析了解零件关键部位的结构，最终确定零件整体结构形状； 3. 从零件图的标注尺寸，找出各个方向的主要基准，各部分定形和定位尺寸； 4. 由零件图中所注写的技术要求和说明，了解零件的加工精度、公差与配合、形位公差等文字及符号； 5. 加载样板（样板中应包括图层的设置、文字样式、尺寸样式、图框、标题栏及各种符号等内容）； 6. 按比例绘制曲面铣削加工零件的视图； 7. 标注尺寸、表面粗糙度，书写技术要求，插入图框标题栏并填写标题栏； 8. 保存图形到用户文件夹下				识读绘制中等复杂程度的零件图	
	读懂零件加工工艺文件	1. 刀具选择； 2. 材料选择； 3. 工装夹具选择； 4. 零件加工三要素选择； 5. 分析主程序和子程序的走刀路径； 6. 确认工艺文件是否符合图纸要求				读懂零件加工工艺文件	
	编写数据加工程序	1. 分析图样； 2. 设计工艺方案（确定机床类型、机床规格、工装夹具、刀具、加工路线和方式、切削三要素、冷却）； 3. 数据处理； 4. 编写加工程序单； 5. 制作控制介质，输入程序信息； 6. 程序校验				编写数据加工程序	
	加工中等复杂的零件	1. 选择刀具； 2. 装夹工件及模具； 3. 装夹刀具； 4. 对刀； 5. 运行程序； 6. 检测工件				加工中等复杂的零件	

续表

能力领域	单项能力	操作步骤	设备工具材料	技能训练	任务实训	项目实训	岗位实训
综合能力	控制零件加工质量	1. 按照规范进行操作； 2. 选择合适的切削三要素； 3. 选择合适的工装夹具； 4. 选用标准的量具和样板； 5. 冷却、润滑充分； 6. 工件检测应采用首检、抽检、终检相结合				控制零件加工质量	

综合分析以上“数控技术应用专业”专业能力实训规划分析表，将任务实训与项目实训设计到项目课程中，形成 11 门项目课程、1 个综合实训项目和 6 个岗位的实习，如表 8-14 所示。

表 8-14　数控技术应用专业各类实训（实习）

类型	名称
一、项目课程	1. 识绘机械图纸
	2. 钳工制作
	3. 轴类零件车削
	4. 盘套类零件车削
	5. 螺纹车削
	6. 特形面车削
	7. 平面零件铣削
	8. 二维轮廓加工
	9. 孔系加工
	10. 曲面铣削加工
	11. CAD/CAM
二、综合实训	数控加工综合实训
三、岗位实习	1. 机械工程图绘制
	2. 机械零件检测
	3. 数控车床的操作
	4. 数控铣床的操作
	5. 加工中心操作
	6. 数控加工程序编制

第二节 实训项目的设计

各类实训项目设立后，为了使不同的实训项目类型的功能得以充分发挥作用，需要按照实训设计的基本原则进行精心设计。依据实训项目类型，分别对技能训练项目、任务实训项目、项目实训项目和岗位实训项目进行设计，如图 8-4 所示。

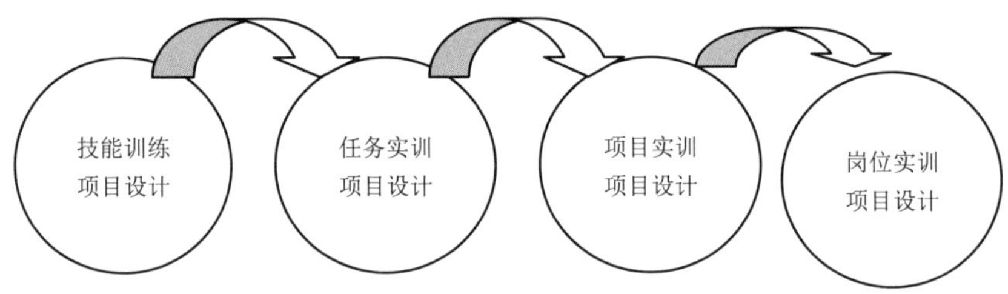

图 8-4 职业教育实训设计

一、技能训练项目的设计

由于列入技能训练项目的技能都是比较复杂或需要较长时间训练才能掌握的，所以技能训练项目往往十分枯燥，而学习者在短时间内进步又不明显，这常常使学习者丧失信心，从而放弃技能训练。但是这类技能一旦掌握，又能使学习者在职场上出类拔萃，因此，技能训练项目设计是一项不容忽视的工作。

（一）技能训练项目设计过程

技能训练设计一般包括技能训练目标的确定、技能训练过程的分析、技能训练设备的选择和技能训练标准的制订四个步骤，如图 8-5 所示。

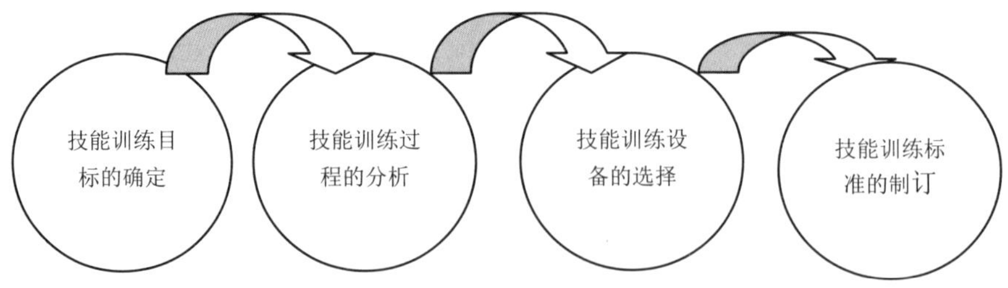

图 8-5 技能训练设计过程

技能训练目标是指通过技能训练使学习者的技能达到的熟练水平、规范程度、准确精度等；技能训练过程是指学习者训练活动的程序安排；技能训练设备的选择包括硬件和软件的选择；技能训练标准的制订是对不同训练项目训练目标、训练过程与内容、训练设备方法等的确定与选择。

（二）各技能训练项目的设计

在数控技术应用专业，文字录入等能力的训练作为技能训练项目得以设立，这里以文字录入技能训练项目设计为例，阐述技能训练项目设计的内容、过程与方法。

1. 技能训练目标的确定

不同的职业要求文字录入的速度有较大的区别。国际计算机文字录入专业认证相关标准如表 8-15 和表 8-16 所示。

表 8-15　Typing Credential 国际计算机文字录入专业认证标准（看打）

简称	认证项目	基础级	专业级			专家级			大师级		
			初等	中等	高等	初等	中等	高等	初等	中等	高等
英文看打	国际英文看打计算机录入	20	25	30	35	40	60	80	100	120	140
中文看打	国际中文看打计算机录入	20	30	40	60	80	110	150	190	230	270
应用场合		看打基础	一般工作	公务工作	文秘工作	职业文书	高级文书	中型会务	大型会务	高级会务	定制会务

注：英文看打单位为字/分钟，乘 5 相当于字符/分钟。中文看打单位为字/分钟。

表 8-16　Typing Credential 国际计算机文字录入专业认证标准（听打）

简称	认证项目	基础级	专业级			专家级			大师级		
			初等	中等	高等	初等	中等	高等	初等	中等	高等
英文听打	国际英文听打计算机录入	35	40	45	55	65	75	90	105	120	140
中文听打	国际中文听打计算机录入	50	70	80	100	120	140	170	200	230	270
应用场合		听打基础	中级文秘	职业文书	高级文书	小型会务	中型会务	大型会务	特大会务	高级会务	定制会务

注：英文听打单位为字/分钟，乘 5 相当于字符/分钟。中文听打单位为字/分钟。

2. 技能训练过程的分析

技能训练过程的分析应遵循学习理论原则，按照技能形成的过程，分析设计技能训练的过程。技能形成过程一般包括定向、模仿、整合和熟练四个阶段。

（1）定向阶段

所谓文字录入技能的定向，是文字录入操作活动的气氛、节奏、姿势、指法等在学习者头脑中形成映象的过程。所形成的操作活动的定向映象应包括两个方面：一是操作活动的结构要素及其关系，即有哪些要素构成某一操作活动，各动作要素间的关系和顺序如何；二是活动的方式，即操作的轨迹、方向、幅度、力量、速度、频率、动作衔接等。

操作定向是操作技能形成过程中的一个重要环节，这个阶段的特点是时间短，但最为关键。准确的定向映象可以有效地调节实际的操作活动，缺乏定向映象的操作活动经常是盲目尝试，效率低下。一旦定向出现了偏差，改正起来会十分困难，因此不应忽视该环节在操作技能形成过程中的作用。打字操作技能定向采取的策略需要精心设计。

操作技能训练一般采用录像、动画或者图片的形式进行定向。这种形式形象、直观，再配以语言或者文字说明，能够保证学习者掌握操作活动的结构及其形式。例如，在文字录入技能训练中，打字姿势定向图如图 8-6 所示，正确的打字姿势，手腕要离开键盘。

击键定向图如图 8-7 所示，第一指关节与键面的角度应大于 70°，手指离键盘大约 1～1.5 厘米。熟练情况下，指尖与键盘的距离越近越好。打字指法的最高境界是滑键，即以触摸式的方式进行键盘录入。

图 8-6 打字姿势定向图

图 8-7 击键定向图

键位输入定向图如图 8-8 和图 8-9 所示，每个手指分别负责敲打四个键，大拇指用来敲击空格键。

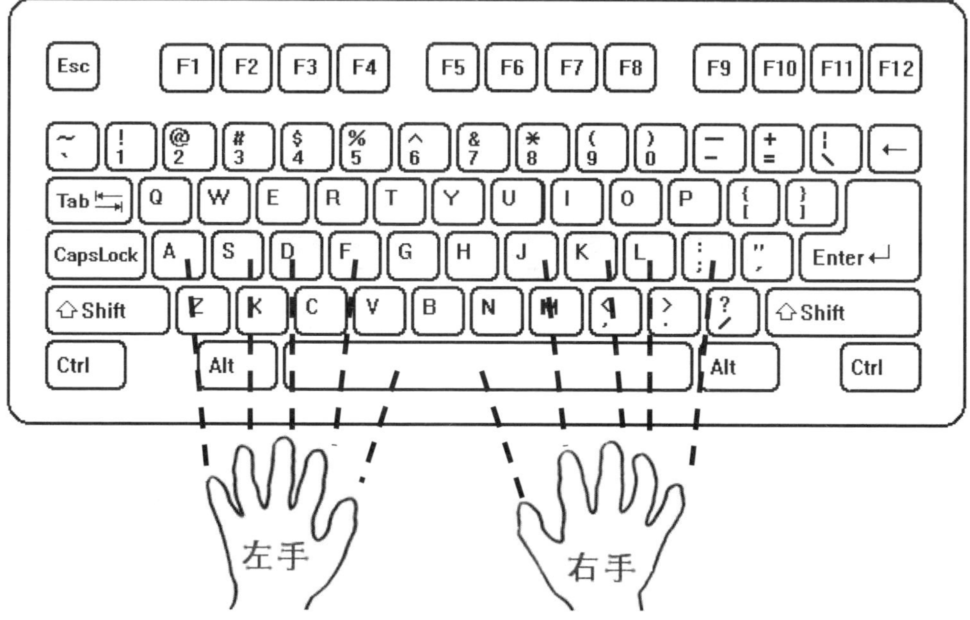

图 8-8　键位输入定向图（一）

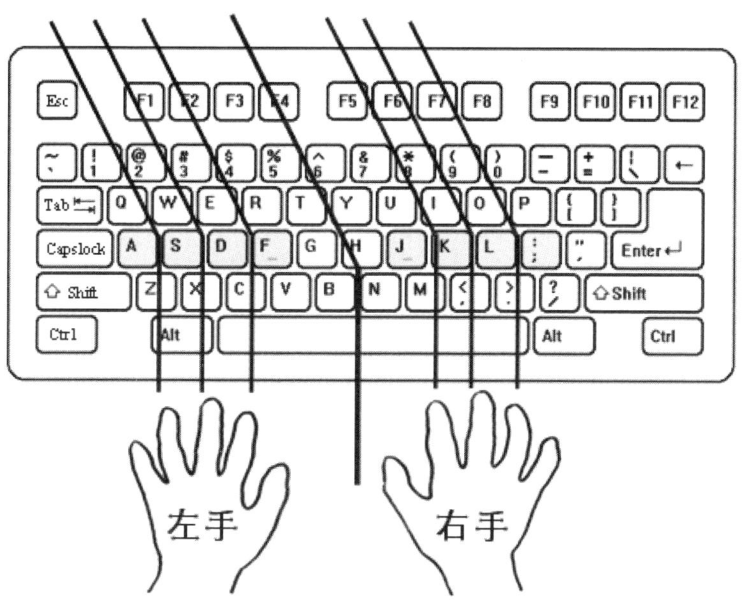

图 8-9　键位输入定向图（二）

（2）模仿阶段

操作的模仿即实际再现出特定的动作方式或行为模式，实质是将头脑中形成的定向映象以外显的实际动作表现出来。模仿阶段要严格要求，不能出偏差，也不要贪眼前速度，而不顾定向所确立的操作规范。

（3）整合阶段

整合即把模仿阶段习得的动作固定下来，并使各动作成分相互结合，成为定型的、一体化的动作。通过整合，一方面，动作水平得以提高，动作结构趋于合理、协调，动作的初步概括化得以实现；另一方面，个体对动作的有效控制逐步增强。整合是操作技能形成过程中的关键环节，它是从模仿到熟练的一个过渡阶段，也为熟练的活动方式的形成打下基础。因此，在文字录入技能训练中，通过整合阶段要形成标准的指法，而不是速度。

（4）熟练阶段

操作的熟练是操作技能最后形成的阶段，是由于操作活动方式的概括化、系统化而实现的。打字训练的熟练阶段用时最长、最艰苦，学习者常常在这一阶段失去自信心。因此，熟练阶段训练策略设计是打字训练设计最为关键的环节。思递波（CERTIPORT）公司经过长期研究，提出了打字成长曲线（见图 8-10），以及英文输入和中文输入速度相关曲线（见图 8-11）。

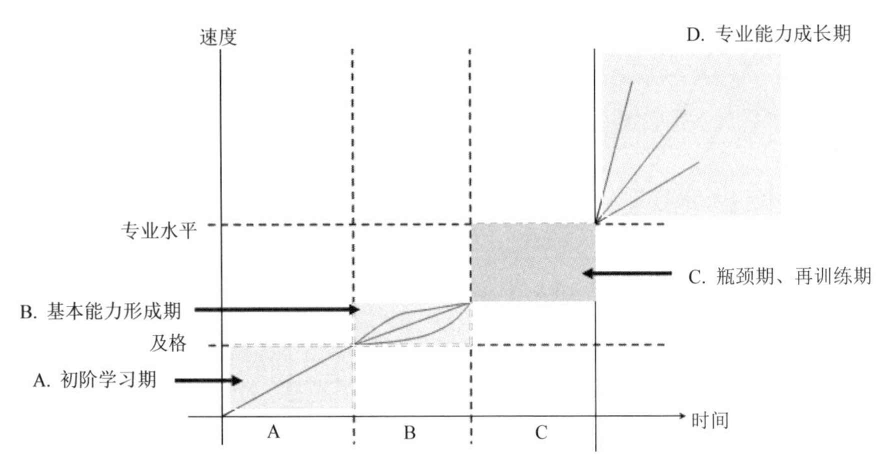

图 8-10　打字成长曲线

由图 8-10 可以看出，每个打字学习者的成长过程分为四个阶段：初阶学习期、基本能力形成期、瓶颈期（再训练期）和专业能力成长期。在初阶学习期，每个学习者的差异性不是很大。而在基本能力形成期，学习者的成长幅度是不同的，而经过一定的时间训练会使学习者达到趋同的速度瓶颈。瓶颈期（再训练期）是一个平台期，也是技能训练的枯燥期，是能否进入更高的技能专业能力水平的分水岭，是考验学习者和实训教练练习方法和教学方法科学性的关键时期。专业能力成长期是经过积累每个学习者各自形成自己的技能风格和技能熟练程度而达到的程度。

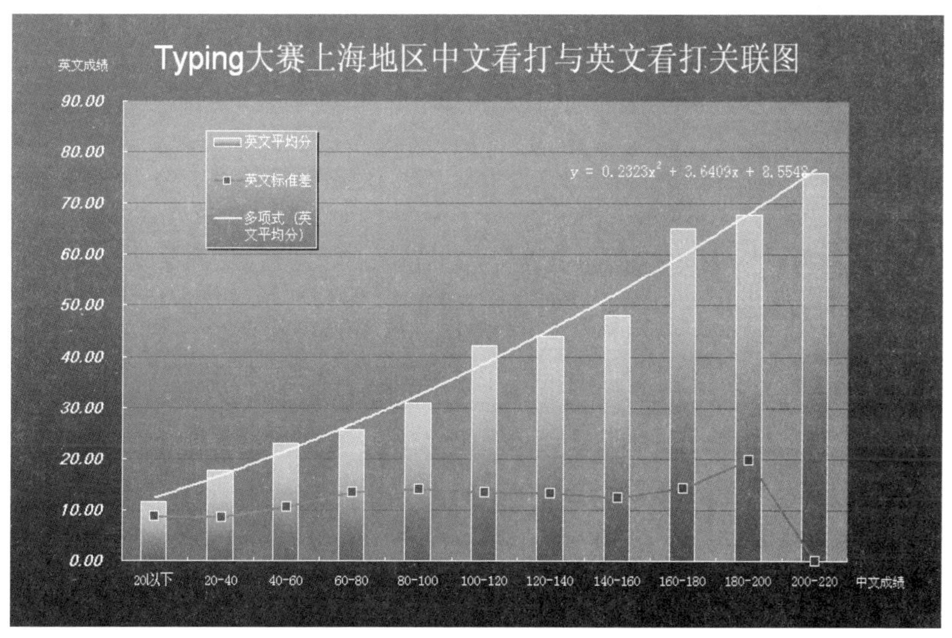

中文	20 以下	20～40	40～60	60～80	80～100	100～120	120～140	140～160	160～180	180～200	200～220
X	1	2	3	4	5	6	7	8	9	10	11
Y	12.42	16.75	21.54	26.79	32.50	38.67	45.30	52.39	59.94	67.95	76.42
英文	62.1	83.75	107.7	133.95	162.5	193.35	226.5	261.95	299.7	339.75	382.1

图 8-11　英文输入和中文输入速度相关曲线

英文输入和中文输入速度相关曲线是利用上海地区打字大赛和训练数据，通过回归分析形成的相关曲线。这条曲线的意义在于帮助打字练习者分析约束自己中文输入速度的因素是击键速度还是其他因素。例如，要使中文看打计算机输入速度为40～60 字/分钟，则英文输入速度必须达到 107.7 字符/分钟；要使中文看打计算机输入速度为 100～120 字/分钟，则英文输入速度必须达到 193.35 字符/分钟。若英文输入速度达不到，则约束自己中文输入速度的因素肯定包括英文输入速度，应练习英文输入。当英文输入速度达到了相应水平，再进行中文输入练习。

3. 技能训练设备的选择

（1）计算机的选择

文字录入是任何一个人都需要掌握的技能，因此，文字录入技能训练对硬件的要求不能过高。文字录入技能训练项目设计对硬件的选择应是各类学校学生目前使用最为普遍的计算机。

（2）文字录入软件的选择

选择文字录入软件时首先要考虑其功能是否满足需要，在此基础上比较以下几方面：

1）科学性。符合技能形成的规律和技能训练教学的一般原则。

2）趣味性。任何一项不断重复而且没有意义的活动必然是枯燥的，只有把不断重复的活动赋予意义，才会变为有趣味性的活动。

3）鼓励性。打字训练软件要及时告知学习者训练成绩，学习者看到自己的进步，增强自信。

4）经济性。采购成本和单位时间教学成本较低。

由表 8-17 可知，金山打字软件无论从功能上，还是从科学性、趣味性、经济性等方面都是比较优秀的。当然，如果金山打字软件具有标准指法动画教学功能则会更加实用，因为这一教学功能能够很好地解决技能操作的高效定向问题。

表 8-17　打字训练软件的比较

比较 软件	功能	科学性	趣味性	经济性
金山打字	1．学前测试：根据用户的情况，建议用户进入哪个模块进行练习； 2．英文打字键位练习：设置了键位练习课程，分键位进行练习； 3．拼音打字音节练习：通过对方言模糊音、普通话异读词的练习，纠正在拼音输入中遇到的错误； 4．五笔打字分步练习：包括“字根练习”“单字练习”“词组练习”“文章练习”四部分，在“字根练习”中又包括“横区”“竖区”“撇区”“捺区”“折区”“综合”练习； 5．同声录入练习：为专业文字录入人员设置了同声录入练习机会； 6．不同专业用户练习：提供了机械、电子、医学、经贸、计算机等 10 个专业的中英文词汇和文章； 7．随时测试打字速度	1．学前测试和随时测试不但能保证练习者进入合适的模块进行练习，还能使练习者随时了解自己状况； 2．具有手指图形，不但能提示每个字母在键盘的位置，更可以了解用哪个手指来敲击当前需要键入的字符； 3．分步练习，突破练习关键； 4．按照英文单词、中文词汇出现频率的高低，为用户科学地找出常用英文单词 1000，常用中文词汇 1000 个，保证用户能用最少的时间取得最好的练习效果	1．多种打字游戏：太空大战、角色扮演类的游戏——生死时速； 2．支持网络对决，引人入胜	

续表

比较 软件	功能	科学性	趣味性	经济性
万能打字	1．万能是指无论使用何种输入法，无论打字水平如何，都可以使用本软件进行练习； 2．遇到不会打的字，可提供实时帮助	1．打字练习采用随机方式提取字库中的单字与词组进行组合，不重复，并且能够自选文章进行练习； 2．打字游戏采用下落字符的方式随机提取字库中的单字与词组，字符下落速度随所得分数增加而增加，并且还可以设置字符下落的起始速度	1．能保存打字游戏所得的分数，根据分数进行排名； 2．可以用它与朋友进行打字比赛，在娱乐中提高打字水平	
打字之星	1．打字练习； 2．打字测试； 3．英文打字：键位练习、单词练习、文章练习； 4．中文打字：五笔 86、五笔 98、文章练习； 5．打字背英语单词：小学、初中、高中、大学 4 级、大学 6 级、GRE、GMAT、托福等词汇； 6．适合不同打字层次的练习者	1．多种测试工具，方便测试； 2．简洁的操作界面，生动活泼的打字环境	1．有趣的打字游戏； 2．将打字与背英语单词相结合	
五笔打字员	1．标准指法动画教学； 2．五笔打字教学，即时提示五笔编码、编码规则、字根拆分； 3．支持最多的输入法教学：五笔 86 版、五笔 98 版、二笔、双拼、形音输入法； 4．具有定时、定速、定量测试功能； 5．词组提示及文章听打	1．标准指法动画教学有助于操作技能的高效定向； 2．文章测试提供定时、定速、定量三种测试方式； 3．词组提示及文章听打功能可提高五笔打字的实战能力		

4．技能训练标准的制订

以文字录入专业级技能训练项目为例，制订《公务工作打字专业级技能训练》标准。

《公务工作打字专业级技能》训练大纲

一、前言

进入21世纪，计算机普及教育已经进入第三个高潮，学校、科技界、学术界和在职人员每天都会接触程序设计、文字处理、办公软件，以及网络和信息技术方面的工作和学习。随着政府的电子政务，企业的电子商务以及办公自动化、无纸化办公的广泛推广，作为计算机应用核心能力的文字录入能力将直接影响政府、企事业的办公效率。文字录入训练是除文秘专业外，其他各专业学生的必修项目之一。《公务工作打字专业级技能训练》为学生高效率应用计算机技术奠定基础。

二、训练目标

根据国际计算机文字录入专业认证的相关标准，确定训练目标为：英文看打30字/分钟（乘5相当于字符/分钟）；中文看打40字/分钟。

三、资格证书

达到训练标准并通过考核，可以取得国际计算机文字录入专业认证的“公务工作打字专业级证书”。

四、实施建议

（一）训练流程

根据技能训练过程的四个阶段、打字成长曲线，以及英文输入和中文输入速度相关曲线，设计技能训练流程如图8-12和图8-13所示。图8-12所示为应用五笔录入法进行中文看（听）打训练流程，图8-13所示为应用拼音录入法进行中文看（听）打训练流程[①]。

① 思迪波．打字练习手册[M]．北京：电子工业出版社，2002

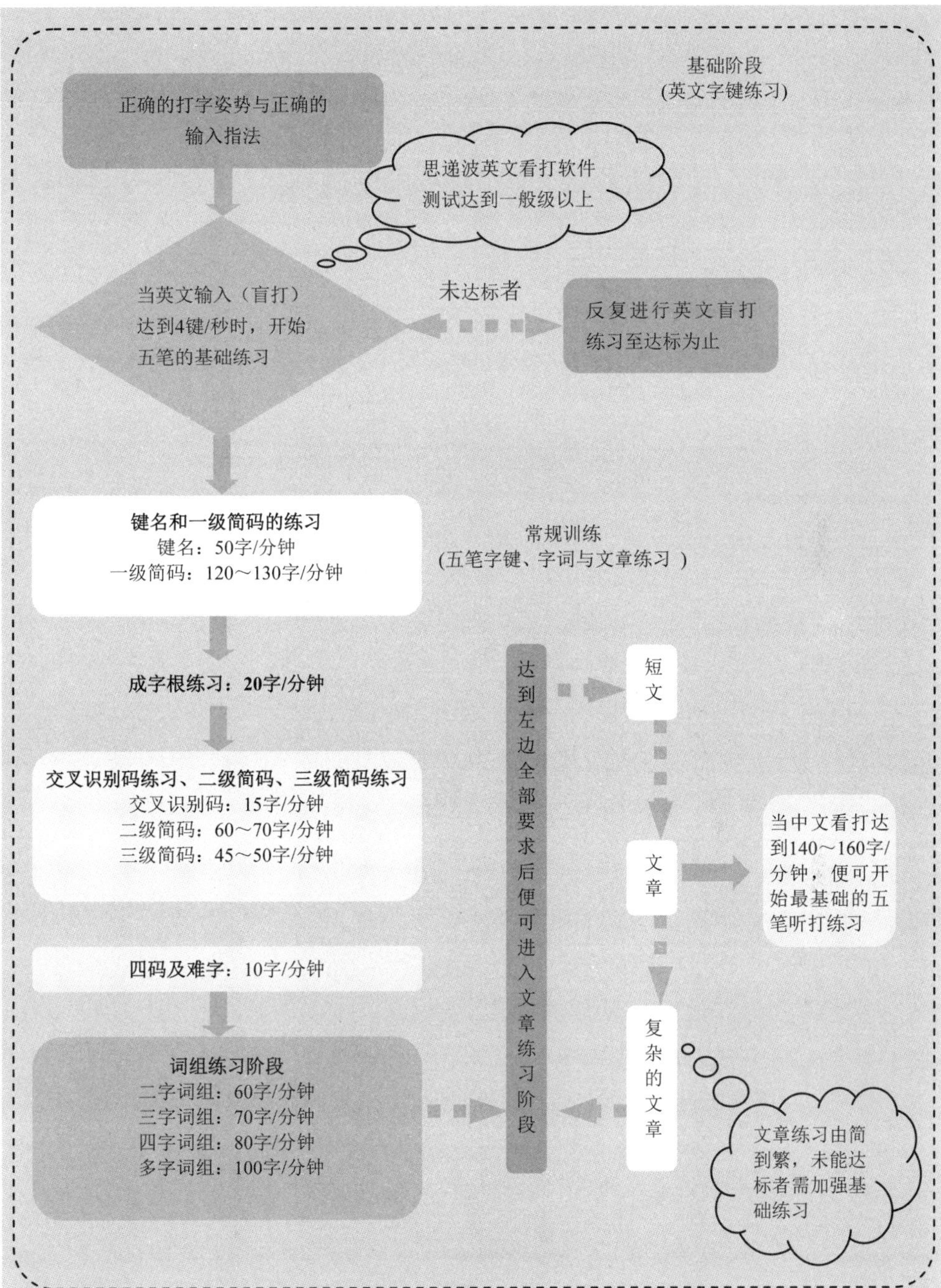

图 8-12 应用五笔录入法进行中文看（听）打训练流程

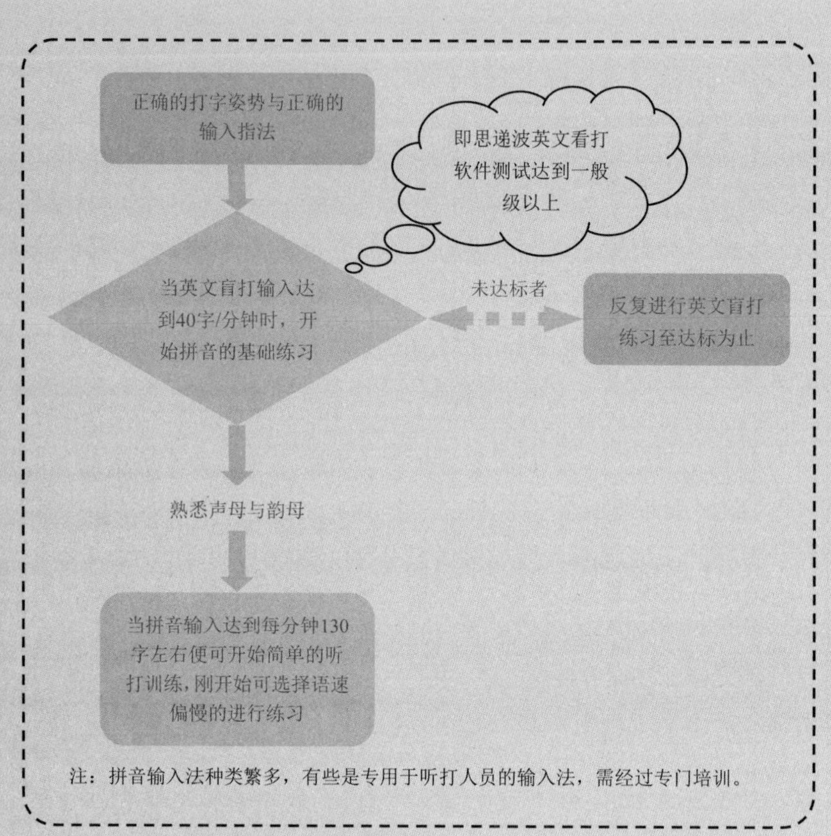

图 8-13　应用拼音录入法进行中文看（听）打训练流程

（二）训练方法

在技能定向阶段，建议运用播放录像的方法并辅以语言说明，对打字正确姿势、指法、节奏等进行定向练习。

遇到瓶颈时，不要盲目加大五笔练习强度，要多注意单字的练习，尽量把常用的一千字作为练习内容。另外，对输入法应该保持专一，因为每个输入法的词库是不一样的，重码位置也不相同。尽量在练习过程中记住常用词组的位置，以避免浪费时间选词。

五、训练设备

硬件：个人计算机（Pentium（含）以上，内存大于等于 64MB，至少 100MB 硬盘空间）。

软件：系统为中文版 Microsoft Windows 2000/XP Professional，打字软件为金山打字软件。

六、教师任职资格

（略）

七、附录

（一）键名

金(Q)、人(W)、月(E)、白(R)、禾(T)、言(Y)、立(U)、水(I)、火(O)、之(P)、工(A)、木(S)、大(D)、土(F)、王(G)、目(H)、日(J)、口(K)、田(L)、纟(X)、又(C)、女(V)、子(B)、已(N)、山(M)

（二）字根

G	王旁青头戋(兼)五一	T	禾竹一撇双人立	U	立辛两点六门病
F	土士二干十寸雨		反文条头共三一	I	水旁兴头小倒立
D	大犬三羊古石厂	R	白手看头三二斤	O	火业头，四点米
S	木丁西	E	月彡(杉)乃用家衣底	P	之宝盖，摘示衣
A	工戈草头右框七	W	人和八，三四里	N	已半巳满不出己
H	目具上止卜虎皮	Q	金勹缺点无尾鱼		左框折尸心和羽
J	日早两竖与虫依		犬旁留儿一点夕	B	子耳了也框向上
K	口与川，字根稀		氏无七	V	女刀九臼山朝西
L	田甲方框四车力	Y	言文方广在四一	C	又巴马，丢矢矣
M	山由贝，下框几		高头一捺谁人去	X	慈母无心弓和匕，幼无力

（三）简码

一级简码

一（G）地（F）在（D）要（S）工（A）
上（H）是（J）中（K）国（L）同（M）
和（T）的（R）有（E）人（W）我（Q）
主（Y）产（U）不（I）为（O）这（P）
民（N）了（B）发（V）以（C）经（X）

二级简码

	GFDSA	HJKLM	TREWQ	YUIOP	NBVCX
G,	五于天末开，	下理事画现，	玫珠表珍列，	玉平　来珲，	与屯妻到互
F,	二寺城霜载，	直　吉协南，	才垢圾夫无，	坟增示赤过，	志地雪支坶
D,	三夺大厅左，	丰百右历成，	帮原胡春克，	太磁砂灰达，	成顾肆友龙
S,	本村枯林械，	相查可楞机，	格析极检构，	术样档杰棕，	杨李　权楷
A,	七革基苛式，	牙划或功贡，	攻匠菜共区，	芳燕东蒌芝，	世节切芭药
H,	睛睦睚盯虎，	止旧占卤贞，	睡睥肯具餐，	眩瞳步眯瞎，	卢　眼皮此
J,	量时晨果虹，	早昌蝇曙遇，	昨蝗明蛤晚，	景暗晃显晕，	电最归紧昆
K,	呈叶顺呆呀，	虽吕另员　，	呼听吸只史，	嘛啼吵咪喧，	叫啊哪吧哟
L,	车轩因困轼，	四辊加男轴，	力斩胃办罗，	罚较　辚边，	思团轨轻累
M,	同财央朵曲，	由则迥崭册，	几贩骨内风，	凡赠峭嵝迪，	岂邮　凤嶷
T,	生行知条长，	处得各力向，	笔物秀答称，	入科秒秋管，	秘季委么第
R,	后持拓打找，	年提扣押抽，	手折扔失换，	扩拉朱搂近，	所报扫反批
E,	且肝须采肛，	鼐胆肿肋肌，	用遥朋脸胸，	及胶膛脒爱，	甩服妥肥脂
W,	全会估休代，	个介保佃仙，	作伯仍从你，	信们偿伙伫，	亿他分公化
Q,	钱针然钉氏，	外旬名甸负，	儿铁角欠多，	久匀乐炙锭，	包凶争色错
Y,	主计庆订度，	让刘训　高，	放诉衣认义，	方说就变　，	记离良充率
U,	闰半关亲并，	站间部曾商，	瓣前闪交，	六立冰普帝，	决闻妆冯北
I,	汪法尖洒江，	小浊澡渐没，	少泊肖兴光，	注洋水淡学，	沁池当汉涨
O,	业灶类灯煤，	粘烛炽烟灿，	烽煌粗粉炮，	米料炒炎迷，	断籽娄烃糨
P,	定守害宁宽，	寂审宫军宙，	客宾家空宛，	社实宵灾之，	官字安　它
N,	怀导居怵民，	收慢避惭届，	必怕　愉懈，	心习悄屡忱，	忆敢恨怪尼
B,	卫际承阿陈，	耻阳职阵出，	降孤阴队隐，	防联孙耿辽，	也子限取陛
V,	姨寻姑杂毁，	叟旭如舅妯，	九姝奶妗婚，	妨嫌录灵巡，	刀好妇妈姆
C,	骊对参骠戏，	骒台劝观，	矣牟能难允，	驻骈　　驼，	马邓艰双
X,	线结顷缃红，	引旨强细纲，	张绵级给约，	纺弱纱继综，	纪弛绿经比

（四）交叉识别码

交叉识别码主要是拆分单字，进行最后一笔的区分，例如，钥字的左边 钅 是Q，月是E，最后一笔是横，所以区位是横区，钥是左右结构，故最后一笔为G，依此类推。

	左右	上下	杂合
横	G	F	D
竖	H	J	K
撇	T	R	E
捺	Y	U	I
折	N	B	V

二、任务实训项目的设计

技能训练解决了技能问题之后，学习者面对实际工作中的一项项任务时，遇到的问题是如何找到完成任务的思想理论方法，从而完成任务。在完成任务的同时，将相关知识、技能、态度整合起来，形成完成任务的能力。任务实训的重点不再是训练技能，而是培养学习者独立面对实际工作中一项项任务时，分析问题、解决问题、完成任务的能力。

（一）任务实训项目设计过程

任务实训设计一般包括任务实训目标的确定、任务实训过程的分析和任务实训设备的选择三个步骤，如图 8-14 所示。

图 8-14　任务实训设计过程

任务实训目标是指通过任务训练学习者达到的能力水平；任务实训过程是指学习者训练活动的程序安排；任务实训设备的选择是根据实训的要求和经济等原则对硬件和软件进行比较选择。

（二）各任务实训项目的设计

数控技术应用专业设立了大量的任务实训项目，这些任务实训项目被规划到项目课程中完成。这里以“数控车床电气控制系统故障诊断与维修”为例阐述任务实训项目设计的内容、过程和方法。

1. 任务实训目标的确定

根据数控技术应用专业课程标准和数控操作四级工职业资格标准，数控车床电气控制系统故障诊断与维修任务实训目标确定为：能够诊断与维修数控车床电气控制系统常见故障。

2. 任务实训过程的分析

任务实训过程遵循一般工作过程和能力形成一般过程，包括任务分析、计划制订、计划实施、工作评价四个阶段。

（1）任务分析

任务分析阶段是完成一项任务所需能力形成的第一个环节。这个环节对于培养学习者接受任务后形成分析的习惯、分析的思路以及严谨态度都是十分重要的。

任务分析阶段，需要根据给出的任务描述，通过分析明确以下几个问题：①这是一件什么样的工作任务？②任务的核心问题在哪儿？③任务的具体要求是什么？④怎样才能满足任务要求？⑤已经具备了哪些经验？⑥需要哪些支持/帮助？⑦哪些信息及其渠道可供使用？

因此，任务分析训练一般应建立一个真实化的工作环境，以便学习者明确什么型号的数控车床电气控制系统出现了故障；他们的任务是什么；他们已具备了哪些经验；有哪些支持和信息渠道；用怎样的过程和方法能满足任务的要求等。

（2）计划制订

计划制订是根据任务分析的结果，做出完成任务的实施计划，在计划中要明确以下问题：①面对一项工作任务怎样怎样理清头绪是专业的？②以什么次序来安排各工作步骤符合逻辑？③可能遇到哪些问题？④实施过程中需要哪些材料、工具、各机器设备？⑤在哪些阶段所做的工作必须要得到检验？⑥依据哪些原则、方法来检验？⑦对评价工作方面的建议。

1）可以通过图纸、实物和实物结合图纸的方式了解数控车床电气控制系统。当然，第三种方法是最好的。

2）确定诊断的步骤与方法。故障设置要有逻辑性，由系统逻辑的一端到另一端，并由简单到复杂；诊断过程与方法要尽可能多样。

3）检验工作结果，应及时、系统、全面。

（3）计划实施

计划实施是依据制订的工作计划完成任务的过程，主要培养学习者工作的逻辑顺序、方法的运用、工具的操作以及认真的态度等。

（4）工作评价

工作评价是依据任务要求，对学习者任务完成的情况进行的评价，包括工作成果和职业能力两个方面。职业能力包括任务分析、计划制订、计划实施和工作评价能力。

3. 任务实训设备的选择

根据任务实训过程的分析，为了满足任务实训各个环节要达到的目标，选择用于任务实训的设备应考虑以下几个方面。

（1）满足培养任务实训的需要

目前，市场上的数控车床电气控制与维修实训台有许多，但大多只是一个可以设置不同故障的实训台，学习者使用这种实训台反复进行技能训练。但这样的实训台很难让学习者进入工作情景，由于没有真实化的工作情景，更难进行任务分析、计划制订、计划实施和工作评价。所以，这种实训台不能用于任务实训，因为任务实训重点不是技能训练，而是任务分析、计划制订、计划实施和工作评价等能力的培养。

THWLSKS-2 型网络型数控车床综合技能实训智能考核系统（专利技术：2007SR09291）[①]在实训台的基础上，增加了数控车床实物，使整体实训设备由计算机、数控实训台和数控车床实物组成，数控车床电气故障维修完成后，可进行实际加工。这使得学习者能够进入工作情景，有兴趣地进行任务分析、计划制订、计划实施和工作评价等。

（2）满足实训教学直观的需要

数控车床电气控制系统十分直观地展现出来对提高实训教学效能是十分有效的，特别是采用将实物与图纸结合起来的方式。

THWLSKS-2 型网络型数控车床综合技能实训智能考核系统完全采用工业化的器件，将一台数控车床的电控系统的每一环节在实训台上进行分解展示，并设计有强电柜，便于进行电气维修实训，数控系统安装在车床上，便于进行加工操作。

（3）满足任务实训内容的需要

实训设备要能够设置常见故障，故障设置要有逻辑性，由系统逻辑的一端到另一端，并由简单到复杂，要覆盖常用的诊断过程与方法。

THWLSKS-2 型网络型数控车床综合技能实训智能考核系统可模拟常见的 32 个故障，包括电源部分、驱动部分和输入、输出部分。

（4）满足学习者能力诊断需要

对学习者工作结果进行及时、系统、全面的评价，能够随时掌握学习者的学习情况，以便发现实训中存在的问题，及时解决。

THWLSKS-2 型网络型数控车床综合技能实训智能考核系统具有故障维修考核功能。考核系统由计算机和智能考核终端组成，由教师随机进行故障设置，学生对故障现象进行分析，在学生机上输入相应的故障代码进行故障排除。智能考核终端由 240×128 点阵蓝底背光液晶屏、PVC 轻触键盘、单片机、存储器、网络

① 天煌教仪产品说明书，2008.

接口等组成，可单独进行操作。

（5）满足其他实训项目的要求

为了节约购买资金，实训设备要尽可能满足不同实训项目的需要。THWLSKS-2 型网络型数控车床综合技能实训智能考核系统由于由计算机、数控实训台和数控车床实物组成。它具有数控系统的安装调试、参数设置、PLC 编程、故障诊断与维修、数控车床编程与加工操作等功能，不仅可作为数控车床电气故障的维修实训设备，也可作为数控车床的实际加工操作实训设备。

（6）满足对学习者考核的需要

THWLSKS-2 型网络型数控车床综合技能实训智能考核系统具有设备自动检测、在线故障设置和排除、排故信息统计、试卷编辑、收发试卷、教师信息管理、学生信息管理、教师登录、学生登录、考试时间设置、成绩管理等功能。

三、项目实训项目的设计

任务实训使学习者面对实际工作中的一项项任务时，能够独立分析问题、解决问题、完成任务，项目实训则是培养学习者的协调能力、沟通能力、合作能力等。

（一）项目实训项目设计过程

项目实训设计一般包括项目实训目标的确定、项目实训过程的分析、项目实训设备的选择三个步骤，如图 8-15 所示。

图 8-15　项目实训设计过程

项目实训目标是指通过项目实训，学习者达到的能力水平，特别是协调能力、沟通能力、合作能力等；项目实训过程是指学习者训练活动的程序安排；项目实训设备的选择是根据项目实训需要选择的各种硬件和软件。

（二）各项目实训项目的设计

数控技术应用专业设立了一些项目实训项目，这些项目实训项目在实际工作中经常由多人完成。这里以“数控铣削加工编程”为例阐述项目实训项目设计的内容、过程和方法。

1. 项目实训目标的确定

根据数控技术应用专业课程标准和数控操作四级工职业资格标准，数控铣削加工编程项目实训目标确定为：①通用能力，主要包括获取信息的能力、计划的能力、决策的能力；②专业能力：能分析图样；能确定工件定位装夹方式；能确定加工方案及加工顺序；能选择刀具并合理确定切削参数；能进行数值计算；能编写程序清单。

2. 项目实训过程的分析

项目实训过程，一般包括项目组的建立、项目计划的制订、项目计划的实施和项目评价四个阶段。

下面对“数控铣削加工编程”实训过程进行分析。图 8-16 所示为将要生产的零件，生产数量为 100 件，所用材料为 45＃钢。

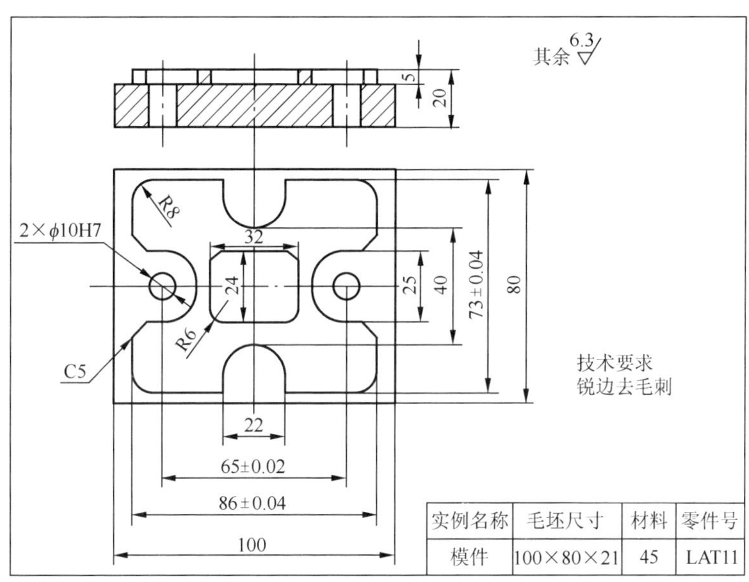

实例名称	毛坯尺寸	材料	零件号
模件	100×80×21	45	LAT11

图 8-16　零件图

（1）项目组的建立

对于一个教学班的学生，一般建立多个项目组，每组人数一般不宜超过五人。这样，不但可以形成小组竞争，还能充分调动每个学习者的积极性。对于数控技术应用专业，由于设备数量的限制，项目组常常设立较少。本例将学生分为两个大组，四个小组，每小组八人。依据通用能力培养计划，每组安排一名小组长。各组分工与设备分组情况如表 8-18 所示。

表 8-18 项目人员和设备分组情况

分类 \ 分组	第一组		第二组	
设备类型	数控铣床	数控铣床	数控铣床	数控铣床
数控系统	Siemens 802D	Siemens 802D	Siemens 802D	Siemens 802D
设备编号	L01	L02	L03	L04
人员构成	8 名学生	8 名学生	8 名学生	8 名学生
加工方案	方案一	方案一	方案二	方案二
生产任务	工序号 1	工序号 2	工序号 1	工序号 2
所用程序	LX001	LX002	LX003	LX004
工艺参数	见工序卡	见工序卡	见工序卡	见工序卡
加工时间	预计 180 分钟	预计 180 分钟	预计 150 分钟	预计 150 分钟

（2）项目计划的制订

各组分头制订项目计划，要明确以下几个问题：①组长怎样领导协调小组工作，才能保证小组工作的高效？②组员如何配合组长工作？③组员之间怎样进行高效的专业沟通？④在专业沟通中使用哪些方法？⑤每个人提出解决办法的建议。制订项目计划过程如下。

1）理清工作过程。数控程序的编制可以归纳六个环节。①分析图样；②确定工件定位装夹方式；③确定加工方案及加工顺序；④选择刀具并合理确定切削参数；⑤数值计算；⑥编写程序清单。

2）根据工作过程不同阶段的任务，组内进行工作分工，并明确各个人的工作成果、完成时间、成果质量等。

3）若有人对自己承担的任务、具体的完成过程与方法不清晰，小组进行集体讨论或提示如何获得支持。

4）形成项目计划。

（3）项目计划实施

在项目计划实施过程中，组长应根据工作实际，充分利用项目训练的机会，锻炼自己的领导能力、协调小组工作和项目管理能力，以及解决问题的能力；组员要以小组总体工作目标为中心，利用项目训练的机会，积极工作，配合组长和其他组员的工作，锻炼自己与组长、组员积极沟通与高效配合的能力。各项工作完成后，各组形成方案如下。

1）第一组的方案如下。

图样分析。毛坯为 100mm×80mm×21mm 板材，毛坯六面已加工好，需完成凸台及上表面、凹槽、孔的加工，该零件的加工有尺寸公差要求。

装夹方式。可采用机用平口虎钳装夹，伸出钳口 7mm 左右。

确定工艺方案及加工顺序。平面用铣削方法加工，因其表面粗糙度值为 6.3μm，故采用粗铣—精铣方案。内外轮廓加工：先粗、精加工凸台，再粗、精加工工槽，粗加工采用逆铣；精加工采用顺铣；最后完成孔的加工。具体加工顺序如表 8-19 所示。

表 8-19　数控加工工序卡片

单位名称	实训中心	产品名称或代号		零件名称		零件图号	
		实训件 2		模板		LAT11	
工序号	程序编号	夹具名称		使用设备		数控系统	车间
1	LX001	台钳		XK714D		Siemens 802D	第一车间
工步号	工步内容	刀具号	刀具规格 R/mm	主轴转速 n/(r/min)	进给速度 /(mm/min)	背吃刀量	备注
1	粗铣坯料上表面，留余量 0.5mm	T01	ϕ63	300	70	0.8	
2	精铣上表面至尺寸	T01	ϕ63	350	50	0.2	
3	粗铣外型轮廓，单边余量留 0.5mm	T02	ϕ16	500	80	2.5	
4	精铣外型轮廓至尺寸要求	T03	ϕ16	800	60	0.2	
5	粗铣矩形槽，单边余量留 0.5mm	T04	ϕ10	600	70	2	
	精铣矩形槽至尺寸要求	T04	ϕ10	800	50	0.2	
6	钻 2×ϕ10H7 孔至中心孔	T05	A3	1000	40		
7	钻 2×ϕ10H7 孔至 ϕ9mm	T06	ϕ9	450	60		
8	扩 2×ϕ10H7 孔至 ϕ9.8mm	T07	ϕ9.8	250	40		
9	铰 2×ϕ10H7 孔	T08	ϕ10AH7	100	30		
编制	审核	日期		共 1 页	第 1 页		

选择刀具。平面铣削采用 ϕ63 硬质合金立铣刀；轮廓粗加工采用 ϕ16 高速钢立铣刀；轮廓精加工采用 4 齿 ϕ16 硬质合金立铣刀。铣矩形槽采用 ϕ10 键槽铣刀。刀具及切削参数的选择如表 8-20 所示。

表 8-20 数控加工刀具卡片

刀具编号	加工内容	刀具规格 mm	主轴转速 /(r/min)	进给速度 /(mm/min)	刀具长度补偿	刀具半径补偿
T01	铣平面	ϕ 63 面铣刀	300	70		
T02	粗铣外轮廓	ϕ 16 立铣刀	500	80		D02
T03	精铣外轮廓	4 齿 ϕ 16 立铣刀	650	60		D03
T04	粗铣矩形槽	ϕ 10 键槽刀	600	70		D04
T04	精铣矩形槽	ϕ 10 键槽刀	800	50		D04
T05	钻中心孔	ϕ 3 中心钻	1000	40		
T06	钻 2×ϕ 9mm 孔	ϕ 9mm 直柄麻花钻	450	60		
T07	扩 2×9.8mm 孔	ϕ 9.8mm 扩孔钻	250	40		
T08	铰 2×ϕ 10H7 孔	ϕ 10AH7 铰刀	100	30		

编制		审核		批准		日期	共 页	第 1 页

数值计算。（略）

编写程序清单。（略）

2）第二组的方案如下。

图样分析。毛坯为 100mm×80mm×21mm 板材，毛坯六面已加工好，需完成凸台及上表面、凹槽、孔的加工，该零件的加工有尺寸公差要求。

装夹方式。可采用机用平口虎钳装夹，伸出钳口 7mm 左右。

确定工艺方案及加工顺序。平面用铣削方法加工，因其表面粗糙度值为 6.3μm，故采用粗铣－精铣方案。内外轮廓加工：先粗加工凸台，再换键槽刀粗、精加工槽，然后再精加工外轮廓，都采用顺铣；最后完成孔的加工。具体加工顺序如表 8-21 所示。

表 8-21 数控加工工序卡片

<table>
<tr><td rowspan="2">单位名称</td><td rowspan="2">实训中心</td><td>产品名称或代号</td><td>零件名称</td><td colspan="2">零件图号</td></tr>
<tr><td>实训件 2</td><td>模板</td><td colspan="2">LAT11</td></tr>
<tr><td>工序号</td><td>程序编号</td><td>夹具名称</td><td>使用设备</td><td>数控系统</td><td>车间</td></tr>
<tr><td>2</td><td>LX003</td><td>台钳</td><td>XK714D</td><td>Siemens 802D</td><td>第一车间</td></tr>
</table>

续表

工步号	工步内容	刀具号	刀具规格 R/mm	主轴转速 n/(r/min)	进给速度 /(mm/min)	背吃刀量	备注
1	粗铣坯料上表面，留余量 0.5mm	T01	ϕ125	180	50	0.8	
2	精铣上表面至尺寸	T01	ϕ125	180	40	0.2	
3	粗铣外型轮廓，单边余量留 0.5mm	T02	ϕ20	500	100	2.5	
4	粗铣矩形槽，单边余量留 0.5mm	T03	ϕ10	600	90	2	
5	精铣外型轮廓至尺寸要求	T02	ϕ20	700	80	0.2	
5	精铣矩形槽至尺寸要求	T02	ϕ20	700	80	0.2	
6	钻 2×ϕ 10H7 孔至中心孔	T04	A3	1000	40		
7	钻 2×ϕ 10H7 孔至 ϕ 9.8mm	T05	ϕ9.8	300	40		
8	铰 2×ϕ 10H7 孔	T06	ϕ10AH7	100	30		
编制	审核	日期		审核		共 1 页	第 1 页

选择刀具。平面铣削采用 ϕ125 硬质合金面铣刀；外轮廓粗加工采用 ϕ20 高速钢立铣刀；外轮廓及矩形槽精加工采用 ϕ20 立铣刀。铣矩形槽采用 ϕ10 键槽铣刀。刀具及切削参数的选择如表 8-22 所示。

表 8-22　数控加工刀具卡片

刀具编号	加工内容	刀具规格 mm	主轴转速 /(r/min)	进给速度 /(mm/min)	刀具长度补偿	刀具半径补偿
T01	铣平面	ϕ125 面铣刀	180	40		
T02	粗铣外轮廓	ϕ20 立铣刀	450	80		D02
T03	粗铣矩形槽	ϕ10 键槽刀	600	70		D03
T03	精铣矩形槽	ϕ10 键槽刀	800	50		
T02	精铣外轮廓	ϕ20 立铣刀	900	40		D04
T04	钻中心孔	ϕ3 中心钻	1000	40		
T05	扩 2×ϕ 9.8mm 孔	ϕ9.8mm 直柄麻花钻	300	40		
T06	铰 2×ϕ10H7 孔	ϕ10AH7 铰刀	100	30		
编制	审核		批准	日期	共　页	第 1 页

数值计算。(略)

编写程序清单。(略)

(4)项目工作评价

项目完成后，评价环节对于学习者全面系统总结自己学习成果、及时发现并改正自己的操作是十分重要的。项目工作评价一般分为自我评价、组内评价、组间评价和教师评价。自我评价是组长、组员对自己的工作进行的评价；组内评价是对小组工作成果进行的评价；组间评价是对其他组的工作成果进行的评价；教师评价是对每个人、每个组的表现及其工作成果进行的全面、系统的评价。评价表格式如表 8-23 所示。

表 8-23　项目工作评价表

序号	评价对象	评价项目	评价
1	组长	1. 组织方法	(略)
		2. 沟通方式	(略)
		3. 获取支持	(略)
		4. 制订计划	(略)
		5. 进行决策	(略)
2	组员	1. 配合方式	(略)
		2. 沟通方式	(略)
		3. 获取信息	(略)
		4. 相关知识	(略)
		5. 技能	(略)
		6. 积极态度	(略)
3	成果	1. 分析图样	
		2. 工件定位装夹方式	
		3. 加工方案及加工顺序	粗、精加工如采用不同的逆、顺加工方法也影响程序数量的多少
		4. 选择刀具、切削参数	
		5. 数值计算	
		6. 编写程序清单	可采用不同的编程方法：①可以采用编程技巧——镜像功能；②孔加工可采用孔循环指令
总体评价			方案一和方案二加工工步顺序不同，最终影响加工效率和尺寸精度

评价标准和成绩评定等级不能采用相对评价的百分制和优秀、良好等模糊的评价，而需要用绝对评价，评定等级要明确，可采用表 8-24 所示的能力评价等级标准。

表 8-24 能力评价等级标准

等级	标准
4	C. 能高质、高效地完成此项技能的全部内容，并能指导他人完成
	B. 能高质、高效地完成此项技能的全部内容，并能解决遇到的特殊问题
	A. 能高质、高效地完成此项技能的全部内容
3	能圆满完成此项技能的全部内容，并不需任何指导
2	能圆满完成此项技能的全部内容，但偶尔需要帮助和指导
1	能圆满完成此项技能的部分内容，但在现场的指导下，能完成此项技能的全部内容

3. 项目实训设备的选择

2006 年，教育部职业教育协作组对职业院校毕业生进行的跟踪调查得出了“职业学校学生组织协调、沟通能力满意率低于 50%”的结论。因此，各职业院校需要加大项目实训力度，可采用项目实训的方式组织教学，需要较多的实训设备。

由于项目实训需要的设备数量大，又由于项目实训后，学生还要经过岗位实训，而在岗位实训中，学生可使用生产设备，然后才到企业顶岗实习。因此，项目实训设备可选用教学型设备，而不是生产型的。

在教学型设备中，有些实训设备将多个设备集成到一起，大大降低了购买费用。例如，THWZBC-1 型数控机床四合一维修实训系统具有数控车床、车削中心、数控铣床、加工中心等数控机床的安装调试、参数设置、PLC 编程、故障诊断与维修、数控编程操作等功能，不同机床功能的切换通过装载西门子提供的软件或进行 PLC 编程实现。该实训系统可进行 15 个项目的实训：

1）数控机床电气控制电路的原理及应用。

2）数控机床的基本概念与基本操作。

3）数控系统的参数设置与调试。

4）输入输出接口信号的应用。

5）进给驱动系统的调试与应用。

6）主轴变频器的原理与应用。

7）电动刀架的接线与换刀控制。

8）数控系统的数据备份与通信。

9）PLC 的编程及应用。

10）故障设置、诊断与诊断。

11）加工中心刀具库的应用。

12）丝杠螺距、传送比等参数设置。

13）机床参考点设置。

14）基于 DNC 的 CAD/CAM 应用。

15）数控机床编程操作。

四、岗位实训项目的设计

（一）岗位实训项目设计过程

岗位实训设计一般包括岗位实训目标的确定、岗位实训过程的分析、岗位实训环境的设计和岗位实训设备的选择四个步骤，如图 8-17 所示。

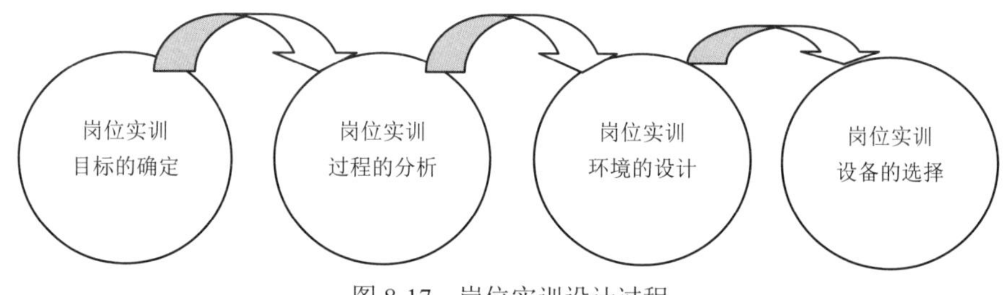

图 8-17　岗位实训设计过程

岗位实训目标是指通过岗位实训学习者达到的能力水平；岗位实训过程是指学习者实训活动的程序安排以及应采取的实训策略；岗位实训设备的选择是针对岗位实训需要对设备硬件和软件的选择。

（二）各岗位实训项目的设计

在数控技术应用专业专业能力实训项目规划中，共设立了机械工程图绘制、机械零件检测、数控车床的操作、数控铣床的操作、加工中心操作、数控加工程序编制等六个岗位实训项目。下面以数控车床操作岗位实训项目为例进行介绍。

1. 岗位实训目标的确定

根据数控技术应用专业课程标准和数控操作四级工职业资格标准，数控车床操作岗位实训项目实训目标确定为：①适应岗位工作氛围和节奏；②了解企业生产过程；③履行岗位职责；④能够完成识读零件图；⑤读懂工艺文件；⑥编制程序；⑦加工零件；⑧检测零件；⑨维护保养车床；⑩诊断常见设备故障。

2. 岗位实训过程的分析

岗位实训目的是让学习者熟悉岗位环境、履行岗位职责和整合形成实际工作的能力。因此，其过程一般包括明确岗位实训目标、系统理解职业岗位、履行岗位职责、形成良好职业习惯。

（1）明确岗位实训目标

岗位实训在模拟企业车间的环境中进行，为了使学习者形成学习动机，应在车间入口处张贴本车间不同岗位的实训目标。

（2）系统理解职业岗位

系统理解职业岗位包括了解企业生产过程、理解企业生产制度、理解职业岗位职责、理解企业劳动制度、熟悉设备的功能与性能、理解设备操作规程。

这项实训可以以学习者绘制企业生产流程的形式进行。这样不但可以使学习者了解自己的职业岗位在企业组织机构中的位置和自己的工作过程在企业整个生产过程中处于什么阶段，而且对于学习者理解职业岗位职责、理解企业劳动制度、熟悉设备的功能与性能、理解设备操作规程十分有帮助。图 8-18 所示为机械加工企业的生产过程。

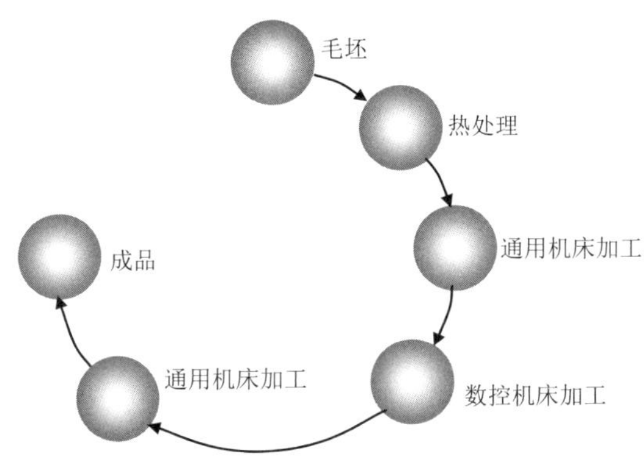

图 8-18 机械加工企业的生产过程

因此，在岗位实训车间，可将学习者绘制的企业生产流程置于能够每天看到的地方，并配备实训资料夹，将企业生产制度、职业岗位职责、企业劳动制度、设备手册、设备操作规程等收入其中。

（3）履行职业岗位职责

绘制履行每条职业岗位职责的活动过程，发现履行职业岗位职责的关键点和难点，提出克服难点和解决关键问题的措施，形成履行职业岗位职责的实施方案。

（4）形成良好职业习惯

良好职业习惯的形成一般要经过定向、修正、认同三个阶段。在起初的定向阶段，学习者要严格执行履行职业岗位职责的实施方案。教师应密切关注学习者的态度、行为，每天工作结束后，教师和学习者要一起总结评价自己的工作，修正履行职业岗位职责的实施方案，逐渐使学习者认同实施方案的要求。

3. 岗位实训环境的设计

针对岗位对职业特质的要求，设计岗位实训环境，主要培养过程导向思维特质的，设计为过程导向环境；培养情景导向思维特质的，设计为情景导向环境；培养效果导向思维特质的，设计为效果导向思维环境。

4. 岗位实训设备的选择

岗位实训是学习者顶岗实习前的最后一个实训环节，因此岗位实训设备需要生产型设备。这时，通过前期的技能训练、任务实训、项目实训，学习者的通用能力、任务分析与解决问题的能力以及各项技能都已具备，岗位实训需要的设备台时大大减少。因此，学校购买的生产型设备数量也不会太多。

第三节　实训设备的配置

各类实训项目对职业院校和与之合作的企业所提供的实训环境提出了较为全面、系统的要求，这些要求为数控技术应用专业的实训设备配置提供了前提。

一、学校与企业的责任

在我国现行体制下，学生的技能训练、任务实训和项目实训应在学校完成，岗位实训可以在学校，也可以在合作企业进行。因为学生的技能训练、任务实训、项目实训和岗位实训都到企业进行，不但成本太高，而且实训效能低下，而经过学校的技能训练、任务实训和项目实训之后，学生再到企业进行岗位实训，由于他们已经具备了到企业跟师傅进行岗位实训的能力，这样就可以在提高实训效能的同时，降低实训成本。当然，学生在学校的模拟岗位实训后，再到企业顶岗实习更为理想，所以，“校企合作、工学结合”能否实施，关键在于找到恰当的结合点和双赢的合作机制。下面讨论的实训设备配置，以模拟岗位实训在学校完成为前提。

二、数控基础实验室的配备

依据实训规划分析表，学生能够诊断数控机床设备常见故障的要求，这就要求学生了解电、气、液、光控制的原理与机械传动机构及其原理，以便能发现数控机床设备的常见故障。根据各类实训设计中对设备的选择，数控原理实验室主要设备装备标准（以一个标准班 40 人配置）如表 8-25 所示。实验室的布置要便于理论与实践一体化教学。

表 8-25　数控基础实验室主要设备装备标准（40 人/班）

序号	设备名称	用途	单位	基本配置	适用范围(职业鉴定项目)
1	THPDG-1 型电工技能实训考核装置	电工、电子	台	10	
2	THPFSM-2 型网络型可编程控制器综合实训装置	控制实验	台	10	
3	THPQD-1 型气动实训装置	控制实验	台	4	
4	THHPYY-2 型微机控制液压传动综合实训装置	控制实验	台	4	
5	THMDCX-1 型机构运动组合实训台	机械传动	台	4	
6	THMDCD-1 型机械传动性能测试综合实训台	机械传动	台	4	
7	THJDQG-1 型光机电气一体化控制实训系统	控制实验	台	4	
8	电动轮廓仪	表面测量	台	2	

1. THPDG-1 型电工技能实训考核装置

THPDG-1 型电工技能实训考核装置如图 8-19 所示，它集电源、仪表、负载、电子元件、电路模块、接触器、热继电器等于一体，可完成电工、电子学的验证，

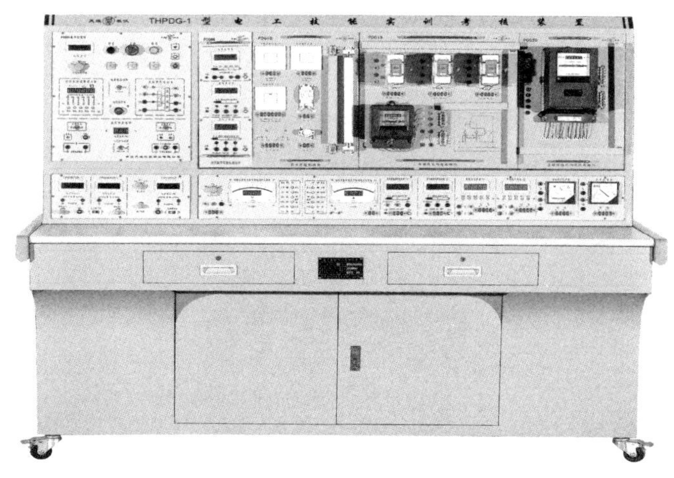

图 8-19　THPDG-1 型电工技能实训考核装置

电工、电子仪表的使用及基本电参数测量，R、L、C 等电路特性分析和实验，单、三相交流电路的应用实验，基本放大器电路、稳压电源电路实验，基本逻辑电路实验，电机控制、普通机床电气系统控制等多项技能实训。

2. THPFSM-2 型网络型可编程控制器综合实训装置

THPFSM-2 型网络型可编程控制器综合实训装置如图 8-20 所示，它集 PLC、变频器、触摸屏、编程软件、仿真实训软件、实训模块、实物等于一体，可完成 PLC、变频器、触摸屏的认知、设计、安装、调试、检修等多项技能实训。

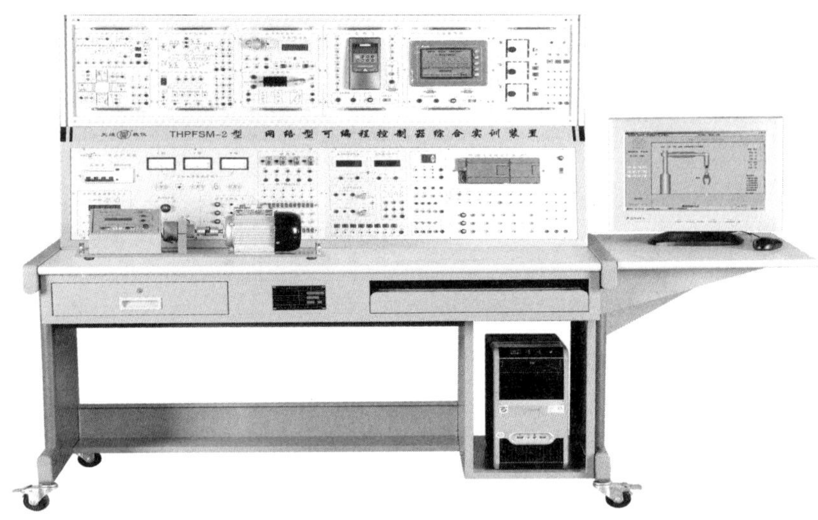

图 8-20　THPFSM-2 型网络型可编程控制器综合实训装置

3. THPQD-1 型气动实训装置

THPQD-1 型气动实训装置如图 8-21 所示，它集各种真实的气动元件、继电器于一体，气动回路采用快速接头连接，电控回路采用带防护功能的专用实训导线连接，可完成气动回路的安装、接线、调试等多项技能实训。

4. THHPYY-2 型微机控制液压传动综合实训装置

THHPYY-2 型微机控制液压传动综合实训装置如图 8-22 所示，它由实训平台、液压泵站、各种液压元件、电气控制单元、数据采集系统等组成，可完成液压回路的安装、接线、调试等多项技能实训。

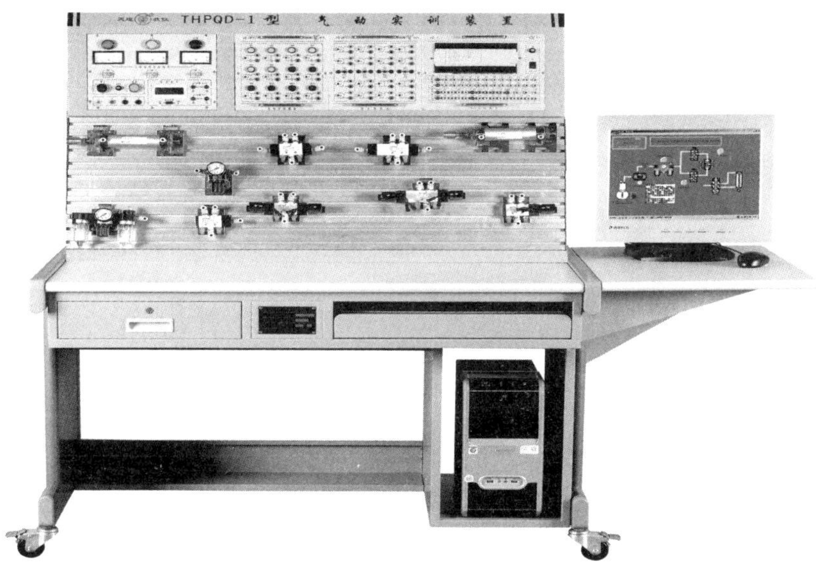

图 8-21　THPQD-1 型气动实训装置

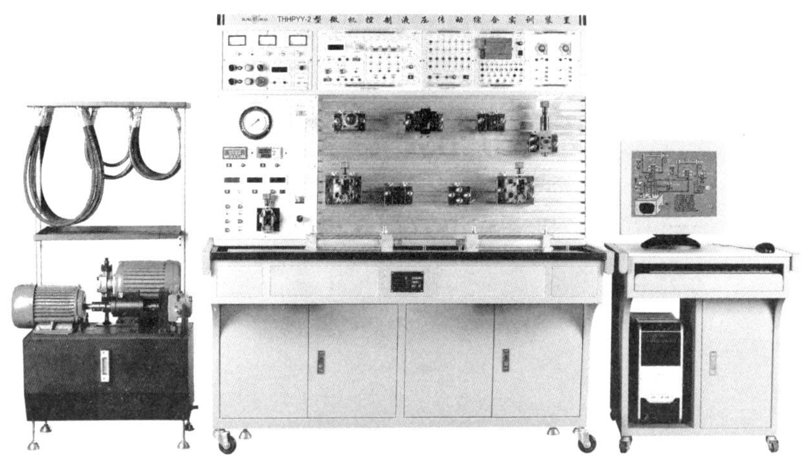

图 8-22　THHPYY-2 型微机控制液压传动综合实训装置

5. THMDCX-1 型机构运动组合实训台

THMDCX-1 型机构运动组合实训台如图 8-23 所示，它由台架、电机、皮带、带轮、齿轮、凸轮、槽轮、拨盘、杆件及各种高、低付、回转付、移动付等组成，可完成多种机构运动的多项技能实训。

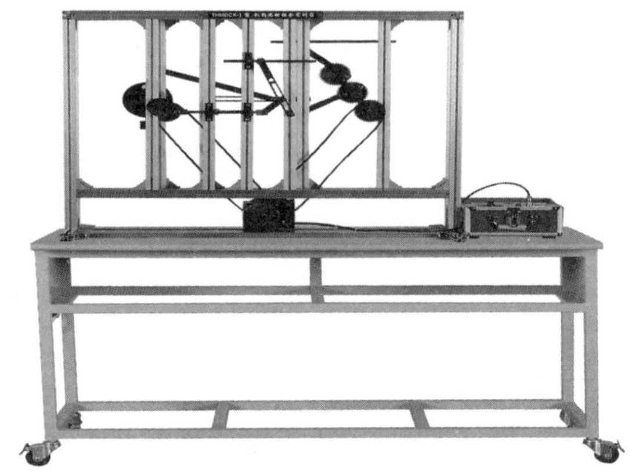

图 8-23 THMDCX-1 型机构运动组合实训台

6. THMDCD-1 型机械传动性能测试综合实训台

THMDCD-1 型机械传动性能测试综合实训台如图 8-24 所示，它包含摆线针轮减速器、蜗轮蜗杆减速器、直齿圆柱齿轮减速器、同步齿轮带传动、链传动、转矩转速传感器、转矩转速卡、磁粉制动器、交流变频电机等，采用模块式结构，可完成多种组合机械传动，能测试各种传动的速比、转矩和效率。

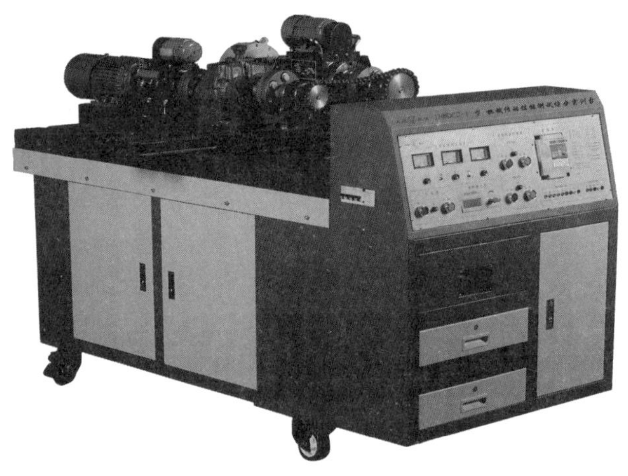

图 8-24 THMDCD-1 型机械传动性能测试综合实训台

7. THJDQG-1 型光机电气一体化控制实训系统

THJDQG-1 型光机电气一体化控制实训系统如图 8-25 所示，它融机械结构组装、气动应用、电气控制、电机控制、传感检测、可编程控制技术于一体，能完成气动系统的安装与调试、电气控制电路的安装和 PLC 编程、机电设备安装与调试、自动控制系统安装与调试等多项技能实训。

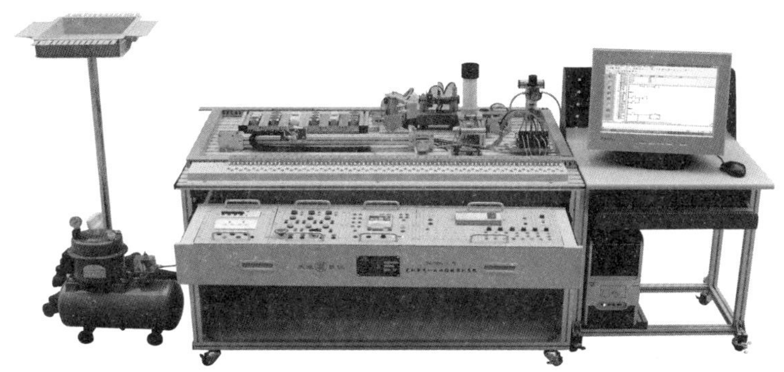

图 8-25　THJDQG-1 型光机电气一体化控制实训系统

三、金属加工实训室的配备

依据实训规划分析表，学生需具备大钳工基本技能的要求。根据平面画线、锯割等各类实训设计中对设备、工具的选择，并考虑职业资格鉴定要求，金属加工实训室主要设备装备标准（以一个标准班 40 人配置）如表 8-26 所示。实验室的布置要便于理论与实践一体化教学。

表 8-26　金属加工实训室主要设备装备标准（40 人/班）

序号	设备名称	用途	单位	基本配置	适用范围（职业鉴定项目）
1	钳工工作台	钳工实训	张	20	钳工制作、普通车削、普通铣削实训
2	台式钻床	孔加工	台	5	
3	砂轮机	刃磨刀具	台	6	
4	台虎钳	装夹工件	把	40	
5	普通车床	车削实训	台	10	
6	普通铣床	铣削实训	台	10	

四、数控加工实训室的配备

依据实训规划分析表和各类实训设计对设备的选择，并考虑职业资格鉴定要求，数控加工实训室主要设备装备标准（以一个标准班 40 人配置）如表 8-27 所示。实验室的布置要便于理论与实践一体化教学。

表 8-27　数控加工实训室主要设备装备标准（40 人/班）

序号	设备名称	用途	单位	基本配置	适用范围（职业鉴定项目）
1	THWLSKS-2 型网络型数控车床综合技能实训智能考核系统	数控车床电气故障维修、实际加工操作实训设备	台	8	数控机床操作工（四级）
2	生产型数控车床	数控车削	台	2	
3	THWMSKS-2 型网络型数控铣床综合技能实训智能考核系统	数控铣床电气故障维修、实际加工操作实训设备	台	8	
4	生产型数控铣床	数控铣削		2	
5	生产型加工中心	复杂零件加工		2	
6	三坐标测量仪	测量零件	台	1（选配）	
7	线切割机床	电加工实训	台	2（选配）	
8	电火花加工机	电加工实训	台	2（选配）	
9	对刀仪	对刀	台	1	
10	THWZBC-1 型数控机床四合一维修实训系统	数控车床、车削中心、数控铣床、加工中心等数控机床的安装调试、参数设置、故障诊断与维修、数控编程操作	台	5	

1. THWLSKS-2 型网络型数控车床综合技能实训智能考核系统

THWLSKS-2 型网络型数控车床综合技能实训智能考核系统如图 8-26 所示，它由数控实训台和数控车床实物组成，具有数控系统的安装调试、参数设置、故障诊断与维修、数控车床编程与加工操作等功能，可作为数控车床电气故障的维修实训设备，也可作为数控车床的实际加工操作实训设备。

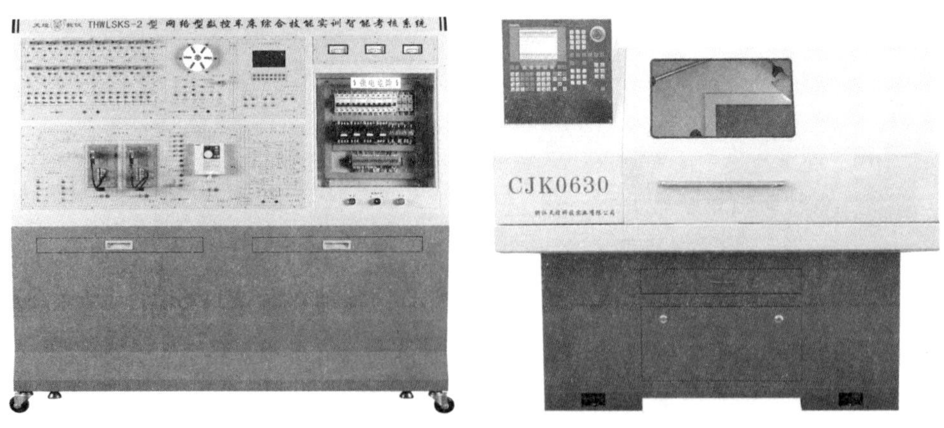

图 8-26　THWLSKS-2 型网络型数控车床综合技能实训智能考核系统

2. THWMSKS-2 型网络型数控铣床综合技能实训智能考核系统

THWMSKS-2 型网络型数控铣床综合技能实训智能考核系统如图 8-27 所示，它由数控实训台和数控铣床实物组成，具有数控系统的安装调试、参数设置、故障诊断与维修、数控铣床编程与加工操作等功能，可作为数控铣床电气故障的维修实训设备，也可作为数控铣床的实际加工操作实训设备。

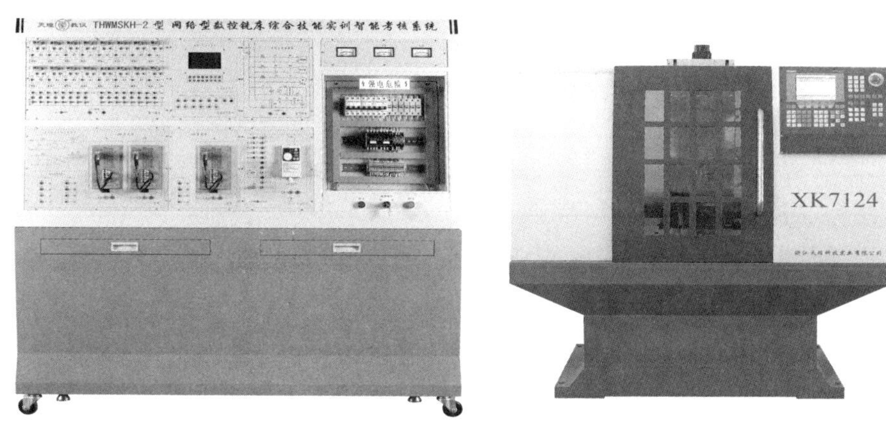

图 8-27　THWMSKS-2 型网络型数控铣床综合技能实训智能考核系统

3. THWZBC-1 型数控机床四合一维修实训系统

THWZBC-1 型数控机床四合一维修实训系统如图 8-28 所示，它由数控实训台和数控机械实物组成，具有数控车床、车削中心、数控铣床、加工中心等数控机床的安装调试、参数设置、故障诊断与维修、数控编程操作等功能。不同机床功能的切换通过装载西门子提供的软件或进行 PLC 编程实现。

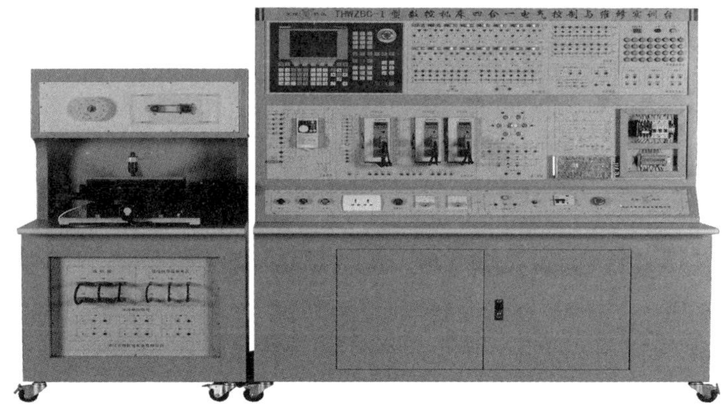

图 8-28　THWZBC-1 型数控机床四合一维修实训系统

五、CAD/CAM 实训室的配备

依据实训规划分析表和各类实训设计对设备的选择，并考虑职业资格鉴定要求，CAD/CAM 实训室主要设备装备标准（以一个标准班 40 人配置）如表 8-28 所示。实验室的布置要便于理论与实践一体化教学。

表 8-28 CAD/CAM 实训室主要设备装备标准（40 人/班）

序号	设备名称	用途	单位	基本配置	适用范围（职业鉴定项目）
1	计算机	操作系统与软件平台	台	45	数控机床操作工（四级）
2	数控仿真加工软件	编程与仿真加工	节点	45	
3	CAD/CAM 软件	绘图、造型与编程	节点	45	CAD/CAM 综合实训

下篇

职业教育实训设计评价

在职业教育实训设计基本原则的指导下，根据职业教育实训设计的基本模式设计出的各种实训方案，是否能够保证职业教育实训的质量，并具有较高的实训效能，哪些地方需要进一步完善，都需要实训设计的评价活动来进行衡量，做出科学的价值判定。这样，不但可以帮助我们对于是否将所设计的实训设计成果投入试用或使用做出决策，还可以帮助我们发现问题，并通过解决问题形成更先进的职业教育实训设计思想、科学的职业教育实训设计理论、有效的职业教育实训设计原则和更完善的职业教育实训设计模式。因此，职业教育实训设计的评价是职业教育实训设计的不可或缺的重要组成部分。

本篇主要在明确职业教育实训设计评价的意义、原则和标准的基础上，构建职业教育实训设计评价的基本模式，对职业教育实训设计进行有效的评价。

第九章 职业教育实训设计评价概述

目前，我国对实训设计评价问题的研究还很少，得出可供借鉴的成果相对较少。为便于开展对职业教育实训设计评价的研究，本章主要对职业教育实训设计评价中的一些基本问题进行讨论，明确职业教育实训设计的基本概念。

第一节　实训设计评价的定义和作用

一、实训设计评价的定义

根据美国教育评价专家斯克里文对评价的定义："决定事物、产品或过程的优点和价值的过程"，我们可以给实训设计的评价下个定义，就是对实训设计的优点和价值做出判断的过程。谈到价值，自然要明确是哪个事物对什么人的价值。实训设计的成果是价值的客体，在实训过程中，它需要满足学生职业能力发展的需要和教师指导实训的需要。衡量实训设计是否能够满足这两者的需要以及满足的程度、效能如何，一方面需要找到表明它的属性、功能、特征的维度，这些维度称为评价指标；另一方面要从作为价值主体的人找出表现他自身需要的那些维度，这些维度称为评价标准。将评价指标和评价标准进行对照，便可以做出价值判断。因此，实训设计评价的本质是对实训设计这个客体能否满足其主体的需要，以及满足的程度和效能如何进行的价值判断。

二、实训设计评价的作用

关于实训设计成果评价的目的，一是为职业教育实训设计的方案可否投入试用或使用做出决策；二是有助于发现实训设计的问题，并通过解决问题形成更为先进的职业教育实训设计理论方法。实训设计评价的主要作用有诊断作用、导向作用、激励作用、指导作用等。

1. 诊断作用

职业教育实训设计成果的评价不仅可以利用一定的手段获取实训设计质量方面的信息，而且通过对信息的分析处理可以进一步明确实训设计质量所存在的问题，进而分析存在问题的原因，找出改进实训设计质量的方向，以便改进实训设计的方法，提高实训设计的质量。

2. 导向作用

职业教育实训设计成果评价指标体系中有明确的指标项目和评价标准，它指出了职业教育实训设计的目标和方向。在职业教育实训设计成果评价过程中，无论是指标体系的建立，还是对评价结果的利用，都会对提高实训设计质量起到导向的作用。

3. 激励作用

职业教育实训设计成果评价可以区分实训设计工作的优劣，明辨是非，具有横向比较的作用。实训设计成果评价的结果可以作为优秀实训设计方案评选的依据，且优秀的实训设计成果的评选带有竞争性，在竞争中获得压力、动力和活力，这样可以调动各方面的积极性，激励人们不懈努力，最终达到提高实训设计水平和教育教学质量和教学效能的目的。

4. 指导作用

职业教育实训设计必须符合国家职业教育的方针，必须符合职业教育发展规律，必须与专业或行业的要求相适应，必须与学生的身心特点相吻合。通过职业教育实训设计成果评价，可以指导其为实现以上要求进行及时指导，引导其不断地校正设计方向。

第二节　实训设计评价的原则

为了做好职业教育实训设计的评价工作，必须根据职业教育实训教学的规律和特点，确立一些基本的要求，作为职业教育实训设计评价的指导思想和实施准则。具体来说，职业教育实训设计评价应遵循以下几条原则。

1. 分类型评价原则

从实训的类型上看，职业教育实训设计分为技能训练、任务实训、项目实训、岗位实训等，因此，对职业教育实训设计成果的评价也要分类进行。

2. 多主体评价原则

职业教育实训设计成果作为评价客体，具有多个评价主体。为了保证对实训设计成果做出全面的评价，需要每一个评价主体都参加评价活动。评价主体不但包括学生、教师，也应该包括教学管理人员、教学辅助人员、实训设计者等。

3. 整体性评价原则

对于职业教育实训设计成果的评价，应根据职业教育的本质要求，不只是对某个实训项目的实训设计进行评价，更重要的是对一个专业、一个系部乃至一所学校的实训设计进行整体评价。

4. 系统性评价原则

依据系统理论的观点，将各实训设计成果放到一所学校、一个系部或者一个专业的教学系统中进行分析，追求教学系统的整体优化效果。

5. 全过程评价原则

任何一个实训方案的设计都需要经过专业实训项目的规划、实训项目的设计、实训设备的配置等几个阶段完成。实训设计成果的水平，当然也就取决于各个实训设计阶段设计成果的水平，因此，需要对实训设计成果进行全过程的评价。

第三节 实训设计评价的标准

一、实训设计评价标准的基础

实训设计的评价标准是以价值主体的需要为基础的。对于职业教育实训设计的价值主体而言，主要是学生、教师和职业，其中，教师包括教学管理人员和教学辅助人员。因此，学生、教师和职业对于实训设计的需要，就是实训设计评价标准的基础。

（一）学生对实训设计的需要

1. 学生对实训设计中实训目标的需要

学生对实训目标的需要包括：一要满足学生确定实训方向、明确能力要求的需要；二要满足学生学习动机形成发展的需要；三要满足学生就业的需要。

2. 学生对实训设计中实训内容的需要

学生对实训内容的需要包括：一要满足学生能力形成条件与能力形成各个环节的需要；二要满足学生学习动机形成与发展的需要。

3. 学生对实训设计中实训策略的需要

学生对实训策略的需要一般要求实训策略设计要满足三大规律：一是要满足学生学习动机形成发展的规律；二是学生能力形成的规律；三是教育信息传播的规律。

4. 学生对实训设计中学业评价的需要

学生对学业评价的需要包括：一是通过评价，发现自己的成绩，进一步激励自己的学习动机；二是通过评价，了解自己与社会和职业要求的差距，进一步明确学习目标。

（二）教师对实训设计的需要

1. 教师对实训设计中实训目标的需要

教师对实训目标的需要包括：一要满足教师指明实训目标、明确实训要求的需要；二要满足教师激发学生学习动机的需要；三要满足构建学生心理结构构建模式的需要等。

2. 教师对实训设计中实训内容的需要

教师对实训内容的需要包括：一要指明学习目标、承载学习内容；二要培养学生的学习兴趣、发展学习动机；三要构建学生心理结构构建模式等。

3. 教师对实训设计中实训策略的需要

为了使教学活动尽量符合能力形成、动机发展和教育传播三大规律，实训策略应做到三个充分利用。一是充分有效地利用学校内外的物资条件；二是充分有效地利用实训的时间资源；三是充分有效地利用各种实训手段，包括实训形式、媒体、方法等。

4. 教师对实训设计中学业评价的需要

教师对学业评价的需要包括：一是通过评价，了解自己指导实训任务的完成情况；二是通过评价，发现自己在指导实训的过程中存在的问题，以便及时修正。

（三）职业对实训设计的需要

企业是职业教育实训设计的价值主体，它不像学生、教师那样直接，主要体现在以下几个方面。

1. 职业对实训设计中实训目标的需要

职业对职业教育实训目标设计的需要主要体现在对学生职业思想、职业道德、职业能力的培养。

2. 职业对实训设计中实训内容的需要

职业对实训设计中实训内容的需要包括：第一，实训内容要为职业思想的建立、职业道德的崇尚服务；第二，实训内容要为职业能力的形成服务。

3. 职业对实训设计中学业评价的需要

职业对实训设计中学业评价的需要主要体现在两个方面：一是通过评价，在方便了学生就业的同时，也为招聘工作提供了参考；二是通过评价，职业社会可以发现整体职业教育中存在的职业思想、职业道德、职业能力培养等方面存在的问题。

二、实训设计评价标准的确定

根据学生、教师、职业三大实训设计价值主体的需要，我们就能够比较全面和准确地确定实训设计成果的评价标准。

（一）实训目标的评价标准

1. 实训目标符合专业培养目标的要求

职业教育的专业培养目标是严格按照社会需要、职业需要和学生需要制定的。各类实训项目的目标通过能力图表分解形成，这样才不会脱离专业培养目标。

2. 实训目标需要全面明确

实训目标要反映社会的需要、职业的需要、学生的需要，特别是学生就业和发展的需要。不但要全面，还要明确具体，以免由于过于一般化，而不能确定方向和具体的要求。

3. 实训目标符合学生身心水平

实训目标对学生的身心发展要有所促进，但又不能脱离学生的身心发展水平，并要与学生初始能力水平形成搭接和适当的梯度。

（二）实训内容设计的评价标准

1. 实训内容科学先进

实训内容不但要科学，还要尽量反映当前的新技术、新工艺、新设备、新材料，剔除那些陈旧甚至已经被淘汰的技术内容。

2. 遵循信息来源原理

实训内容的选择要遵循信息来源原理，要贴近学生生活、贴近学生将面对的职业活动。

（三）实训过程设计的评价标准

1. 实训目标需要先行

实训目标起着实训活动定向和设定要求标准的作用，要求实训目标在实训设计中必须先行，在实训活动开始时，就指明方向、明确要求。

2. 实训过程结构科学

根据职业教育学习理论中，能力形成的条件和过程，实训过程的结构设计要服从能力和学习动机形成的条件和过程。

（四）实训策略设计的评价标准

1. 实训程序设计的评价标准

技能训练、任务实训、项目实训、岗位实训等不同类型的实训，采取不同的实训活动程序。技能训练采用定向、模仿、整合、熟练程序；任务实训、项目实训采用目标导向、过程导向、问题导向等实训流程。岗位实训采用由面到点，逐步深入的实训过程。

2. 实训情境设计的评价标准

岗位实训对实训情境的设计要求较高，要考虑情境作用的全面性、情境作用的全程性、情境作用的发展性、情境的真实性和情境的可接受性，充分发挥实训情境的导向功能、激励功能、传播整合功能和愉悦身心功能。

3. 实训方式选择的评价标准

充分发挥岗位实训、项目实训、任务实训和技能训练的功能，根据需要选择既能满足需要，又能节省费用的实训形式。例如，不能选取岗位实训形式来训练长时间才能练就的技能。

（五）实训设备选择的评价标准

1. 有效性评价标准

实训设备的选择要能够满足实训类型的需要，例如，一般岗位实训后期应采用生产型设备、其他实训可采用教学型设备等。

2. 教学性评价标准

实训设备的设计应具有直观性，并方便拆解、组装，便于教师讲解和学生认识，能够对学生实训活动进行跟踪、评价和考核。

3. 针对性评价标准

根据不同专业实训需要，按照专业实训目标（能力图表）设计的成套实训设备。

4. 经济性评价标准

经济性主要包括购买价格和使用成本。在能够达到实训目标的前提下，应选择较低者。

（六）实训评价设计的评价标准

1. 实训评价的内容

评价要覆盖各项通用能力和专业能力。对于专业能力应完成对能力图表单项能力和综合能力的评价。

2. 实训评价的时间

实训评价的时间要根据学生能力与学习动机形成发展的规律，在必要的环节上，进行及时有效地评价，保证纠错及时有效，并能满足学籍管理以及就业的需要。

3. 实训评价的标准

实训评价的标准，有职业资格标准的，服从职业资格标准；没有职业资格标准的，参考一般就业要求。一般不宜使用 100 分制或 ABCD 四级制，应采用 1、2、3、4A、4B、4C 六级制。

4. 实训评价的方式

评价方式要根据评价内容灵活选择。根据学生职业活动的结果，参考其行为和态度进行评价。

第十章
职业教育实训设计评价的基本模式

实训设计的评价过程一般包括明确评价目的、建立指标体系、获取评价信息（包括获取价值主体的信息和获取价值客体的信息），以及做出价值判断等四个环节。

第一节　明确评价目的

一、实训设计评价的目的

实训设计可以分为实训系统设计和实训项目设计。实训系统设计又可以分为学校实训系统设计、系部实训系统设计、专业实训系统设计；而实训项目设计可分为技能训练设计、任务实训设计、项目实训设计和岗位实训设计。对不同实训设计的评价，尽管内容不同，但评价的目的相同，就是设计的水平如何，是否符合职业能力形成的规律和学生学习动机和兴趣发展的规律，能否满足职业教育教学的需要，效能和成本是否令人满意。

本书只对数控技术应用专业的实训系统进行了讨论，选择了较为典型的技能、任务、项目、岗位进行了实训项目设计。在实际教学中，应分别对数控技术应用专业实训系统、打字技能训练、数控车床电气控制系统故障诊断与维修任务实训、数控铣削编程项目实训、数控车床操作岗位实训进行评价。

二、实训设计评价的条件

实训设计评价的目的能否达到，也即是实训设计评价的条件是否具备。实训设计评价有两个必需的条件：一是相应的实训设计理论和实训设计评价理论已基本形成，这样就有了评价的理论依据；二是评价组织者、评价者和相关人员已基本掌握了相关理论与方法，能够在科学思想、理论和方法的指导下开展工作。

第二节　建立指标体系

在实训设计评价过程中，实训设计评价的指标体系直接影响实训设计评价的效果。因此，实训设计评价指标体系的设计在实训设计评价模式构建中处于十分关键的地位。

一、指标体系建立的原则

1. 方向性原则

职业教育实训设计评价指标体系应体现职业导向和能力本位培养的原则。职业教育是以服务为宗旨，以就业为导向，面向生产、管理、服务一线培养高技能应用人才的教育。职业教育实训设计评价指标体系的建立需要牢牢把握这个方向。

2. 完备性原则

职业教育实训设计评价指标体系要完整、系统地反映职业教育实训设计质量目标，对实训设计的评价应做到客观、公正。这就要求在逐级分解评价目标时必须注意以下两点：

1）在分解评价指标时要深刻理解目标的内涵和外延，既要把那些外显的因素分解出来列为指标，又要把那些内隐的因素分解出来列为指标，不能遗漏任何重要的指标。

2）要抓住反映评价对象和评价目标本质特征的主要指标。指标并非越多越好，对某些非本质性的指标可以舍弃，对本质性的指标要做到疏而不漏。

3. 独立性原则

职业教育实训设计评价指标体系要具有独立性，是指同一层次的指标之间必须是相互独立的，每项指标都要有明确且独特的含义，做到内涵明确、外延清楚、词意清晰、明白易懂，使主评者对指标的理解无分歧，每项指标的含义尽可能不重复，同一层次的各指标之间在逻辑上必须呈并列关系，避免交叉或因果关系。否则，重复的指标被重复地计分，会影响整个评价的科学性。

4. 一致性原则

职业教育实训设计评价指标体系应科学地体现实训的本质特征。应特别注意，它是受实训目标严格制约的，不具有任意性。在指标中要力求简易可行，不仅反映目标的局部，同时要具有不断深化的可塑性，这是职业教育实训设计评价能否顺利实施和持久的关键。

5. 可操作性原则

职业教育实训设计评价体系的可操作性包含三个方面的意思。

1）实训设计评价指标体系要切合实际，既要符合评价目标，又要符合被评价者的总体状况，不能要求过高，也不能姑息迁就。

2）实训设计评价指标体系应具有可测性，即实训设计的评价指标体系和标准所反映的内容应当便于操作，是可以测量的。指标的分级层次要适当，层次越多则不便于操作，层次越少则具体施评就越困难。一般来说，分解层次应当控制在三级以内比较合适。同时标准应当用可操作化的语言文字加以定义，应尽量减少概念化、抽象化的条文。

3）教学设计评价指标体系应具有可比性，即必须反映不同评价对象共同的属性，不同评价对象的评价结果应该是可比的，而且评价指标的标准尺度必须在同质的基础上等距。

6. 多样性原则

1）由于职业教育实训设计种类繁多，只用一种或少数几种实训设计评价指标体系很难包罗。这就需要针对不同种类的实训设计，制定不同的实训设计评价指标体系。

2）实训设计评价技术和手段的多样化，可以运用书面评价手段，也可以使用网络或座谈等各种形式或手段进行。

3）评价主体的多样化，可以是实训设计者、使用者、管理者分别或共同进行评价。

4）评价过程的多样化，可以是实训设计过程的开始、中期、后期的评价，也可以是终结性评价。

5）评价程序的多样化，可以是自上而下的评价，也可以是自下而上的评价，还可以是上下结合的评价等。

6）评价范围的多样化，可以是针对部分教学设计进行评价，也可以是对所有教学设计全面的评价。

二、评价指标体系的建立

一个完整的评价指标体系一般由指标、标准、量表和指标权重等多个要素构成。评价指标是评价对象本质属性与特征的具体反映，是对评价的各个维度的界定；评价标准是对评价对象各个评价维度的定性或定量的要求，是被评价事物属性的质的临界点以及它们在质变过程中量的规定，是衡量评价客体价值的准则；量表则是衡量评价对象达到标准的程度的一种尺度；指标权重是标明各个评价指标在指标体系中的重要数值。一个完整的评价指标体系应能够描述评价对象的全貌。

对于实训设计的评价，我们可根据它的属性和特征，从思想性、科学性、先进性、工具性、完整性、经济性等六个维度上展开，建立其指标体系，如表 10-1 所示。

1）思想性评价，主要评价教学设计以什么哲学观点为指导，体现了什么样的世界观、人生观和价值观。

2）科学性评价，主要评价实训系统整体优化的程度、实训目标确定、实训内容筛选、实训内容自身、实训过程结构设计、实训策略制订、学业评价设计的科学性，以及实训设计方案的完整性和规范程度等。

3）先进性评价，主要评价实训设计指导思想的先进性、实训目标的先进性、实训内容的先进性、实训设计表现形式的先进性等。

4）工具性评价，主要评价实训设计是否具备人类经验传承、学生心理结构构建、学习动机发展等功能。

5）完整性评价，主要评价实训设计是否完整、规范。

6）经济性，主要评价实训设备购买价格与实训系统运行的成本。

表 10-1　职业教育实训设计评价指标体系

一级指标	二级指标	评价标准	得分	单项评价
思想性（10）	政治思想性（5）	（1）政治思想观点正确； （2）符合相关政策、法律、法规； （3）体现辩证唯物主义和历史唯物主义观点； （4）培养正确的世界观、人生观、价值观； （5）弘扬爱国主义精神		
	职业导向性（5）	（1）渗透职业意识和职业道德； （2）树立正确的择业观，发扬爱岗敬业精神； （3）提倡创业精神、团队意识； （4）培养市场意识、竞争意识、安全意识和环保意识		

续表

一级指标	二级指标	评价标准	得分	单项评价
科学性（40）	实训设计的系统科学性（5）	（1）各种各类实训设计在系统思想指导下进行，遵循实训系统整体优化的原则； （2）各种各类实训方案齐全、系统、完整，能够完成预期的实训任务		
	实训目标确立的科学性（5）	（1）对学生的起点能力的估计是否正确； （2）符合学生身心水平； （3）与实训大纲要求相一致； （4）全面、系统、明确、具体； （5）与相应的职业资格标准衔接一致		
	实训内容筛选的科学性（5）	（1）实训内容满足能力形成与动机发展的需要； （2）遵循共同经验与信息来源原理，并做到起点恰当、深浅适度、分量合适，符合实际； （3）以就业为导向，以能力为本位； （4）来自生产实际		
	实训内容自身的科学性（5）	（1）基本概念、基本原理正确； （2）引用的数据、图表、材料可靠		
	实训过程结构的科学性（5）	（1）实训目标先行、明确、具体； （2）实训过程设计符合能力形成和学习动机发展两大规律； （3）教学时间充分运用，根据学生的一般特征、学习对象和能力形成所需时间，分配实训； （4）循序渐进，符合能力形成规律		
	实训策略制订的科学性（5）	（1）实训程序服从不同类型实训的实训流程； （2）实训情境应考虑情境作用的全面性、情境作用的全程性、情境作用的发展性、情境的真实性和情境的可接受性，充分发挥教学情境的导向功能、激励功能、传播整合功能和愉悦身心功能； （3）教学媒体的选择在遵循教育信息传播知觉组织原理和最小原理的前提下，充分有效地综合利用各种教学媒体，满足形成各个环节的要求、学习兴趣的养成和学习动机发展的需要		
	实训设备的科学性（5）	（1）设备本身的科学性； （2）反映实训教学的科学性		
	学业评价的科学性（5）	（1）学业评价的内容覆盖专业培养方案所列出的各项通用能力和专业能力。对于专业能力完成对能力图表单项能力和综合能力的评价； （2）学业评价的时间要根据学生能力与学习动机形成发展的规律，在必要的环节上，进行及时有效的评价； （3）学业评价的标准服从职业资格标准、就业要求； （4）学业评价的方式为能力本位评价		

续表

一级指标	二级指标	评价标准	得分	单项评价
先进性（10）	实训设计理念的先进性（2.5）	（1）设计思想先进； （2）设计理论科学； （3）设计方法先进		
	实训目标的先进性（2.5）	（1）目标恰当地反映学生当前和今后的需要； （2）目标恰当地反映职业当前和今后的需要		
	实训内容的先进性（2.5）	（1）适应我国经济、社会发展和科技进步的需要； （2）反映新技术、新工艺和新材料		
	实训设计形式的先进性（2.5）	（1）立体化程度； （2）网络化程度； （3）智能化程度		
工具性（25）	思想品德教育功能（5）	（1）内容上，筛选适用的相应素材； （2）结构上，遵循品性养成的一般规律		
	人类经验传承功能（5）	（1）内容上，选择需要传承的人类经验； （2）结构上，遵循人类经验传承的规律		
	心理结构构建功能（5）	（1）具有能力心理结构构建条件； （2）体现能力心理结构构建的过程和特点		
	兴趣动机发展功能（5）	（1）学习目标先行； （2）遵循设趣、激趣、诱趣、扩趣过程； （3）遵循需求产生发展动机原理		
	实训设计使用的灵活（5）	（1）适应校企合作、工学结合的需要； （2）与各种实训资源系列配套		
完整性（5）	实训设计结构完整性（2.5）	（1）实训方案的名称； （2）实训方案的基本描述； （3）实训目标； （4）实训流程； （5）实训策略； （6）实训学业评价		
	实训设计的规范性（2.5）	（1）形式规范； （2）结构规范； （3）文字规范； （4）版式规范		
经济性（10）	购买价格、使用成本			
总评价				

第三节　获取评价信息

由于评价信息的可靠性决定了评价结果的有效性，因此，评价信息的准确获取在实训设计的评价过程中是十分关键的。实训设计的评价信息主要来源于价值主体和价值客体。下面从价值主体和价值客体两个来源进行讨论。

一、获取价值主体信息

实训设计的价值主体主要包括学生、教师和职业。对于实训设计评价的价值主体来说，一般需要获取以下信息：

1. 学生的特征

学生的特征包括学生的生理与心理发展情况、学生的学习目的和预期达到的目标、学生已具备的能力水平和学习能力达到的水平、学生自我管理自我发展的能力、学生的兴趣爱好与价值观念等。

2. 社会的背景

社会的背景包括社会的时代特征、政治经济制度、经济发展的阶段、科学技术水平、价值观念、教育与文化传统、社会发展趋势与社会对学生的预期等。

3. 职业的要求

职业的要求包括职业对职业人才思想、精神、意志、情感的要求，特别是对职业能力（知识、技能、态度）的要求等。

这些来自于实训价值主体的信息，提供了价值主体对实训设计价值的自身需要，是评价的信息基础。

二、获取价值客体信息

1. 实训设计自身的信息

实训设计自身的信息一般指实训设计的理论取向、实训设计的属性、实训设计的功能、实训设计的目标、实训设计的内容、实训设计的结构、实训设计的使用过程、实训设计的使用方式以及预期的效果等。

2. 实训设计的背景信息

实训设计的背景信息一般包括教育类型、教育任务、教育目标、教育方式，以及学校因素、企业因素、教师因素、管理因素等。学校因素包括资源的完备程度、实训实施的组织与协调水平、对教师的激励等；企业因素包括为学校提供的资源、管理水平等；教师因素包括教师的教育理论水平、教师对实训方案的接纳程度、教师实施实训方案的忠实程度、教师的能力和水平等。

第四节 做出价值判断

做出价值判断是实训设计评价过程的最终环节，主要包括组建实训设计评价委员会、整理实训设计评价信息、做出实训设计价值的分析判断等环节。

一、评价委员会的构成

实训设计评价委员会的构成对于实训设计评价的客观性是至关重要的。一般评价委员会应由课程专家、技术专家、实训设计人员、教育技术专家、实训指导教师、教学管理人员、学生等组成，他们分别对自己负责的领域进行评价。技术专家、课程专家主要负责实训目标、内容、标准有关指标的评价。实训指导教师、实训设计人员、教育技术专家主要对实训设计目标结构、内容结构、过程结构是否符合能力形成的规律、符合学生学习兴趣动机发展的规律、符合教育传播规律进行评价。实训指导教师、其他教师和学生主要对实训设计的可操作性、功能以及效率进行评价。

二、价值分析判断

根据实训设计评价委员会各成员评价的指标，可以得到各个评价指标的分值，最后通过加权计算，可以得到对所评价实训设计的定量判断。当然，也可以对各评价指标进行定性价值判断。下面对数控技术应用专业的实训系统设计进行评价，如表 10-2 所示。

表 10-2　数控技术应用专业实训系统设计评价

一级指标	二级指标	评价标准	得分	单项评价
思想性（10）	政治思想性（5）	（1）政治思想观点正确； （2）符合相关政策、法律、法规； （3）体现辩证唯物主义和历史唯物主义观点； （4）培养正确的世界观、人生观、价值观； （5）弘扬爱国主义精神	5	体现辩证唯物观点； 渗透职业意识和职业道德
	职业导向性（5）	（1）渗透职业意识和职业道德； （2）树立正确的择业观，发扬爱岗敬业精神； （3）提倡创业精神、团队意识； （4）培养市场意识、竞争意识、安全意识和环保意识	5	

续表

<table>
<tr><th>一级指标</th><th>二级指标</th><th>评价标准</th><th>得分</th><th>单项评价</th></tr>
<tr><td rowspan="7">科学性(40)</td><td>实训设计的系统科学性（5）</td><td>（1）各种各类实训设计在系统思想指导下进行，遵循实训系统整体优化的原则；
（2）各种各类实训方案齐全、系统、完整，能够完成预期的实训任务</td><td>5</td><td rowspan="7">实训系统通过实训项目规划、实训项目设计、实训设备配置形成，体现了整体化和系统性原则；
各种实训方案齐全完整；
对学生的起始能力估计基本正确；
与职业资格标准衔接一致，面向应用；
满足能力形成与动机发展的需要；
遵循共同经验与信息来源原理、深浅分量适度符合实际；
基本概念、理论与方法阐述正确；
材料可靠、术语、计量单位规范；
实训目标先行；
教学实训过程科学完整，符合学生心理特征和能力形成规律；
各类实训的程序、形式与情境设计科学；
岗位实训设计充分发挥职业情境的导向功能、激励功能、传播整合功能和愉悦身心功能；
实训方法学生认同、经济、有效；
实训设备选择考虑了科学性、教学性、经济性；
学业评价覆盖实训目标；
学业评价的时间</td></tr>
<tr><td>实训目标确立的科学性（5）</td><td>（1）对学生的起点能力的估计是否正确；
（2）符合学生身心水平；
（3）与实训大纲要求相一致；
（4）全面、系统、明确、具体；
（5）与相应的职业资格标准衔接一致</td><td>5</td></tr>
<tr><td>实训内容筛选的科学性（5）</td><td>（1）实训内容满足能力形成与动机发展的需要；
（2）遵循共同经验与信息来源原理，并做到起点恰当、深浅适度、分量合适，符合实际；
（3）以就业为导向，以能力为本位；
（4）来自生产实际</td><td>4</td></tr>
<tr><td>实训内容自身的科学性（5）</td><td>（1）基本概念、基本原理正确；
（2）引用的数据、图表、材料可靠</td><td>5</td></tr>
<tr><td>实训过程结构的科学性（5）</td><td>（1）实训目标先行、明确、具体；
（2）实训过程设计符合能力形成和学习动机发展两大规律；
（3）教学时间充分运用，根据学生的一般特征、学习对象和能力形成所需时间分配实训；
（4）循序渐进，符合能力形成规律</td><td>4</td></tr>
<tr><td>实训策略制订的科学性（5）</td><td>（1）实训程序服从不同类型实训的实训流程；
（2）实训情境应考虑情境作用的全面性、情境作用的全程性、情境作用的发展性、情境的真实性和情境的可接受性，充分发挥教学情境的导向功能、激励功能、传播整合功能和愉悦身心功能；
（3）教学媒体的选择在遵循教育信息传播知觉组织原理和最小原理的前提下，充分有效地综合利用各种教学媒体，满足能力形成各个环节的要求和学习兴趣养成与学习动机发展的需要</td><td>4</td></tr>
<tr><td>实训设备的科学性（5）</td><td>（1）设备本身的科学性；
（2）反映实训教学的科学性</td><td>5</td></tr>
</table>

续表

一级指标	二级指标	评价标准	得分	单项评价
科学性（40）	学业评价的科学性（5）	（1）学业评价的内容覆盖专业培养方案所列出的各项通用能力和专业能力，对于专业能力完成对能力图表单项能力和综合能力的评价； （2）学业评价的时间要根据学生能力与学习动机形成发展的规律，在必要的环节上，进行及时有效的评价； （3）学业评价的标准服从职业资格标准、就业要求； （4）学业评价的方式为能力本位评价	4	保证纠错及时有效； 学业评价的标准服从职业资格标准； 学业评价的方式为能力本位学业评价
先进性（10）	实训设计理念的先进性（2.5）	（1）设计思想先进； （2）设计理论科学； （3）设计方法先进	2.5	能力本位设计理念； 实训目标反映学生、社会和职业当前和今后的需要； 适应经济、社会发展和科技进步的需要； 恰当反映新知识、新方法； 教学设计的立体化、网络化程度欠缺
	实训目标的先进性（2.5）	（1）目标恰当地反映学生当前和今后的需要； （2）目标恰当地反映职业当前和今后的需要	2.5	
	实训内容的先进性（2.5）	（1）适应我国经济、社会发展和科技进步的需要； （2）反映新技术、新工艺和新材料	2.5	
	实训设计形式的先进性（2.5）	（1）立体化程度； （2）网络化程度； （3）智能化程度	1.5	
工具性（25）	思想品德教育功能（5）	（1）内容上，筛选适用的相应素材； （2）结构上，遵循品性养成的一般规律	5	加强吃苦耐劳职业精神培养； 遵循人类经验传承的规律，实训策略组合科学； 基本服从心理结构构建过程和特点； 学习目标先行，遵循学习动机发展原理； 适应项目课程教学，与其他教学资源配套
	人类经验传承功能（5）	（1）内容上，选择需要传承的人类经验； （2）结构上，遵循人类经验传承的规律	5	
	心理结构构建功能（5）	（1）具有能力心理结构构建条件； （2）体现能力心理结构构建的过程和特点	5	
	兴趣动机发展功能（5）	（1）学习目标先行； （2）遵循设趣、激趣、诱趣、扩趣过程； （3）遵循需求产生发展动机原理	5	
	实训设计使用的灵活（5）	（1）适应校企合作、工学结合的需要； （2）与各种实训资源系列配套	5	
完整性（5）	实训设计结构完整性（2.5）	（1）实训方案的名称； （2）实训方案的基本描述； （3）实训目标； （4）实训流程； （5）实训策略； （6）实训学业评价	2	结构完整

续表

一级指标	二级指标	评价标准	得分	单项评价
完整性（5）	实训设计的规范性（2.5）	（1）形式规范； （2）结构规范； （3）文字规范； （4）版式规范	2.5	设计规范
经济性（10）	购买价格、使用成本		10	经过经济比较，方法得当
总评价	92			能较好地满足本专业实训需要

参考文献

RM．加涅．1999．教学设计原理[M]．上海：华东师范大学出版社．

曾子达，1994．加拿大社区学院[M]．北京：北京大学出版社．

陈柏松，2001．现代化高职教育探索之路[M]．广州：华南理工大学出版．

陈彦，2005．高职院校校本课程评价研究（硕士论文）[D]．湖南农业大学，（6）：1-53．

戴建耘，2001．打字练习手册[M]．北京：电子工业出版社．

邓泽民，1994．CBE 理论与在中国职教中的实践[M]．北京：煤炭工业出版社．

邓泽民，2003．高等职业教育教学模式比较与创新研究[J]．职业技术教育，（1）：1-8．

邓泽民，2000．构建五阶段周期循环高职教学模式[J]．中国职业技术教育，（8）：67-69．

邓泽民，2004．贯彻素质为基础能力为本位指导思想教学设计研究[J]．中国职业技术教育，（31）：8-14．

邓泽民，1997．学习、借鉴 CBE，推进教学改革[J]．中国职业技术教育，（4）：34-35．

邓泽民，1999．职业分析手册[M]．北京：煤炭工业出版社．

邓泽民，2002．职业学校学生职业能力形成与教学模式[M]．北京：高等教育出版社．

高碧青，2004．隐性课程评价的理论初探（硕士论文）[D]．云南师范大学，（6）：1-38．

高恒山，1997．德国高等职业教育[M]．沈阳：辽宁人民出版社．

国家教育发展研究中心，2000．2000 年中国教育绿皮书[M]．北京：教育科学出版社．

国家职业分类大典和职业资格工作委员会，1999．中华人民共和国职业分类大典[M]．北京：中国劳动社会保障出版社．

何克抗，1998．现代教育技术[M]．北京：北京师范大学出版社．

黄埔全，1996．课程理想与课程评价[N]．华南师范大学学报（社会科学版），（6）：35-68．

纪芝信，1995．职业技术教育学[M]．福州：福建教育出版社．

姜大源，2002．职业学校专业设置的理论策略与方法[M]．北京：高等教育出版社．

李孝忠，1993．能力原理与测量[M]．长春：东北师范大学出版社．

刘春惠，2001．泰勒课程评价模式述评[N]．北京邮电大学学报（社会科学版），（4）：47-50．

刘高佶，1990．教学设计[M]．南昌：江西科学技术出版社．

刘京辉，唐以志，2000．关键能力及其启示[J]．职教论坛，（3）：16-19．

吕建国，2000．职业心理学[M]．大连：东北财经大学出版社．

潘懋元，1996．新编高等教育学[M]．北京师范大学出版社．

皮连生，2000．教学设计[M]：心理学的理论与技术．北京：高等教育出版社．

皮连生，1997．学与教的心理学[M]．2 版．上海：华东师范大学出版社．

邵瑞珍，1997．教育心理学[M]．上海：上海教育出版社．

施良方，1992．学习论[M]．北京：人民教育出版社．

孙震瀚，1998．知识经济与中等职教的教学改革[J]．职业技术教育，（12）：16-19．

万伟，2004．新课程教学评价方法与技术[M]．北京：教育科学出版社．

邬美娜，2004．教育技术学[M]．合肥：安徽教育出版社．

吴也显，1991．教学论新编[M]．北京：教育科学出版社．

徐英俊，2001．教学设计[M]．北京：教育科学出版社．

薛伟，2002．高职高专教育课程评价的探讨[N]．中国矿业大学学报（社会科学版），（4）：109-113．

姚梅林，1999．学习规律[M]．武汉：湖北教育出版社．

余祖光，1998．新时期职业教育教学改革的几个问题[J]．中国职业技术教育，（4）：35-36．

后　记

本套著作是在国家社会科学基金课题和多项全国教育科学规划课题成果基础上，经过长期实践逐步形成的。课题项目的研究和实践工作，得到了各职业院校的大力支持。经过长期的理论与实践研究，在职业教育许多方面都取得了一些可喜的成绩。但由于水平所限，对一些问题的认识难免流于肤浅，提出的一些观点也可能多有偏颇之处，涉及的许多教育理论问题还需要进一步深入探讨，所取得的成果还需要不断深化。我们衷心希望大家对这套著作多提宝贵意见，也希望这套著作能为职业院校的教育教学改革提供一些可资借鉴和参考的东西。

邓泽民

2017 年 6 月